향심기도 심화의 길

DAVID FRENETTE
THE PATH OF CENTERING PRAYER
Deepening Your Experience of God

Copyright © 2012 David Frenette
Foreword © 2012 Thomas Keating
All rights reserved.

Translated by KIM Kyoung-Soon
Korean edition copyright © 2025 by Benedict Press, Waegwan, Korea.
Korean translation rights arranged with Sounds True, Inc. through Danny Hong Agency.

향심기도 심화의 길
하느님 현존 안으로 더 깊이 더 넓게

2025년 7월 3일 교회 인가
2025년 7월 24일 초판 1쇄

지은이	데이비드 프레넷
옮긴이	김경순
펴낸이	박현동
펴낸곳	성 베네딕도회 왜관수도원 ⓒ 분도출판사
찍은곳	분도인쇄소
등록	1962년 5월 7일 라15호
주소	04606 서울 중구 장충단로 188 분도빌딩(분도출판사 편집부)
	39889 경북 칠곡군 왜관읍 관문로 61(분도인쇄소)
전화	02-2266-3605(분도출판사) · 054-970-2400(분도인쇄소)
팩스	02-2271-3605(분도출판사) · 054-971-0179(분도인쇄소)
홈페이지	www.bundobook.co.kr
ISBN	978-89-419-2510-1 03230

이 책의 한국어판 저작권은 대니홍 에이전시를 통한 저작권사와의 독점 계약으로 분도출판사에 있습니다.
저작권법에 의해 한국 내에서 보호를 받는 저작물이므로 무단 전재와 무단 복제를 금합니다.

이 책의 본문 종이는 FSC® 인증을 받은 친환경 용지를 사용했습니다.

향심기도 심화의 길

하느님 현존 안으로 더 깊이 더 넓게

데이비드 프레넷 지음
김경순 옮김

분도출판사

일러두기

1. 신약성경 인용문은 『200주년 신약성서』(분도출판사 2001)를 따르되, 문맥에 따라 더러 다듬었습니다.
2. 지은이 주는 미주로 돌리고, 옮긴이 주는 본문 아래 각주로 달았습니다.

서문

이 책은 데이비드 프레넷의 첫 책으로, 향심기도의 지속적인 발전을 다루고 있으며, 그의 가르침은 이에 크게 이바지하고 있습니다. 데이비드는 관상에 대한 가르침을 전할 특별한 은사를 받았습니다. 향심기도가 무엇인지, 그 개념적 배경은 무엇인지, 그리스도교 전통에서 차지하는 위치는 무엇인지에 대해 우리와 함께 나눌 능력이 있습니다. 그는 그리스도교의 신비적인 삶을 좇는 신중한 수행자로, 수십 년간 기도와 고독을 통해 그 길을 걸었습니다. 그리고 더 중요한 것은 그의 기도 생활이 공동체 안에서 다른 사람들을 섬기는 가운데 정화되었고, 풍요로워졌으며, 밖으로도 충만히 표현되었다는 사실입니다.

나는 데이비드가 관상 생활에 대해 깊이 이해하고 있으며, 그가 삶의 경험에서 우러나온 지혜를 우리와 함께 나눌 수 있음에 감사합니다. 그는 향심기도 기초 워크숍에 필요한 프로그램을 전적으로 지원했으며, 동시에 향심기도 가르침에 있어 기본 원리를 넘어 더 발전시켰습니다. 데이비드는 어떻게 하면 향심기도를 통해 그리스도교 신앙의 놀라운 깊이를 온전히 드러내고 전달할 수 있을지 끊임없이 탐구합니다. 실제 경험에 바탕을 둔 그의 가르침은, 하느님께서 모든 인간에게 허락하신 그분의 친밀하심을 보여 주며, 또 우리 각자를 향한 그분의 사랑이 얼마나 고유한 것인지 보여 줍니다.

1983년부터 데이비드는 향심기도 수행의 개발, 수행자에 대한 지원, 그리고 향심기도 공동체의 국제적 네트워크인 관상지원단의 성장에 전념해 왔습니다. 1983년, 그는 나의 첫 번째 향심기도 2주 집중 피정에 참석했는데, 바로 그곳에서 향심기도의 씨앗이 공동체 안에 자라났고, 그 결실로 관상지원단이 세워졌습니다. 이후 데이비드는 크리살리스 하우스Chrysalis House라고 부르는 장기 피정 공동체를 공동 설립했습니다. 이곳에서 그는 일정 기간 수도승과 같은 삶을 살아가며, 사람들에게 집중 기도와 공동체 생활, 봉사에 대해 교육했습니다. 그는 공동체 구성원들과 함께 관상 수행을 발전시켰고, 이는 훗날 관상지원단 영성의 기초가 되었습니다. 그는 이 공동체에 10년간 헌신했고, 자신의 관상 수행을 일상생활에 통합하려고 노력한 끝에, 결국 공동체의 비전을 실현했습니다. 그는 중독 치료 센터에서 청소년들을 위해 일했고, 대학원에서 상담심리학을 공부했습니다. 그리고 영적 지도자로 봉사하는 한편, 집중 피정 수행을 계속하면서 상급 수행자를 위한 자료와 프로그램, 수행 방법을 연구하고 개발했습니다.

이 책에서 데이비드는 향심기도 워크숍에서 제공하는 기본 지침을 토대로 향심기도를 수행하는 네 가지 방법을 설명합니다. 이 네 가지 심화 방법 중에 우선 세 가지는 거룩한 상징, 곧 '거룩한 단어'와 '거룩한 호흡', '거룩한 바라봄'에 기초를 두고 있으며, 이에 더해 다른 한 가지는 최근에 발전된 접근 방법으로, '거룩한 무無'라고 부를 수 있는 '순수관상'입니다. 그리고 아마도 이 마지막 방법이, 예수님이 말씀하신 '골방기도'(마태 6,6)에 이르는 가장 직접적인 길일 것이며, 이에 대해 데이비드는 수행자들에게 도움이 되도록 구체적으로 설명합니다. 또한 그는 향심기도가 관상으로 들어가도록 도와주는 내적 태도들을 제시함으로써, 수행자들이 하느님 체험을 더 깊게 할 수 있도록 돕습니다.

　이 책은 하느님께서 향심기도 수행자들을 어떻게 끊임없이 일깨우시는지 잘 보여 줍니다. 하느님은 수행의 더 깊은 의미를 알려 주시고 새로운 측면을 열어 주심으로써, 오랜 시간 수행해 온 이들로 하여금 그분께서 베푸시는 무한한 사랑의 신비를 꿰뚫어, 결국 그 신비 안에서 변화되도록 용기를 북돋아 주십니다. 데이비드는 뛰어난 교사이고 조언자며 영적 지도자이지만, 이 책은 그가 받은 가장 큰 영적 은사가 관상 수행의 새로운 의미와 깊이, 그리고 새로운 차원을 끌어내는 데 있음을 보여 줍니다. 이런 의미와 차원은 모든 그리스도교 수행이 강조하는 것이며, 또 그것이 흘러나오는 근원인 그리스도의 계시에 깊이 뿌리내려 있습니다. 이러한 노력은 더없이 중요한 것입니다. 오랜 수행자들과 새로운 세대의 구도자들에게, 그리고 변화하는 사회적 조건에 적합한 수행과 원천 안에서 새로운 숨을 계속해서 불어넣지 않는다면, 영성 전통은 그저 정체하기 때문입니다. 데이비드는 오랜 피정 생활과 크리살리스 하우스에서의 초기 경험을 통해 이 책을 준비해 왔습니다. 이 책은 '관상 수행의 연구와 개발'이라 부를 수 있습니다.

　내가 아는 한, 이 책은 향심기도에 관한 가장 훌륭하고 가장 포괄적이며 가장 실용적인 책입니다. 이 탁월한 저작을 통해 데이비드는 여러 귀중한 통찰들을 나누는데, 이것들은 자신이 향심기도를 수행하며 얻은 경험과 관상의 길에서 사람들과 함께 걸으며 쌓은 경험에서 우러나온 것입니다. 평범한 일상 속에서 관상가로 살아온 그의 경험은 그와 같은 삶을 살고자 열망하는 사람들에게 더없이 소중한 지침이 될 것입니다. 그는 실천적인 문제에 있어 훌륭한 조언자로, 나는 그의 판단에 기꺼이 의지할 수 있습니다. 데이비드는 향심기도와 관련해서도, 나 개인에게 있어서도 하느님께서 주신 가장 큰 선물 중 하나입니다.

토마스 키팅

추천의 글

"너희는 멈추고 내가 하느님임을 알아라"(시편 46,11). 이 말씀은 시대를 초월하여 하느님을 찾는 모든 이에게 주시는 부르심입니다. 『향심기도 심화의 길』은 이 부르심에 응답하려는 이들을 위한 귀중한 안내서이자 영적 나침반입니다.

향심기도는 그리스도교 관상 전통에서 비롯한 것으로, 하느님 현존 안에 고요히 머물며 내적 침묵 속에서 주님의 사랑을 체험하는 기도입니다. 말보다 더 깊은 곳에서, 생각을 넘어선 순수한 '존재의 응답'으로 하느님과 마주하는 향심기도는 오늘을 살아가는 이들에게 내면의 치유와 변화를 가져다주는 은총의 통로입니다.

기도는 인간 영혼이 하느님께 나아가는 가장 단순하면서도 가장 필요한 여정입니다. 말로 다 표현할 수 없는 감사와 탄식, 기쁨과 슬픔을 담아 우리의 마음을 열어 주님께 올려 드릴 때, 우리는 비로소 하느님 안에서 참된 평화를 경험하게 됩니다. 이렇듯 기도는 신앙인의 숨결이요, 교회의 끊임없는 호흡입니다.

저자 데이비드 프레넷은 자신의 향심기도 입문을 고백하면서, 관상 여정이 깊어짐에 따라 기도 수행에서 해야 할 것과 그대로 두어야 할 것을 안내합니다. 그리고 향심기도가 어떻게 하느님 사랑 안에서 자신을 온전히 내맡기는 여정으로 나아가는지를 영적 계절이란 은유를 사용하여 설명하고 있습니다.

이 책은 단지 향심기도의 방법을 소개하는 데 그치지 않고, 초월적 신비이신 하느님과 일치하기 위한 관상적 태도에 대해서도 자세히 설명합니다. 더 나아가 향심기도가 궁극적으로 도달해야 하는 '기도와 삶의 통합'에 대해 깊이 있게 다루고 있으며, 기도와 삶의 통합을 위한 구체적인 방법도 제시합니다.

분주한 일상을 살아가는 현대인들과 내면의 고요를 갈망하는 이들에게 이 책은 더없이 귀한 벗이 될 것입니다. 다시 한번 이 책의 출간을 진심으로 축하드리며, 이 책이 많은 이들을 주님 사랑의 품으로 초대할 수 있기를 희망합니다. 이 책은 기도를 처음 시작하는 이들에게는 친절한 길잡이가 될 것이고, 이미 기도의 여정을 걷고 있는 이들에게는 하느님 체험 심화의 길잡이로서 영적 성장을 돕는 동반자가 될 것입니다.

"당신이 기도할 때에는 골방에 들어가 문을 닫은 다음, 숨어 계시는 당신 아버지께 기도하시오. 그러면 숨은 일도 보시는 당신의 아버지께서 당신에게 갚아 주실 것입니다"(마태 6,6).

제주교구장 문창우 비오 주교

차례

서문_토마스 키팅   5
추천의 글_제주교구장 문창우 비오 주교   9

들어가며   13

제1부
관상에 비추어 본 향심기도 수행의 심화

1장 그리스도교 관상의 이해와 향심기도의 시작   23
2장 향심기도 수행을 새롭게 하기   31
3장 거룩한 단어의 심화   45
4장 거룩한 호흡의 심화   68
5장 거룩한 바라봄의 심화   91
6장 오직 하느님의 침묵, 고요함, 그리고 광활함뿐인   112
7장 거룩한 무無와 삼위일체   131
8장 하느님 중심에서 춤추기   145

제2부
관상적 태도

9장   당신 안에서 활동하시도록 하느님께 동의하기   165
10장 마음을 여는 것과 알아차림   184

11장 하느님 안에서의 단순성과 깨어남   198
12장 부드러움과 노력하지 않음   212
13장 놓아 버림과 내버려둠   224
14장 쉼과 있음   238
15장 포옹하기와 포옹받기   252
16장 삶 안에서의 통합과 하느님 안에서의 샘솟음   273

    나오며   287

    주   293
    부록_향심기도 방법   299

들어가며

이 책은 그리스도교 관상과 향심기도 수행에 관한 안내서다. 향심기도와 같은 관상 수행은 당신이 **하느님을 체험하도록** 이끌어 준다. 이 책에서 설명하는 향심기도의 더 섬세한 수행 방법을 배우면 **하느님에 대한 체험이 깊어진다**. 이 책은 향심기도의 길에서 어떻게 여행해야 할지 보여 준다. 그리스도와의 내적 합일(union)로 이끄는 길에서, 그리고 모든 생명과 깊이 일치(unity)하도록 이끄는 길에서 생명이 하느님으로부터 솟아나는(emerging) 것을 발견할 때 어떻게 여행해야 할지 보여 준다. 이 책은 향심기도를 심화하는 방법을 상급 수행자들에게 알려 주기 위해 쓰였지만, 또한 관상기도 수행을 배우고자 하는 초보자들도 사용할 수 있다.

그리스도교 관상 수행과 향심기도

향심기도는 다른 영성 전통의 명상과 여러 면에서 비슷하게 보이나, 향심기도는 그리스도교 관상 전통에서 비롯한 것으로, 침묵으로 말없이 기도하는 방법이다. 그리스도교 안에는 다양한 관상 수행이 늘 존재했다. 동방 정교회 전통인 예수기도, 로마가톨릭 전통의 '거룩한 독서'인 **렉시오 디비나**, 일부 퀘이커교회와 프로테스탄트교회의 침묵 워크숍 같은 수행들은 복음의 관상적 차원을 경험할 방법을 제공해 왔다. 향심기도 수행은 14세기 영성 서적인 『무지의 구름』의 가르침에 기반을 두고 있다. 이 가르침과 모든 그리스도교 관상 수행의 특별한 형태는 예수님의 가르침, 그리고 부활하신 그리스도의 현존에 뿌리를 둔다. 그리스도의 영원한 현존과 예수님의 실제적인 가르침에 그 뿌리를 두면서도, 향심기도와 같은 형태의 그리스도교 관상 수행들은 그 시대의 고유한 문화적 조건 안에서 생겨나고 발전되었다.

비록 최근 몇 세기 동안 주로 수도원에서 보존되었다 할지라도, 지난 두 세대 동안, 동양의 명상이 서양에서 점점 인기를 얻었고, 동시에 그리스도교 관상 전통은 그 면모를 새롭게 했다. 그리스도교 관상은 1950년대와 1960년대에 트라피스트 수도회 수도승인 토마스 머튼과 같은 작가들의 작품을 통해 대중의 관심을 받게 되었다. 머튼의 베스트셀러 저작들은 수백만 명에게 영감을 주었고 신비주의 지식에 관한 대중의 목마름을 깊어지게 했다.

1970년대에 윌리엄 메닝거, 바실 페닝턴과 토마스 키팅 등 세 명의 트라피스트 수도승은 특히 수도원 밖에 사는 사람들의 관상 수행에 대한 목마름을 충족시킬 수 있도록, 단순한 침묵기도 방법인 향심기도를 발전시키기 위해 고대 그리스도교 원천으로 시선을 돌렸다. 토마스 키팅은 그리스도교 신비주의 신학을 현대 심리학 용어로 바꾸어, 일상생활에서 향심기도 수행을 하도록 돕기 위해 관상지원단(Contemplative Outreach)이라 불리는 광범위한 지원망을 창설했다.

향심기도는 이제 수십만 명이 수행하고 있으며, 그리스도교 전통에 뿌리를 둔 체계적인 방법으로 기도하려는 열정적인 새로운 사람들에 의해 끊임없이 받아들여지고 있다. 현대인은 예수님 가르침의 의미를 향심기도에서 체험하고, 살아 계신 하느님과의 관계를 깊게 하는 방법을 발견한다. 향심기도는 다양한 종파의 그리스도인들이 수행할 뿐 아니라, 교회는 다니고 있지 않지만 그리스도와의 관계를 심화하는 데 이 기도가 도움이 된다는 사실을 알게 된 사람들도 수행한다. 또한 12단계 회복 프로그램에 참여하는 사람들도 자신의 '신'(higher power)과의 관계를 발전시키는 수단으로 향심기도 수행을 한다. 그리고 향심기도는 재소자들이 감옥의 혼란과 절망 속에서 내적 평화를 찾는 데 도움을 주고 있다.

　　최근의 과학적 연구는 향심기도 수행을 하면서 얻게 되는 신체적·심리적·공동체적 이점을 보여 주기 시작했다. 향심기도 수행의 주요한 효과는 내적 의식구조의 변화에 있는데, 이는 점차 '분리된 자아 감각'(separate-self sense)에서 해방되어 다른 사람들에게 더 큰 연민을 느끼게 해 준다. 삶 자체가 영적 여정이기 때문에, 우리는 향심기도 수행으로 더 깊은 삶의 의미를 깨우치게 된다. 향심기도와 그리스도교 관상을 체험하면서 하느님은 근본주의적 신앙이 아니라, 살아 있는 실재實在가 된다.

나의 향심기도 입문

나는 어렸을 때 처음으로 하느님의 초월적인 신비를 체험했다. 나는 꿈속에서, 내 삶에는 이 세상이 줄 수 있는 그 어떤 의미보다 더 깊은 의미가 있으며, 내 삶의 여정은 끊임없는 탐색과 희생, 그리고 이웃을 위한 헌신으로 채워질 것임을 어렴풋이 느꼈다. 어린아이가 꾸는 꿈에서 그리스도는 알아볼 수 없을 정도로 가까이 계셨다. 잠에서 깨어난 후, 나는 밤의 침묵 속에서 내 존재 전체가 하나로 모아지는 듯한 깊고 찬란한 고요함을 느꼈다. 나는 그 꿈과 경험에 대해 누구에게 말할 생각조차 하지 못했고, 그것들은 내 삶의 나머지 부분과 분리된 세계, 말로 표현할 수 없는 은밀한 세계였다.

종교적 훈련이 부족했기 때문에 그 초기의 경험들은 세상에 의해 인정받지 못한 채 잠들어 있었다. 나는 이 실재를 **하느님**이라 알고 부를 수 있는 종교적인 언어조차 갖지 못했고, 더군다나 삶에 생기를 불어넣어 줄 명상 훈련도 받지 못했다. 설명할 수 없는 이 경험들을 내 의식에 통합시킬 방법도 모른 채 그것들은 곧 내 의식에서 멀어졌다.

그러나 열아홉 살이 되었을 때, 그 초기의 체험들이 내 의식 속에 다시 나타났고, 나로 하여금 그 의미에 대해 강렬히 탐색하게 만들었다. 나는 여러 세기에 걸쳐 그 초월적인 존재를 사람들이 어떻게 경험하고, 이름 붙이며, 받아들이고, 응답했는지 그 방법을 배웠다. 내가 어른으로 사는 생활은 관상 수행에 의한 내적 교육으로 하느님의 이름을 명명하는 법을 배우고, 사랑의 신비에 응답하는 길이 되었다. 몇 년 동안 동양적인 형태의 명상에 참여한 후, 이 신비가 나에게 자신을 드러내는 방식에 동의했고, 스물세 살 때 그리스도인이 되었다. 처음에는 향심기도에 관한 책을 읽고 배웠다. 나는 3년 동안 매일 향심기도를 수행한 후, 토마스 키팅과 함께 2주간의 집중 피정을 시작으로, 수년 동안 피정을 통해 점차 향심기도 수행의 더 깊은 수준으로 들어갔다. 이 단순한 관상 수행은 내 영적인 아버지 토마스 키팅과 우정을 나누고 관상 공동체와 봉사에 참여하면서 지난 30년 동안 하느님과의 관계를 형성하는 데 도움이 되었다.

관상과 향심기도의 섬세함에 관한 이 책은 내 삶에서 탐구하던 바를 반영한다. 즉, 이 책은 관상 여정이 깊어짐에 따라 자신이 더 잘 수행할 방법, 수행에서 무엇을 해야 하는지, 삶의 초월적 신비인 하느님께 어떻게 동의하는지에 대한 지식을 보여 준다. 이 책에 담긴 가르침은 영적 지도자와 피정 안내자로서의 일을 통해 오랜 세월 발전된 내용이다.

이 책에서 발견하게 되는 것

하느님과 관상적 관계를 맺기 위한 향심기도는 생각과 이미지와 인식을 넘어 당신 안의 하느님 현존과 활동에 동의해야 한다. 종종 향심기도와 관상을 연속체의 양 끝으로 생각하기도 한다. 향심기도는 당신의 활동이 우세한 능동적인 연속체의 끝에 있다. 반면 관상은 하느님의 활동이 우세한 수용적인 연속체의 끝에 있다. 향심기도에서는 상징이 필요하지만, 관상은 개념과 상징 등 표면적인 형태 너머의 살아 계신 하느님과 만나도록 이끈다. 이 책은 관상의 선물을 받을 수 있는 방향을 향하도록, 향심기도 수행을 심화하는 방법을 살펴본다. 이는 시간이 지남에 따라 향심기도를 하는 당신의 활동이 어떻게 하느님 현존인 관상에 더욱더 수용적으로 움직이는지 보여 준다. 즉, 당신 안에서 활동하시는 하느님 현존이 시간이 흐르고 이해가 깊어짐에 따라, 향심기도 안에서 당신이 하는 일과 관상 안에서 하느님이 하시는 일이, 그리 서로 분리되지 않는다는 것을 경험하게 한다.

향심기도를 시작할 때, 하느님 현존과 활동에 동의하는 방법으로써 거룩한 상징을 사용한다. 영성의 고전인 『무지의 구름』 전통에서는 **하느님· 예수· 아멘· 사랑· 평화· 고요· 믿음· 신뢰와 같은 한두 음절의 단어를 상징으로 선택한다.** 토마스 키팅이 『마음을 열고 가슴을 열고』와 이 책 서문에서 언급했듯이, 자신의 호흡이나 단순한 내면의 바라봄(glance)을 상징으로 선택할 수 있다. 심지어 하느님의 거룩한 무無 안에서, 어떤 상징도 없이 수행할 수 있다. 무엇을 선택하든지 하느님께 동의하는 지향으로 수행할 수 있다. 이 책 제1부에서는 각각의 거룩한 상징을 어떻게 사용하는지, 향심기도를 심화하는 각각의 방법이 어떻게 영적 여정의 서로 다른 계절에 특별한 유익함을 제공할 수 있는지 살펴본다.

당신이 사용하는 상징의 종류나 내용이나 의미보다 더 중요한 것은, 상징으로 수행하는 방식, 즉 기도에 임하는 태도다. 제2부의 각 장은 당신의 관상 수행을 심화하는 데 도움이 되는 두 가지 관상 태도를 제시한다. 관상 수행에는 테크닉보다는 마음가짐, 구체적인 단계보다는 일련의 태도들, 인쇄된 지침서보다는 균형 잡힌 설명이 더 필요하다. 피정이나 강의에서 주어지는 이야기나 이미지나 인용구와 지침은, 하느님에 대한 관상 체험을 불러일으키고 그리스도 안에서 변화의 길을 따라 나아가도록 마음을 끌기 위한 것이다. 제2부에서 나오는 관상적 태도의 수행은, 기도와 삶에서 발견되는 실재인 하느님이 향심기도의 원천이 된다. 이러한 태도는 다른 형태의 관상에 더 깊이 들어가는 데에도 사용할 수 있다.

향심기도를 설명하는 제1부는 제2부의 관상 태도에 관한 장들과 함께 읽게 되어 있다. 이런 방법은 이미지와 이야기들을 통한 풍부한 설명으로, 가르침을 총체적으로 경험하게 한다. (이러한 가르침이 개발된 8일간의 침묵 피정은 정말 그렇게 진행되었다. 매일 하나의 관상 태도에 대한 영적 대화는 하나의 기본 교육 주제를 보완했다.) 만약 당신이 제1부를 읽고 있는데 당신의 마음이 너무 부담을 느낀다면, 제1부의 지침으로 돌아갈 준비가 될 때까지 잠깐 제2부에 발을 담가 보기를 권한다. 또 제1부는 관상 수행에 대한 세심한 지침들을 제공하고 있어서, 제1부의 어떤 장들은 다른 장들보다 당신의 현재 기도 방법에 좀 더 의미가 있음을 알 수도 있다. 성령과 당신의 직관이 안내자가 되게 하라.

이 책의 유용함을 발견하게 될 사람들

향심기도를 오랫동안 수행해 온 사람들이 깊이 있는 주제들을 섬세한 방식으로 공부하기를 바라면서, 나는 거룩한 상징과 관상 태도에 대해 상세한 고찰을 제공한다. 그리고 초심자들은 물론이고, 관상 수행을 갈망하면서 그리스도교 전통에 이런 것이 있음을 알게 된 일반인들을 위해서도 이 책을 썼다.

이 책의 지침들은 비록 그리스도교 전통이라는 맥락에서 접근했지만, 다른 전통의 명상가들도 이런 관상 태도와 수행들이 자신의 수행에 빛이 됨을 발견할 수도 있다. 나는 그리스도교 전통에 깊이 뿌리를 둔 사람들과 다른 전통의 진지한 탐구자들 모두가 향심기도 수행을 더 쉽게 이해하기를 바라면서 그리스도교 신학 용어와 의식 언어를 둘 다 사용하여 글을 썼다.

나는 당신 현재의 여정뿐 아니라 이 책이 제안하는 영적 여정의 계절 내내, 당신의 관상 수행이 풍부해지기를 바라며 이 기도 탐험의 여정에 당신을 초대한다.

제1부

관상에 비추어 본 향심기도 수행의 심화

1장

그리스도교 관상의 이해와 향심기도의 시작

너희는 멈추고 내가 하느님임을 알아라.
___시편 46,11

 관상에 도움이 되는 조언을 하나만 구한다면, 나는 '**아멘**'이라는 단어의 의미를 실천하라고 말할 것이다. 어떻게 묵상할 수 있는지, 어떻게 하느님과 관계를 맺어야 하는지, 어떻게 기도해야 하는지를 묻는다면, 나는 '아멘'이라고 속삭일 것이다. 내 삶의 마지막에 단순한 것을 하나만 기억한다면, 나는 그것이 '**아멘**'이기를 바란다.
 '아멘'은 서양 종교에서 심오한 믿음의 표현이면서, 신비에 동의하고 하느님께 승복하는 의미로 사용한다. 그리스도교 전통 안에서 '아멘'은 '주님의 기도'를 포함하여, 말로 하는 모든 기도를 끝맺는 단어다. '아멘'의 의미는 문자 그대로 '**그렇게 될지어다**' 또는 '**그대로 두어라**'이다. 어떤 청원이나 기도 후에 오는 '아멘'은 '**그렇게 될지어다**', '**그대로 두어라**'라는 의미로, 더는 말이 필요 없고 다른 어떤 것도 할 필요가 없이 철저히 신뢰하면서 그 기도나 청원을 하느님께 맡겨 드리는 것이다.
 당신의 말과 행동은 '아멘'으로 하느님 현존에 승복한다. '아멘'은 수동적 태도를 의미하지 않는다. 불의 앞에서 아무 행동도 하지 않는다는 의미가 아니다. '아멘'은 당신 혼자서는 불의에 맞설 수 없으며, 당신 스스로 시작한 노력과 계획을 하느님 앞에 내려놓아야 한다는 믿음을 의미한다. '아멘'의 깊은 승복으로, 당신은 더 자유롭고 지속적인 활동의 원천이신 하느님과 더 일치하게 된다. '아멘'이라고 말할 때, 당신은 하느님 뜻대로 **'그렇게 될지어다'**를 수행하는 것이다. 하느님은 당신이 하는 모든 일에 함께하시고, 불의에 맞서는 당신의 행동에도 함께하신다. 그리스도교에서 **아멘**, 곧 '그렇게 될지어다', '그대로 두어라'는 관상 또는 관상적 기도의 정신을 표현한다.

관상 수행: 숨어서 하는 기도(골방기도)

2천 년에 걸친 그리스도교의 관상 전통을 보면, 볼 수 없는 실재를 온전히 신뢰하기 위해서는 활동과 훈련과 수행을 통해 자신을 준비시킬 필요가 있음을 알게 된다. 그리고 그 목적은 한마디로 더 쉽게 '아멘'으로 이르는 데 있다.

그리스도교에서 관상을 수행하는 방법에 대한 지식은 수 세기 동안 발전과 쇠퇴를 되풀이했고, 근현대와 탈현대 시대에 이르러서는 거의 사라졌다. 수 세기 동안 다양한 관상 교사들은 그리스도교 성경에서 예수님께서 제자들에게 기도에 대해 어떻게 가르치셨는지 보여주었다. 그것은 내면에 초점을 맞추고, 숨어서, 그리고 오로지 하느님께 투신하는 기도였다. 예수님은 "당신이 기도할 때에는 골방에 들어가 문을 닫은 다음, 숨어 계시는 당신 아버지께 기도하시오"(마태 6,6)[1]

라고 말씀하셨다. 관상 교사들은 예수님의 이 가르침을 문자 그대로의 의미보다는 상징적 의미로 해석해 왔다. 로렌스 프리먼 신부는 다음과 같이 말한다. "예수님 시대에 개인 방을 갖는다는 것은 엄청난 사치였을 것이기 때문에, 예수님의 초점은 주거 조건보다는 기도할 때 정신과 마음의 방향에 있다."[2] 이 '숨어서 하는 기도'(골방기도)가 훗날 그리스도인들이 관상기도라고 부른 것이다.

그렇지만 예수님은 성경에서 제자들에게 골방기도를 실천하는 방법에 대해 자세한 지침을 남기지는 않으셨다. 그 대신 '그리스도의 부활하신 생명', '그리스도의 내재하시는 현존', 그리고 그리스도교 관상의 근원인 '그리스도 의식'을 주셨다. 그리스도교 구도자에게는 이 그리스도 의식이 전부다. '그리스도의 마음'(1코린 2,16)이란 실재가 참되게 다가올 때, 그리스도교는 근본주의적 신념의 대상이나 배타적인 외침이 아니라, 우리의 의식과 평범한 일상 속으로 살아 계신 하느님이 들어오시어 변화가 일어나는 하나의 길이 된다. 이 길을 따르려면 수행이 필요하다. 사도 바오로는 "정신을 다시 새롭게 하여 여러분의 모습을 바꾸시오"(로마 12,2)라고 하며 수행의 필요성을 언급한다.

그리스도의 부활 생명을 체험한 최초의 그리스도교 관상가들은 사막 교부와 교모, 즉 **압바**와 **암마**로 알려졌는데, 이들의 관상 수행 체험은 구술 가르침이었으나 기록으로 남아 전해져 온다. 3세기 사막 교부인 이사악 압바의 말씀을 여기에 인용한다.

> 방으로 들어가 문을 닫고 아버지께 기도하라는 복음의 가르침을 잘 따르기 위해서는 각별히 주의를 기울여야 한다. 이것

을 어떻게 할 수 있는가? 어수선한 마음과 무의미한 생각과 걱정에서 완전히 벗어나고 싶을 때마다 우리는 자신의 방 안에서 기도하며, 숨어서 그리고 친밀하게 주님께 기도를 드릴 때 … 오롯한 마음으로 그리고 깊이 침잠하여 숨어서 기도한다. … 우리는 완전한 침묵 속에서 기도해야 한다.[3]

이사악 압바는 생각과 걱정에서 벗어나는 자신만의 방법을 제시했다. 이는 성경의 한 구절을 반복하는 것으로, 침묵 중에 숨어서 기도하는 방법이다. 사막 교부와 교모 시대 이래, 다른 영적 교사들과 관상 수행 공동체들은 그들만의 수행 방법을 제시해 왔다.[4]

어느 시점에 이르면 모든 관상 수행은 '그대로 두어라', '그렇게 될지어다'라는 '아멘'의 태도로, 하느님을 받아들이는 철저한 동의로 끝난다. 이것이 예수님께서 말씀하신 내재성, 은밀함, 그리고 하느님과의 살아 있는 관계에서 오는 **보상**이다.

향심기도: 아멘에 동의하기

예수님이 드러내 보이신 하느님은 항상 현존하시지만, 처음에는 내 안에 계신 신적 생명에 바로 동의하기가 어렵다. 골방기도는 너무 감춰져 있는 것처럼 보일 수도 있다! 하느님의 현존에 마음을 열기 위해서는 단순한 수행이 필요하다. 좋은 관상 수행은 당신 안에 계신 하느님 현존에 당신을 더 현존케 하고, 당신의 활동을 당신 안의 하느님 활동에 맞추어 준다. 관상 수행으로 당신 안에 계신 하느님께 자신을 열 때, 어떻게 하느님께서 관상과 기도, 그리고 삶의 모든 영역에서 현존하시며 활동하시는지 경험하게 된다.

토마스 키팅과 그가 설립한 관상지원단이 가르치는 향심기도는 매우 단순하면서도 심오한 관상 수행 방법으로, 당신이 그리스도 안에서 변화의 길로 가도록 돕는다. 기본 지침은 아래와 같다.

1. 당신 안의 하느님 현존과 활동에 동의하는 지향의 상징으로 거룩한 단어를 하나 선택한다.
2. 편안히 앉아 눈을 감고 잠시 마음을 가라앉힌 다음, 당신 안의 하느님 현존과 활동에 동의하는 상징으로 그 거룩한 단어를 고요히 떠올린다.
3. 생각(신체 감각, 감정, 이미지, 성찰을 포함한다)에 빠져들었다면 거룩한 단어로 아주 부드럽게 돌아간다.
4. 기도 시간이 끝나면, 2~3분간 눈을 감고 침묵 중에 머문다.

토마스 키팅의 『마음을 열고, 가슴을 열고』에서 제시하는 향심기도의 기본 지침은 영적 여정 전체를 위한 기초가 된다. 이 기본 지침은 관상의 선물인 예수님의 골방기도를 가로막는 장애물을 줄여 주며, 또한 이 책에서 설명하는 향심기도 심화 방법들의 토대가 된다. 이 단단한 토대 위에서 하느님과의 관계가 발전하고 더 섬세해짐에 따라, 완전한 영적 여정으로 나아가는 데 도움이 되는 향심기도 수행을 확고히 쌓아 갈 수 있다. 향심기도를 수행할수록 하느님 체험은 더 깊어진다. 하느님은 당신 밖의 초월적 진리이실 뿐 아니라, 당신 안에 살아 계신 실재이시며 신비이시고, 모든 순간마다 삶의 모든 것이 태어나는 숨겨진 근원이시다.

2장에서는 향심기도의 지침들이 지닌 지혜와 아름다움을 살펴보고, 이 기도를 처음 배우는 이들에게는 탄탄한 입문 내용을 제공한다. 또한 향심기도를 오랫동안 수행해 온 이들에게는 이 네 가지 단순한 지침에 담긴 풍부한 의미를 다시 살펴봄으로써, 자신의 기초를 새롭게 하도록 요청한다. 특히 지침 1, 2, 4와 다시 연결되는 방법을 살펴볼 것이다. 제2부의 관상 태도에 관한 자료는 향심기도를 하는 동안 실제로 무엇을 해야 하는지에 관한 지침 3으로 더 깊이 들어가는 데 도움이 될 것이다: **생각에 빠져들었다면 거룩한 단어로 아주 부드럽게 돌아간다.**

향심기도를 하면 할수록 당신의 활동은 당신의 수용성에 영향을 준다. 예를 들면 향심기도 중에 **부드럽게** 행하면, 하느님을 **애쓰지 않고** 받아들이기가 더 쉬워진다. 마찬가지로 당신의 수용성은 당신의 활동에 영향을 준다. **애쓰지 않는 것**이 관상 안에 쉬는 데 어떻게 도움이 되는지 깨닫고 경험할 때, 향심기도 중에 거룩한 단어로 **부드럽게** 돌아가기가 더 쉬워진다. 이렇듯 관상을 수행할 수 있는 매우 섬세하고 수용적인 방법들이 있으며, 이 모든 것은 향심기도의 기본 지침 위에 세워진다. 그리고 하느님께서 당신 안에 항상 현존하시기 때문에, 향심기도를 시작할 때는 이미 충만한 은총이 스며들어 있다. 향심기도 안에서 당신 자신이 하느님께 조율되어 있을 때, 그리고 관상의 세부 사항들을 능숙한 방법으로 수행할 때 향심기도와 관상은 그리 분리되어 있지 않다.

관상의 상태와 단계, 그리고 계절

관상의 길에는 먼저 하느님과의 관계가 깊어지는 일시적인 체험이 있고, 그 관계 속에서 더욱 충만하게 지속적으로 머무는 더 영속적인 단계들이 있다. 향심기도를 하면서 맛보게 된 일시적인 합일(union)의 체험들은 하느님과 더욱 깊어진 일치(unity)*의 관계가 어떤 것인지 짐작케 한다. 또한 이 일시적인 상태는 지속적이고 영속적인 단계를 향한 더 긴 여정의 시작이지만, 의식의 철학자 켄 윌버가 말했듯이, 이를 더 영구적인 상태로 착각해서는 안 된다.5 영적 여정의 더 깊은 단계와 하느님과의 관계 안에 머무르려면 일시적인 상태를 체험하는 것 이상이 요구된다. 이는 마치 배우자와 하나가 되어 산다는 것이 처음의 열정적인 입맞춤 이상의 것을 요구하는 것과 같다.

앞으로 알게 되겠지만, 이 책은 향심기도 수행을 심화하고, 보다 깊고 신비한 방식으로 하느님을 체험하게 해 주는 네 가지 수행 방법과 네 단계의 관상이 깊어지는 상태를 설명한다. 나는 수행자들이 향심기도를 심화하는 네 가지 방법 중에서 자신이 처한 영적 여정의 단계를 반영하는 어느 하나에 끌릴 때가 있음을 알았다. 그러나 이 책의 가르침을 실천하면서 당신이 어떤 영적 단계에 있는지 반드시 알아야 할 필요는 없다. 단지 향심기도라는 기도 양식에 매력을 느낀다면 거룩한 상징 중 하나를 선택해서 수행할 수 있다.

---

* 저자는 두 용어를 구분하여 사용한다. 교회 영성 서적에서 'union'은 일반적으로 하느님과의 '일치'로 번역되지만, 이 책은 저자의 의도를 존중하여 'union'은 '합일'로, 'unity'는 '일치'로 옮긴다. 저자는 기도 안에서의 '합일'보다 삶 안에서의 '일치'가 더 큰 것이라고 강조한다.

제1부의 나머지 부분에 있는 각각의 수행과 제2부의 각각의 관상적 태도는 영적 여정의 어떤 상태나 어떤 단계에 있든, 하느님과 관계를 맺는 데 도움이 된다. 하느님과의 관계는 변화할 수 있고, 당신은 이 변화에 능숙하게 대응하는 법을 배울 수 있다. 이것을 알고 있다면, 당신은 영의 밤에 갇혀서, 지금 이 순간 실제로 하느님이 현존하시는 방식과는 다른 이원적인 방식으로 하느님을 추구하는 상태에 빠지지 않는다. 기도의 참된 스승이신 하느님께서 당신에게 가장 유익한 방식으로 이 가르침을 인도해 주심을 신뢰하는 것, 이것이 무엇보다 중요하다.

이를 위해서는 관상에 대해 영적 지도를 받는 것이 가장 좋겠지만, 관상의 상태나 단계를 구별하는 일은 복잡한 문제이므로, 이 책에서는 상태나 단계라는 표현보다 주로 영적 계절이란 은유를 사용하겠다.[6] 사계절은 시간 속에서 순차적으로 펼쳐지지만, 매년 유기적인 순환 속에서 다양한 모습으로 되풀이된다. 사계절은 각기 다른 풍요로움과 도전이 있고, 사람마다 다르게 느끼는 자연의 매력이 있다. 당신이 어떤 계절에 있든, 지금 이 순간 하느님과 함께 삶의 풍요로움에 마음을 여는 방법을 배우는 것이 결국 이 책의 가르침이다.

하느님과의 합일에 '이르려면' 어떻게 해야 하는가? 수행하고, 수행하고, 수행하라. 지속적으로, 능숙하게, 그리고 신적 사랑의 정묘한 신비에 깊이 감사하는 마음으로 수행하라.

2장

향심기도 수행을 새롭게 하기

> 그는 땅을 깊이 파서 반석 위에 기초를 놓고
> 집을 지은 사람과 같습니다.
> 홍수가 나서 큰물이 그 집을 덮쳤으나 흔들리게 하지 못했습니다.
> 그 집은 잘 지었기 때문입니다.[1]
>
> ─루카 6,48

이번 장에서는 향심기도의 기본 지침이 장기 수행자들에게도 얼마나 중요한지 살펴보겠다. 장기 수행자들이 겪는 어려움 중 상당 부분은 네 가지 기본 지침에 담겨 있는, 단순하지만 풍부한 의미를 되새김으로써 도움을 얻을 수 있다.

예를 들면, 여기서 제인이라고 부를 한 여성을 나는 영적 지도에서 만나고 있었다. 제인은 약 8년 동안 향심기도 수행을 해 왔다. 제인이 말하길, "저는 매일 향심기도를 하고 있는데, 기도 장소에 가고 싶지 않을 때도 있어요. 예전만큼 의욕이 나지 않고, 예전처럼 예수님의 현존이 느껴지지도 않아요. 저는 기도에 집중하지 못하고, 삶에 안착하지 못한 것 같기도 해요. 어쩌면 좋죠?"

제인의 징후는 향심기도에서 진보한 수행자들에게 그리 드문 일이 아니었다. 제인은 매일 기도하는 습관을 길러 왔고, 매년 집중 피정에도 참석했다. 그 결과 하느님과의 관상적 관계가 깊어지고 있었고, 수행으로 더 깊이 들어가도록 초대받았다. 나는 제인이 설명하는 징후가 심각한 상태임을 즉시 알아차렸다. 뭔가 조치를 취해야 할 상황이었다. 기도하고 싶은 열의가 약해지고 집중하기가 어려우며 또 삶에 안착하지 못한다는 징후는 향심기도 장기 수행자들에게 가끔 나타나는데, 대부분은 어떻게 대처해야 할지 잘 모른다. 제인은 향심기도의 기본으로 되돌아가는 것이 수행의 새로움을 회복하는 데 도움이 된다는 사실을 알게 되었고, 그렇게 함으로써 하느님께서 그녀 안에 제시하시는 새로운 삶에 자신을 맞추었다.

지향과 동의를 새롭게 함으로써 동기를 되살리기

첫 번째 기본 지침을 다시 보겠다: **당신 안의 하느님 현존과 활동에 동의한다는 지향의 상징으로 거룩한 단어를 하나 선택한다.**

제인과 나는 영적 여정에 대한 동기가 약해진 이유를 살펴보는 것으로 시작했다. 문제는 예전에 가졌던 영적 여정의 그 열정을 더는 느낄 수 없을 때 종종 발생한다. 하느님과의 관계에 변화가 생기면 보통은 당황스럽다. 영적 '신혼기'는 변화하기 마련이다. 만일 당신이 변화 속에서 성장을 향한 숨은 초대를 감지한다면 관계는 깊어진다. 그 초대를 알아차리지 못하면, 당신은 그 관계를 끝낼 수도 있다. 향심기도는 하느님과의 더 깊고 더 신비로운 관계로 우리를 열어 준다. 이러한 변화를 개념적으로 이해하는 것도 좋지만, 더 도움이 되는 것은 당신이 이해한 바를 매일 수행으로 옮기는 일이다. 가장 중요한 것은 관계의 성장에 동의함으로써 개념적 이해를 체험으로 바꾸는 일이다.

동기는 지향과 관련이 있다. 즉, 동기는 '당신이 하는 일을 **왜** 하는지'에 관한 것이다. 우리가 그리스도와 더 큰 하나가 되는 방향으로 이끌림에 따라, 우리의 지향과 동의는 덜 이원적인 관계를 반영하기 위해 다듬어질 필요가 있다. 우리의 지향을 조율하고 새롭게 할 때, 영적 여정에 대한 우리의 동기는 다시 확고해지고 깊어진다.

나는 향심기도 시간을 위해 어떻게 준비하는지, 그리고 거룩한 단어가 무엇을 의미하는지 물었다. 제인은 "그냥 앉아서, 거룩한 단어를 떠올리면서 시작해요. 그 단어는 오래전에 선택한 거라서, 이제는 별로 깊이 생각하지 않아요"라고 대답했다.

향심기도를 수행하는 동안, 거룩한 단어의 의미에 대해 생각하지 않는 것은 필수이고, 아주 중요하다. 그러나 하느님과의 관계에 변화가 있을 때는 영적 여정에 계속 나아가려는 동기가 깊어지도록 거룩한 단어 너머의 지향을 새롭게 할 방법이 있다. 향심기도의 기본 지침 중 첫 번째에서, 거룩한 단어는 **하느님 현존과 활동에 동의한다는 당신의 지향**을 표현하기 때문에 거룩하다는 것을 기억해 보라. 당신의 기도가 더는 거룩하다고 느껴지지 않을 때 장기 수행자로서 할 수 있는 한 가지는, 정식으로 향심기도를 시작하기 전에 잠시 준비하는 시간을 갖고서 '기도 수행을 왜 하는지' 지향을 새롭게 하는 것이다. 당신의 기도에 대해 새롭고 더 깊은 의미를 확인하면서, 거룩한 단어가 하느님 현존과 활동에 대한 동의임을 새롭게 표현해 보라.

어떤 부부들은 변화하는 관계에 맞춰 매년 결혼 서약을 갱신하는 것이 결혼 생활을 견고하게 하는 데 도움이 된다는 사실을 알았다. 그들은 가끔씩 자신들의 관계에서 변화와 갱신을 상기하는 일을 실천한다. 그런 다음 자신들의 통찰을 일상생활에 적용함으로써 이 새로운 관계에 동의하고, 결혼할 때 서약했던 '그렇게 하겠습니다'에 새로운 의미를 부여하고 동기를 새롭게 한다. 하느님과의 관계를 위한 수행도 그와 비슷하다.

관상기도가 발전하는 방식에 따라, 향심기도에서 지향을 새롭게 하는 일을 구체화할 수 있는 세 가지 방법은 다음과 같다.

- **향심기도를 시작하기 전**, 영적 여정의 이 시점에서 하느님은 당신에게 누구시며, 또 어떤 분이신지 숙고한다. 그런 다음, 이런 의미가 의식적으로 마음에 떠오르게 한 채, 하느님 현존에 대한 더 개인적인 의미에 동의하는 비성찰적非省察的인 태도로 거룩한 단어가 당신에게 다가오게 하라.

- 이때 당신의 성찰로 하느님은 의식적으로는 알지 못하거나 알 수 없는 신비이심을 알 수 있다. 이는 수행에서 문제가 되지 않는다. 하느님이 알 수 없는 신비이심을 깨닫거나 기억하면서, 이 깨달음이 거룩한 단어와 함께 당신 마음속에서 하나가 될 때, 하느님과의 진실한 관계를 나타내는 지향과 함께 수행 안으로 스며든다. 그러면서 당신의 지향은 점차 그 신비 자체에 열리게 된다.

- 하느님이 누구신지 또는 어떤 분이신지 숙고할 때, 아마 당신은 영적으로 메말라 있으며, 더는 이해할 수 없는 신비에 열리는 것조차 저항하고 있음을 알게 된다. 이것은 당신의 지향이 엄청나거나 복합적일 때이며, 반드시 문제가 되는 것은 아니다. 이런 상황에서 당신의 지향은 단지 미지의 세계에 자신을 내맡기는 것일 수 있다. 향심기도를 할 때, 하느님 현존과 활동에 대해 모두 '예'라고 말한다는 것을 기억하라. 하느님 활동에는 하느님이 누구신지에 대한 당신의 생각을 정화하고 변화시키는 일이 동반된다. 그리고 하느님께 '예'라고 말하는 절실함의 능력, 때로는 기도를 받아들이는 능력까지 하느님의 활동이다. 알지 못하는 가운데, 순수한 동의로 기도하는 능력을 내맡김으로써, 성령께서 당신 안에서 기도하실 수 있도록 더 깊은 수용성을 갖게 된다.

그 후 몇 달 동안, 제인은 더 의식적으로 준비 시간을 활용하기 시작했다. 매일 제인은 하느님이 지금 자신에게 누구신지 잠시 생각하거나 상기하며 향심기도를 준비했다. 이제 하느님은 느껴지는 예수님의 현존을 통해 자신에게 드러나시지 않았다. 오히려 하느님은 알 수 없는 신비였다. 그런 다음, 하느님은 알 수 없는 신비라는 측면에 동의하는 방법으로써 거룩한 단어가 자신의 마음속에 떠오르게 했다. 계속 기도하면서, 제인은 자신의 관계 변화에 슬픔을 느꼈고, 예수님의 부재를 느끼면서 깊은 슬픔을 깨달았다. 그래서 제인은 향심기도를 시작할 때, 하느님 치유 활동에 '예'라는 더 큰 의미로서, 거룩한 단어를 떠올리는 법을 배웠다. 다시 말해, 제인이 향심기도를 수행하기 전에 하느님이 지금 자신에게 누구이신지를 성찰하는 이 연습은 기도를 위한 준비 과정으로 행해졌다. 제인은 하느님의 참모습을 매일 생각하고, 거룩한 단어를 통해 이 진실에 대해 '예'라고 말하면서 하느님을 받아들이고 하느님께 응답하기 시작했다.

제인은 계속해서 향심기도의 핵심인 하느님 현존과 활동에 비개념적非概念的인 동의를 했다. 하느님에 대해 생각하기보다, 거룩한 단어로 돌아감으로써 하느님께 그저 '예'라고 응답했다. 그러나 이제 제인의 거룩한 단어는 하느님이 누구신지 더 깊은 실재實在를 누리게 되었다. 정직성이 관계에 작용할 때, 더 심오한 진리가 가능하다. 제인의 지향, 즉 기도의 이유는 하느님은 어떤 분이 '아니신지'가 아니라, 이제 하느님이 자신에게 '누구신지'에 대한 것이다. 하느님은 제인에게 동의를 받아 미지의 세계에서 헤아릴 수 없는 큰 기쁨을 주셨다. 제인의 향심기도가 하느님께 조율되면서 영적 여정을 향한 그녀의 동기는 다시 살아났다. 향심기도의 맥락에서 보면, 제인이 첫 번째 기본 지침으로 돌아와서 지향과 동의를 새롭게 이해하고 수행한 것이 도움이 되었다.

수행을 올바로 하기 위해, 하느님이 누구시고 어떤 분이신지 항상 명확하게 인식할 필요는 없다. 이미 관상의 길에 자리를 잘 잡았고, 일상생활과 피정에서 기도 수행이 잘 형성되어 있는데도 향심기도를 하는 것에 저항을 경험한다면, 이는 당신 스스로 만들어 낸 관상의 이유를 하느님이 더 순수한 지향으로 대체하시는 과정일 수도 있다. 당신은 곧잘 가시적인 예수님의 현존 체험을 찾거나, 심지어 일상생활에서조차 가시적인 효과를 찾는 데 매달릴 수 있다. 그런데 그럴 때 신적 생명은 당신의 기도 생활에 더 심오한 의미를 불어넣고 있다. 만약 장기 수행자로서 당신의 동기가 바뀌거나 심지어 사라진 것처럼 느껴질 때는 자기 참조(self-reference)*에서 벗어나서 더 순수한 동기에, 은총으로 주어진 동기에 의지하도록 당신이 초대받고 있음을 기억하라. 영적 여정에서 하느님은 당신에게 더 깊고 사심 없는 동기를 주신다. 당신의 지향을 새롭게 하고 하느님 활동에 동의하는 것은, 단지 하느님이 누구시며 어떤 분이신지에 대한 당신의 생각을 변화시키는 것만이 아니라, 영적 여정을 추구하는 자기 참조적인 이유까지도 변화시킨다. 자기 참조를 줄이는 것은, 관상의 길 전체를 따르는 동기가 그리스도와의 이타적인 합일(union), 그리고 모든 삶 안에서 드러나는 하느님과의 일치(unity)로 변화하는 데 도움이 된다.

기도하는 동안 몸의 자세가 내적 태도에 미치는 영향

두 번째 기본 지침을 다시 보자: **편안히 앉아 눈을 감고 잠시 마음을 가라앉힌 다음, 당신 안의 하느님 현존과 활동에 동의하는 상징으로 그 거룩한 단어를 고요히 떠올린다.**

제인에게 향심기도를 할 때 취하는 몸의 자세에 관해 물었다. 제인은 말했다. "집에 안락의자가 있는데, 거기에 앉아요. 쿠션에 머리

---

* 기도나 영적 실천에서 자신의 느낌과 성과, 상태에 지나치게 주의를 집중하여, 하느님의 무조건적인 현존보다 '자기'를 중심으로 삼는 내적 태도나 의식 구조.

를 기대면 마음이 아주 편안해요. 가끔 졸리기도 하지만요. 편안한 의자 덕분에 내 몸에 대한 인식이 사라져요."

제인의 자세는 기도에 집중하지 못하는 것을 설명하는 데 도움이 되었다. 하느님 안에서의 관상적인 쉼은 육체적 이완을 가져올 수 있다. 그러나 하느님 안에서의 쉼은 일차적으로 하느님 존재 안에서 당신의 존재가 **내적으로** 쉬는 것이다. 향심기도를 깊어지게 하기 위한 수용성에는 깨어 있으면서 주의를 기울이는 몸의 자세를 취하는 것이 필요하다. 몸이 아파서 돌봄이 특별히 필요한 상태가 아닌 한, 자신의 몸을 인식하지 못할 정도로 의자에 너무 편히 앉으면 집중할 수 없다. 일시적으로는 편안할 수 있지만, 관상만큼 가치 있는 것은 아니다. 관상 안에서 내재하시는 하느님 현존은, 일반적으로 당신 인식이 변화함에 따라 영적 주의력을 통해 드러난다. 순수의식 안에서 내재하시는 하느님 현존을 알아차리는 것은, 육체적인 편안함을 느끼거나 몸에 대한 인식이 사라지는 것보다 영적으로 훨씬 가치가 있다.

그렇다고 경직되거나 불편한 자세를 취할 필요도 없다. 향심기도의 효과는 매우 평범하며, 때로는 일상생활 안에 숨겨져 있고, 자아성찰 중에는 확실히 드러나지 않기도 하다. 기도할 때는 특별하거나 특이할 것 없이 자연스럽게 등을 똑바로 세우는 자세가 큰 도움이 된다. 어떤 사람은 무릎을 꿇거나 바닥에 책상다리하고 앉는 것이, 심지어 결가부좌 자세를 완전히 취하는 것이 내적으로 깨어 있게 만든다고 생각한다. 그렇지만 많은 사람에게 무릎을 꿇거나 결가부좌를 한다는 것은, 향심기도를 하기에는 너무 불편하고 너무 조이는 부자연스러운 자세일 수 있다.

하느님 앞에서 우리의 내적인 자세는 외적인 신체 자세에 영향을 받는다. 외적으로도 내적으로도 깨어 있는 민감성을 지녀야 한다. 기도에 집중하지 못하거나, 꽉 조이고 불편하고 경직된 느낌이 든다면 몸의 자세에 대한 기본 지침을 기억해야 한다. 제인은 기도할 때 편안하면서도 깨어 있는 자세에 대한 감각을 되찾게 되면서 몽롱함이 사라졌다.

당신 삶 안으로 지향과 동의가 흘러 들어가게 함으로써 향심기도 수행이 뿌리내림

네 번째 기본 지침을 다시 보자: **기도 시간이 끝나면, 2~3분간 눈을 감고 침묵 중에 머문다.**

제인이 기도에 집중하지 못하고 영적 여정의 동기가 부족한 상태가 해결되면서, 우리는 그녀가 제기한 마지막이자 가장 중요한 문제인 '삶에 안착하지 못한다'는 것에 대해 집중했다. 나는 이 말이 무슨 뜻인지 자세히 설명해 달라고 했다. 제인은 말했다. "저는 향심기도 덕에 삶의 활력을 느끼곤 했어요. 지금은 더 내부로만 향하고, 세상에는 제대로 뿌리내리지 못한 느낌이에요. 기도가 저를 다시 사람들에게로 놀려보내야 하는데, 저는 지금 좋은 상태가 아니라는 걸 알고 있어요. 그래서 그 점이 속상해요."

내부로 향하는 느낌과 세상으로부터의 초연함은 종종 영적 여정과 함께 발전하지만, 삶에 안착하지 못하는 데 대한 제인의 걱정은 소중한 자기 통찰이었다. 안착하지 못함은 초연함과는 다르다. 그래서 제인과 나는 다시 한번, 향심기도의 기본 지침이 더 깊어진 하느님 체험에 어떻게 자신을 맞추도록 도울 수 있는지 알아보기로 했다. 나는 제인에게 기도 시간을 어떻게 마무리하고 있는지 물었다.

"글쎄요, 저는 그냥 거룩한 단어를 놓아 버리고서 바로 일어나요. 잠시 거기에 앉아 있어야 한다고 알고 있어서 그렇게 하려고 노력해요. 하지만 보통은 그냥 하루 일상에 대해 생각하기 시작하는데, 그렇게 하는 것도 나쁘진 않으니까요. 어쨌든 그다지 평화로움을 느끼진 않아요."

향심기도의 네 번째 기본 지침은 '기도 시간이 끝나면, 2~3분 동안 눈을 감고 침묵 안에 머무는 것'이다. 향심기도를 시작할 때 기도를 준비하는 몇 분은 중요하다. 이때, 말로 하는 기도나 하느님에 관한 생각 또는 성경 읽기를 준비 기도로 할 수 있다. 이렇게 하는 것은 생각에 관심을 가져서는 안 되는 향심기도 시간을 위해 당신의 지향에 접속하기 위해서다. 이처럼 마무리 시간도, 말로 하는 기도나 생각으로 또는 성경 읽기로 돌아갈 수 있는 중요한 기회를 제공한다. 기도를 시작할 때 준비 시간을 둠으로써 실제 향심기도 시간에 믿음의 지향과 하느님과의 관계를 확립하는 것처럼, 기도 후에 몇 분의 마무리 시간을 두는 것은 하느님 안에 조금 더 뿌리내린 지향을 가지고서 일상을 살아가는 데 도움이 된다. 또한 추가적인 몇 분의 시간은 침묵의 분위기를 일상생활로 가져올 수 있도록 돕는다.

제인과 나는 향심기도를 잘 마무리하고 기도와 활동 사이에 다리를 놓기 위해 할 수 있는 다섯 가지 일에 관해 이야기했다. 첫째, 우리는 하느님 안에서 그냥 쉬면서 어떻게 시간을 보낼 수 있는지 살펴보았다. 자동차를 후진 기어에서 바로 5단 기어로 바꾸지 않는 것처럼 향심기도에서도 거룩한 단어를 놓아 버린 후에 잠시 시간을 두어서 정신과 마음을 쉬게 하고 현재의 순간에 머물러야 한다. 노력을 놓아 버리고 그냥 쉼으로써, 당신 안에 남아 있을지도 모를 기도의 여운을 감싸안을 수 있다. 육체적 환희 너머에, 그리고 그 안에 존재하는 합일 안에 머물기 위해 사랑하는 사람의 품에 안겨 쉼으로써 사랑을 마무리하듯이, 하느님을 찾으려는 노력과 관상하려는 노력조차 없이, 하느님 안에서 쉬는 시간을 가지면서 향심기도를 마무리해야 한다. 당신이 모든 활동을 내려놓을 때, 거룩한 단어를 놓아 버릴 때, 그리고 그냥 머물 때 하느님과의 관계 안에서 진정으로 수용성을 배우게 된다.

제인은 향심기도를 마친 후에 하느님 안에서 쉬는 시간을 갖기 시작하면서, 자신이 거룩한 단어를 사용하여 얼마나 열심히 애써 왔는지 깨달았다. 이전에 해 왔던 방법으로 향심기도를 마칠 때면 정신이 생각들로 가득 차곤 했다. 그러나 이제는 보이지 않는 하느님에 대한 믿음 가운데 그저 존재하는 법을 배웠고, 하느님을 포함한 모든 생각과 더불어 일상의 평범한 순간에 그저 쉬는 법을 배웠다. 향심기도를 마칠 때 거룩한 단어를 사용하지 않는 경험을 통해, 제인은 향심기도가 진행되는 동안 거룩한 단어를 어떻게 사용해야 하는지 더 잘 알게 되었다. 그것은 노력보다는 받아들임으로써 가능한 일이었다.

나는 제인이 향심기도에서 일상으로 다시 돌아가는 활동 사이 놓인 두 번째 다리를 살피도록 격려했다. 제인은 거룩한 단어를 놓아 버린 후에 마음을 쉬게 하면서 다시 한번 자신의 감각에 정신과 주의를 집중시켰다. 자신의 호흡을 알아차리고, 얼굴·목·팔·등·다리·발을 감지하면서, 자신의 몸 전체에 부드럽게 주의를 기울였다. 몸의 감각에 집중하는 것은 감각적 경험에 향심기도의 효과를 단단히 안착하는 데 도움이 되었다. 제인은 감각이 어떻게 자연스럽게 인식 안에 생겨났다가 사라지는지 경험하기 시작했다. 때때로 앞날에 대해 자신이 느끼는 긴장감을 더 잘 인식하게 되었다. 제인은 향심기도의 효과로 평화로운 가운데, 긴장 속에서도 주의력을 쉬도록 하면서, 감각이 조금 이완되었다.

은총에 힘입으면 모든 것이 자연스럽게 방출된다. 육체적 긴장 이면에 있는 내적 불안은, 향심기도 후에 긴장과 불안 속에서도 당신 주의를 부드럽게 쉬게 하고 하느님을 껴안을 때 보통 사라진다. 향심기도의 순수의식 안에서는 하느님 현존 안에 쉴 수 있다. 순수의식은 모든 특정한 감각과 지각이 일어나고 사라지는 바탕이다. 이런 순수의식 안에서의 쉼과 지각을 감지하는 주의력을 통합하는 것은 골방에서의 향심기도와 일상생활을 이어 주는 방법이다. 제인이 이렇게 기도를 마쳤을 때, 활동하는 시간 동안 더 안정되고 더 주의력이 깊어졌다는 사실을 알게 되었다.

세 번째로, 나는 방금 마친 향심기도 시간을 도움이 필요한 사람에게 바칠 수 있다고 제안했다. 제인은 자신이 알고 있는 아프거나 고통받고 있는 특정한 사람을 선택할 수도 있었고, 또는 굶주림이나 사회적 불의, 환경 파괴 같은 세상의 더 일반적인 상황을 찾아내서 이것을 자신의 영적 여정과 통합할 수도 있었다. 만약 어떤 사람이 자기 주변에 있는 세상 사람들의 요구에 민감하지 않다면 타인의 필요를 위해 기도함으로써, 영적 여정에 영향을 주는 '자아 초점 감각'(sense of self-focus)을 버릴 수 있도록 수행해야 한다. 복음서에서 예수님이 직접 보여 주신 것처럼, 우리는 세상의 요구에서 떠나 기도할 시간이 필요하다. 그런데 세상의 필요를 위해 당신의 침묵기도를 봉헌하면, 이것이 당신을 예수님의 가르침과 삶의 핵심적인 통찰로 이끌어 준다. 당신이 다른 사람들과 분리되어 있지 않으므로, 영적 여정도 다른 사람들과 고립되어 일어나는 것이 아니다.

제인은 이런 식으로 기도를 마쳤고, 시간이 지남에 따라 향심기도의 자연적 효과, 곧 '그리스도와의 합일'과 '하느님 안에서 다른 사람들과의 일치'가 자신의 삶에 더 쉽게 스며든다는 것을 발견했다. 당신에게 가장 소중한 것, 즉 영적 여정의 아름다움과 그 의미를 봉헌할 때, 당신은 진정으로 희생의 신비에 스며들면서 그리스도와의 합일에 열리게 된다. 관상은 자아 초점적인 활동이 아니다.

향심기도와 활동 사이에 다리를 이어 주는 네 번째 방법은 거룩한 상징을 내려놓고 잠시 마음을 쉬게 한 후, 다가오는 날의 한 장면을 잠시 시각화하는 것이다. 향심기도의 효과로 그날을 축복하는 방법으로서, 그날의 일을 시각화하는 동시에 거룩한 단어가 당신에게로 되돌아오게 하라. 그런 다음 상상한 장면과 함께 그 상징이 떠나가도록 놓아주어라.

향심기도에서 활동으로 다리를 연결하는 다섯 번째 방법은 마무리 시간을 이용하여 '주님의 기도'를 바치거나 경청하는 것이다. '주님의 기도'의 간결한 문장에는 풍부한 의미가 담겨 있다. 주님의 기도가 관상에 대한 예수님의 가르침, 즉 골방기도의 절정이 되는 방법에 대해서는 8장에서 살펴볼 것이다. 향심기도 후에 구송기도, 특히 주님의 기도로 들어가면 '침묵과 말', '내면의 침묵과 생각', '관상기도와 그 밖의 다른 기도'를 통합하고, 당신을 둘러싼 인간 세계와 당신 안의 신성한 생명을 통합하기 시작할 수 있다.

나는 당신이 이 모든 제안을 따라야 한다고 말하는 것이 아니다. 그 대신, 자신의 상황에 알맞은 방법으로 수행을 새롭게 할 제안을 사용하라. 예를 들어 제인은 두 번째와 세 번째 제안을 실천하는 데 마음이 끌렸다. 향심기도를 마칠 때 제인은 자신의 호흡과 몸에 주의를 기울였고, 그런 다음 다른 사람들을 위해 기도했다. 그 후 활동을 하면서 그녀는 자신의 몸이 더 안정되어 있음을 알게 되었다. 향심기도 후에 제인은 정치적으로 공감하지 않았던 지역 내 불법 이민자들의 필요를 보게 되었고, 자신이 더욱 동정심을 가지게 되면서 주변의 모든 사람과 연결되어 있음을 알게 되었다.

이 다섯 가지 제안만이 향심기도와 활동을 연결하는 유일한 방법은 아니다. 한두 가지를 선택해서 그것들을 기도와 활동 사이에 자신만의 다리를 놓는 영감으로 사용해 보라.

영적 여정의 성장은 우리가 받아들이기만 하면 되는, 우리 안의 신적 생명에서 온다. 이 신적 생명은 의식적 경험을 뚫고 들어와서 우리 의식의 구조를 바꾼다. 더 나아가 앞으로 살펴볼 것처럼, 하느님을 체험하고 관계 맺는 방식을 바꿀 것이다. 향심기도의 기본 지침을 수행함으로써 열리는, 내재하시는 하느님의 생명 안에서 향심기도 수행의 세부 사항들을 살펴보도록 하라.

3장

거룩한 단어의 심화

> 회개와 안정으로 너희가 구원을 받고
> 평온과 신뢰 속에 너희의 힘이 있다.
> ─이사 30,15

향심기도의 기본 지침에서는 거룩한 단어를 보통 한두 음절의 단어로 정하고 있다. 하지만 토마스 키팅이 『마음을 열고 가슴을 열고』와 이 책 추천의 글에서 말한 것처럼, 기도 수행을 할 때 호흡(breath)이나 바라봄(glance) 같은 다른 형태의 거룩한 상징을 선택할 수도 있다. 그리고 향심기도 수행의 네 번째 방법도 있다. 이는 기도할 때 하느님과 당신 사이를 매개하는 특정 상징이나 다른 어떤 '것'도 없이, '거룩한 무無'로 하는 방법이다.

당신이 어떠한 상징을 선택하든, 그 상징을 사용하여 수행함으로써, 하느님 현존과 활동에 동의한다. 하느님 현존과 활동은 기도 지향을 통해, 반복된 수행을 통해, 그리고 당연히 은총을 통해 활성화되고 의식화된다. 그러나 향심기도의 기초 교육에서는 다른 거룩한 상징으로 수행할 때 어떻게 관상이 깊어지는지, 또 관상 안에서 살아 움직이시는 하느님 현존이, 깊어지는 기도 수행에 어떻게 영향을 미치는지 그다지 많이 언급하지 않는다. 각기 다른 상징으로 수행하는 방식에는 유사점도 있지만, 각각의 상징으로 수행할 때 각기 다른 유익한 점이 있다.

거룩한 단어 · 거룩한 호흡 · 거룩한 바라봄 · 거룩한 무無에 관해 다루는 다음 장들에서는, 언제 어떻게 왜 이 거룩한 상징들을 수행해야 하는지 설명할 것이다. 이렇게 함으로써 당신과 하느님의 관계가 깊어지고 향심기도를 한 가지 방식으로만 수행하는 것을 피하게 된다. 그래서 하느님과의 진정한 관계를 반영하지 못할 수도 있는 기도 방식에서 벗어나게 된다. 영적 여정의 여러 계절 동안, 특히 어려움이 있을 때 올바른 방식으로 수행한다면, 각각의 상징은 당신에게 적합한 고유의 방식으로 하느님과 관계를 맺도록 도와준다. 다음 장들에서는 영적 여정의 여러 계절을 보내는 당신에게 도움이 되도록 그 미묘한 차이를 설명할 것이다. 올바르게 발전시킬 경우, 각각의 거룩한 상징들은 그리스도와 더 충만한 관계, 더 많은 내면의 자유, 그리고 다른 사람들을 위해 더 많이 봉사할 수 있는 능력이라는 열매를 맺게 할 것이다.

이번 장에서 제시하는 것은, 향심기도 수행을 매일 충실히 하면서 열리게 되는 관상의 더 깊은 역동성에 생기를 불어넣는다. 이러한 역동성을 살펴보는 것은 거룩한 단어로 수행하든, 다른 상징을 사용하든, 또는 다른 형태의 명상을 수행하든 가치가 있다.

경직성에서 수용성으로 전환

수행 1년 차에서 향심기도를 심화하는 데 가장 큰 걸림돌은 경직성이다. 특히 향심기도를 자기 스스로 하는 어떤 것이라는 태도에 사로잡힐 때, 무의식적으로 경직성 문제가 발생한다. 테크닉과 기도 사이에는 중요한 차이가 있다. 테크닉은 예측 가능한 결과를 만들어 내는 것으로, 스스로 배우고 훈련하는 것이다. A와 B를 행한다면, C를 얻을 것이라고 기대할 수 있듯이 말이다.

반면에 기도 역시 배우고 수행하는 것이지만, 기도는 언제나 하느님과의 관계 안에서 이루어진다. 하느님과 함께하는 관계에서 하느님께 무엇을 기대해야 할지 알 수 없다. 기도에서는 당신이 해야 할 일들이 있지만, 동시에 그대로 두어야 할 것도 있다. 당신은 활동을 통해 수용성으로 전환할 수 있고, 결국 수용성이 당신의 활동에 영향을 준다. "아멘, 그렇게 될지어다"라는 말하고 그대로 두는 법을 배우면서, 하느님의 빛과 사랑과 생명을 받아들인다. 향심기도에서 거룩한 단어가 깊어지는 것은 향심기도를 기도로 인식하고, 점점 더 하느님이 관상 생활의 근원이요, 방법이며, 목적이 되게 하는 것이다. 기도 중에 성령께서는 당신의 활동과 밀접히 서로 얽히게 된다. 기도 중에 성령과 당신 활동이 섞여 있음을 의식적으로 경험하면서, 기도 안에서 당신이 혼자가 아님을 깨닫게 된다. 기도가 더 깊어질수록, 은총과 당신 활동이 어떻게 합쳐지는지 의식적인 자각을 상실한다. 그러면 하느님 현존과 활동이 당신 삶에서 점점 더 깨어나게 된다.

향심기도를 하면서 처음 몇 년 동안 나타나는 경직성의 일반적인 징후는 무엇이 있는가? 우리는 거룩한 단어를 끊임없이 되뇌는 상태에 빠지곤 한다. 거룩한 단어를 사용하여 생각을 밀어내려고 노력한다. 무의식적으로 마음속에서 거룩한 단어를 힘주어 되풀이한다. 열심히 노력하면서, 그런 노력 중에 하느님이 우리에게서 멀리 떨어져 있음을 알게 된다. 거룩한 단어를 바르게 사용하면, 그 거룩한 단어가 우리를 하느님께 인도할 수 있다.

누구든지 거룩한 단어를 바르게 사용하려는 의식적인 과잉 노력에 빠질 수 있다. 테크닉에 마음을 씀으로써 경직된 태도뿐 아니라 저항·노력·성취·전략·억압·분리의 태도를 초래할 수도 있다. 이런 태도들은 결코 관상이 아니다. 이것들은 표면적인 기도에 갇히게 하고, 거룩한 단어도 형식적인 형태로 남게 된다.

거룩한 단어를 통해 하느님과 함께 기도하는 법을 배우면, 위에서 언급한 경직되고 테크닉 지향적인 태도와는 아주 다른 느낌을 주는 관상적 태도로 발전할 수 있다. 관상적 태도는 이 책의 2부에서 더 생생하게 다룰 것이다. 하지만 우선 그 명칭만으로도 관상하는 느낌을 감지할 수 있다. 관상적 태도는 받아들임·동의·단순함·부드러움·놓아 버림·쉼·포옹·통합과 같은 명칭에서부터 관상의 느낌을 엿볼 수 있다. 이런 관상 태도를 수행하다 보면, 성경에서 이사야가 "회개와 안정으로 너희가 구원을 받고 평온과 신뢰 속에 너희의 힘이 있다"(이사 30,15)라고 말한 것이 무엇을 의미하는지 깨닫게 된다. 이러한 관상 태도는 노력과 경직성보다는 고요함과 신뢰 속에서 기도하며, **살아 계신 하느님의 말씀**(living Word of God) 안에서 오롯이 쉬는 방법이다. 거룩한 단어가 깊어짐에 따라 테크닉과 노력과 분리를 놓아 버리게 된다. 이 장에서는 그렇게 하는 단순한 방법을 설명한다. 하지만 여기서 주의할 점은 이 장에서 설명하는 것을 '행'한다기보다는 '의식의 전환'에 부드럽게 안착하는 것이다. 기도하는 가운데, 당신 내면으로 돌아오는 '쉼'을 깊은 직관으로 허용하라. 하느님이 당신 생명 안에서 고요함과 믿음의 힘을 끌어내시도록 하라. 다시 말해, 스스로 하려고 애쓰지 마라.

하느님을 동반자로 하는 관상 태도에서, 당신은 거룩한 단어와 관계 맺는 법을 배우고 또다시 배운다. 거룩한 단어는 당신을 하느님께 인도하는 수단이 아니다. 거룩한 단어는 하느님 현존과 활동에 동의하는 지향의 상징이다. 향심기도에서 거룩한 단어의 심화는, 의식적인 기도 체험 안에서 하느님이 살아 움직이실 공간을 넓히는 것이다. 당신은 계속 수용성을 배우고 되새기며 '아멘, 그대로 될지어다'를 반복해야 한다. 수용성을 배우고 또 배우고 몇 번이고 다시 배워야 한다. 영적 여정의 첫해, 테크닉에서 진정한 기도로 옮겨 가는 과정은, 당신이 그리스도와 살아 있는 관계를 형성하게 한다. 그러면 당신의 정체성이 변화한다. 기도로 깊어지는 그리스도와의 관계 속에서 당신이 누구인지에 대한 새로운 감각, 새로운 삶을 발견하게 된다.

오랫동안 향심기도를 수행한 한 사람이 피정에서 이런 내용을 배운 후에 털어놓기를, 이제야 향심기도를 진정으로 이해하게 되었다고 했다. 나는 그게 무슨 뜻인지 물었다. 그녀는 자신이 거룩한 단어로 하느님과 관계 맺는 새로운 방법을 경험하면서, 마침내 '이제 나는 관상하는 사람이다'라는 것을 깨달았다고 했다. 이 깨달음은 그녀가 했던 이전의 기도 생활이 자기를 고립시키는 테크닉에만 집중되었음을 보여 주었다. 지금의 더 깊은 깨달음은 그녀의 이전 행동 패턴과 그것들과 관련된 정체감(sense of identity)을 감싸안아 주었다. 그녀는 이제 자신의 기도 수행에서 혼자가 아니었다. 그녀의 설명은 정체성 인식, 즉 자신이 누구인지에 대한 인식의 내적 전환을 보여 준다. 그리고 이 정체성의 재인식은 자신의 삶에 변화를 가져오는 데 필요한 어려운 선택을 하게 해 준다. 하느님 안에서 당신의 진정한 생명을, 당신이 진정 누구인지를 아는 것은, 삶의 초점을 관상적 가치에 맞추는 데 도움이 된다. 향심기도에서 거룩한 단어를 심화하는 것은, 관상의 길에서 당신이 내면에서부터 변화하고, 변화되는 데 도움을 준다.

그 말씀이 당신에게 돌아온다

거룩한 단어를 사용하여 향심기도를 수행할 때, 당신의 마음은 생각에 대해 또 다른 생각을 하는 데 익숙하다. 이는 자기 성찰이라는 인간의 놀라운 능력 때문이다. 그러나 이는 은총 속에서 새로운 존재 방식으로 전환된다. 성경에서 바오로는 "여러분은 그리스도 예수 안에서 품어야 할 마음을 서로 품으시오"(필리 2,5)라고 권고한다. 그리스도의 마음은 정보의 마음도, 지적 능력의 마음도, 지식의 마음도 아니다. 그리스도의 마음은 지적 사고에 의해 중재되지 않는 직각直覺 체험(direct experience)* 에 속한다. 그리스도의 마음은 관상적인 신앙의 마음이다. 관상은 비개념적 형태의 기도이기 때문에 당신을 더 깊고 체험

---

* 사유 작용을 거치지 않고 대상을 직접 파악하는 것.

적인 신앙의 형태, 즉 무지無知의 동의 방식으로 인도하며, 이 길을 통해 하느님이 당신 기도 안에서 살아 움직이신다. 그러면 당신은 그리스도의 마음을 품거나 받아들인다.

그리스도교 신비신학은 두 가지 형태의 관상에 대해 말한다. '습득적 관상'(acquired contemplation)에서는 기도 중에 당신의 활동이 우세하고, 당신이 행하는 일을 통해 어느 정도 하느님에 대한 어떤 감각을 습득한다. '주입된 관상'(infused contemplation)에서는 하느님 현존과 활동이 우세하다. 기도에 관한 모든 것이 순수한 선물이다. 어떤 면에서 좋은 관상 수행이란 습득적 관상에서 당신의 활동이 하느님과 점점 더 일치해 가면서, 주입된 관상의 은총을 받아들이도록 길들이는 것이다. 향심기도의 거룩한 단어를 심화하는 데 있어서, 당신이 거룩한 단어와 어떻게 관계 맺는지를 배워 가는 것은, 살아 계신 하느님 말씀이 당신 안에서 활동하시도록 자신을 내어 드리는 훈련이다. 특히 부드러움, 놓아 버림, 쉼 같은 관상 태도로 수행할 때 '습득적 관상'과 '주입된 관상'의 차이는 시간이 지날수록 줄어든다. 우리가 강화하는 방법은, 주입된 관상을 얻기 위해 거룩한 단어와 깊어지는 관계를 통해 살아 계신 하느님의 말씀이 당신 안에서 기도하게 하는, 향심기도의 기본 지침에서 나온 단순한 방법이다.

당신의 거룩한 단어는 당신 안에 살아 계신 하느님의 말씀에 동의하는 상징이 된다. 경직성은 살아 계신 하느님과의 관계에서는 아무 쓸모가 없다. 깊어지는 관상 안에서 당신이 관계 맺는 것은 로고스*logos*, 곧 생명을 주는 말씀인 그리스도이시다. 향심기도에서 자신의 거룩한 단어와 관계 맺는 능숙한 수용적 방법을 통해, 살아 계신 말씀과 관계 맺는 방법을 배우기 시작한다. 거룩한 단어가 심화하면 거룩한 단어가 그리스도의 마음에서 어떻게 당신에게 오는지 경험하고, 거룩한 단어를 놓아 버리고 **하느님의 거룩한 말씀**(God's Sacred Word) 속에서 쉬는 법을 배운다. 향심기도에서 거룩한 단어를 심화하는 데 필수적으로 중요한 마음가짐은, 생각에 빠져들었을 때, 거룩한 단어가 아주 부드럽게 당신에게 되돌아오게 하는 것이다.

향심기도에서 거룩한 단어와 관계 맺는 새로운 방법을 배울 때, 생각과 관계 맺는 새로운 방법을 배운다. 테크닉과 노력에서 벗어나, 당신과 당신의 거룩한 단어 사이에 하느님을 위한 공간을 만들 때, 하느님은 당신 안에서 실제로 살아 움직이시며, 당신과 모든 생각 사이에 새로운 내면의 공간이 확장되기 시작한다.

향심기도의 거룩한 단어가 깊어짐으로써 맺는 열매는, 아빌라의 데레사가 말한 '침잠의 기도'(prayer of recollection)와 비슷한 관상기도의 입문 형태로, 당신 생각이 그리스도의 마음 안에 침잠하게 된다. 관상기도의 이 상태에서 생각이 침잠하게 되면, 당신의 생각은 당신과 동일시되지 않는다. 당신은 자신이 누구며, 내면의 삶이 어떤지 새로운 감각을 발견하기 시작한다. 토마스 키팅은 "가끔 생각의 집착에서 벗어남을 경험하는 것이 그 말의 고전적인 의미에서 관상기도의 시작이다"[1]라고 말한다. 생각은 여전히 당신의 마음속에 남아 있을 수 있지만, 이 생각은 당신 안에 계신 더 깊은 그리스도의 마음속으로 '침잠'하게 된다. '아멘, 그대로 될지어다'의 기도 상태가 점점 더 수행 안으로 스며들기 시작한다.

영적 여정의 특정 계절에 적합한 거룩한 단어

향심기도 수행을 심화하는 방법은 영적 여정의 여러 계절을 지나면서 자연스럽게 전개된다. 거룩한 단어를 심화하는 관상의 초점은 향심기도 기본 지침을 기반으로 하고, 더욱더 능동적인 관상 태도, 기도 안에서 하느님을 향한 훨씬 개방적인 마음, 덜 경직된 태도를 지향한다. 이것들은 '침잠의 기도'가 당신 안에서 깨어나는 데 도움이 되는 속성들이다. 십자가의 요한은 사람들이 영적 여정의 초기 단계에서는 일반적으로 능동적인 시기를 지나게 된다고 말한다. 요한은 이것을 '감각의 능동적인 밤'(active night of sense)이라 부른다. 향심기도에서 거룩한 단어가 깊어지는 것은 특히 감각의 능동적인 밤에 도움이 될 수 있다. 관상의 길에서 이 시기에는, 외적인 생활 방식은 물론 마음과 감각과 정서까지도 하느님을 향하고 단련하도록 부르심을 받는다.

영적 여정의 이 계절에는, 당신의 사고방식이 하느님에 의해 새로운 존재 방식으로 바뀐다. 그리스도의 마음을 품은 이 새로운 내면의 존재 방식은 당신 삶의 존재 방식을 변화시키기 시작한다. 매일의 향심기도 수행은, 처음으로 깊어지는 관상의 상태인 '침잠의 기도'에 마음을 열고, 자기 생각과 새로운 관계를 경험하면서 내면의 변화가 시작된다. 향심기도 초기에 중요한 첫 번째 내적 과제는, 당신 의식이 바른 관상 태도를 향해 형성하도록 하는 것이고, 관상하는 태도를 통해 당신 의식이 바르게 형성되도록 하는 것이다. 이에 대해서는 제2부에서 자세히 살펴보겠다. 거룩한 단어가 깊어지면서 당신은 하느님 안에서 단순함 · 부드러움 · 놓아 버림 · 쉼과 같은 태도를 수행하게 된다. 그러면 그리스도의 마음이 이러한 태도와 함께 당신 안에서 살아 움직이신다.

영적 여정의 시작에서 두 번째 과제는 조금 더 외적인 것인데, 관상을 삶의 중심 가치로 삼는 것이다. 관상 수도승들은 세상을 떠나 수도원에 들어가면서 관상을 외적인 삶의 중심 가치로 삼는다. 수도승이 아니라면 수도원에 가는 것이 아니라, 관상 수행을 하루의 중심축으로 삼으면서 하느님을 중심으로 하는 새로운 생활 방식을 통해 이전의 생활에서 '떠난다'. 매우 단순하지만 직접적인 방식으로 하루에 두 번 향심기도 수행을 하기 위해, 일과日課에서 시간을 내어 관상을 삶의 중심 가치로 삼는 것이다. 이 일상적인 수행을 통해 당신은 낡은 일상을 포기하는 대신, 삶에서 새로운 가치를 위한 공간을 만드는 것 이상의 일을 하게 된다. 거룩한 단어가 깊어지는 과정에서, 경직성을 부드러움으로 대체하고, 테크닉을 기도로 대체하며, 분리된 자아 감각을 살아 계신 하느님과의 관계로 바꾸는 새로운 내적 습관을 실천하게 된다. 당신이 거룩한 단어와 관계 맺는 방식은 **하느님의 거룩한 말씀**에 동의한다는 내적인 태도의 표현이다. 그리고 생각과 자신을 동일시하지 않을수록 당신 내면에서 더 많은 자유가 생긴다. 생각과 당신 자신을 동일시하지 않을 때, 비로소 삶의 낡은 습관과 동일시하지 않는 법을 배우고, 새로운 삶에 대한 성령의 초대에 귀 기울인다. 하느님과 비슷하게 하느님 모습으로 창조된 당신의 깊은 영적 정체성이 내면에서 깨어날 때, 당신의 생각과 당신을 동일시하지 않게 된다. 향심기도의 거룩한 단어가 깊어지는 것은 영적 여정의 첫 단계 또는 첫 계절 동안 당신에게 도움이 된다.

대부분 사람은 장기간의 집중적인 피정을 통해 규칙적인 수행의 가치를 확신한다. 얼마 동안 향심기도를 한 후, 적어도 처음에는 이런 초기 작업이 자리를 잡는다. 초기 작업에 1년이 걸리는 사람도 있고, 더 오래 걸리는 사람도 있다. 내적 의식과 외적 생활에 변화가 생길 때, 당신은 변화의 과정을 시작하는 관상적 삶에 대한 일차적인 헌신이 자리 잡는다. 그로 인해 새로운 지평이 열린다. 당신의 하느님 체험과 하느님과의 관계는 완전히 새로운 방식으로 깊어지고 발전하기 시작한다. 영적인 삶이 발전하고 하느님과의 관계가 변화함에 따라, 당신의 내적 의식과 외적 삶을 바꾸려는 다짐에 몇 번이고 응답하고 헌신을 재차 다짐하며 또 새롭게 해야 할 것이다. 이렇게 영적 여정의 첫해에는 당신이 하는 일과 수행이 당신의 생활을 바꾸고, 그래서 생활이 바뀌면, 영적 여정의 지속적인 과제를 위한 견고한 기반이 마련된다.

관상의 길에서 더 큰 내면의 자유와 더불어 새로운 가치에 전념하는 생활 방식으로, 당신은 다른 사람들에게 더 자유롭게 봉사할 수 있다. 생각에 대한 집착이 줄어들 때, 하느님과 다른 사람들로부터 영원히 분리된 자아라는 감각에서 해방된다. 향심기도에서 당신의 활동에 관상이 스며들면, 하느님 생명이 당신 안에서 살아 움직이면서 영적 여정이 하느님 안에서 더 쉽게 전개된다.

거룩한 단어와 함께하는 능동적 관상 태도

거룩한 단어를 심화하는 수행 방법을 더 충분히 설명하기 위해, 다음 여덟 개의 단락들은 각각의 능동적 관상 태도 중 하나에 해당한다. 즉, 하느님께 마음을 열기 · 동의 · 단순함 · 부드러움 · 놓아 버림 · 쉼 · 포옹 · 기도와 삶의 통합이다. 향심기도에서 거룩한 단어가 깊어지는 실제 수행은 매우 단순하다. 향심기도의 기본 지침에서 배우는 모든 것은 여전히 관상 수행의 기초로 남아 있다. 당신은 자신의 상징과 좀 더 자유로운 관계를 그저 받아들일 뿐이다.

향심기도의 이러한 표현 안에서 관상적 태도는 하느님이 어떻게 살아 움직이시는지 긍정함으로써 당신의 수행이 더 깊어지게 해 준다. 관상 태도가 거룩한 단어에 어떻게 적용되는지 살펴봄으로써, 관상 수행에서 하느님 현존과 활동에 더 온전히 협력하게 된다. 다음 단락들은 향심기도의 지속적인 수행을 지원하는 방법으로 가장 좋을 것이다.

거룩한 단어를 통해 하느님께 마음 열기

거룩한 단어의 심화를 위해 가장 중요한 마음가짐은, 열린 마음으로 받아들이는 태도다. 당신은 거룩한 단어와 관계 맺는 방식을 통해 하느님께 마음을 여는 태도를 수행한다. 향심기도 입문 지침에서는 거룩한 단어를 선택하라고 하는데, 여기에 어떤 신비로울 것은 없다. 단어가 불타는 떨기 속에서 나타날 필요도 없고, 그것이 하느님의 속삭임이었다고 생각할 필요도 없다. 단순히 하느님께 마음을 열고 단어를 선택하면 된다. 그러나 때때로 거룩한 단어에 대한 수용적인 태도를 기억하여 이를 새롭게 하는 것은 가치 있는 일이다. 거룩한 단어는 기도할 때 사용하기 때문에 거룩하다. 향심기도에서 하느님과 관계 맺기 위해 단어와 개념과 상징에 의존하지 않더라도, 당신은 하느님과 관계를 맺고 있다. 관상을 심화하는 방법은 **살아 계신 하느님 말씀**에 마음을 여는 것이다.

이 수용성을 배우는 좋은 방법은 거룩한 단어와의 관계에서 배우는 것이다. 예를 들어 기도를 시작할 때 자리에 앉아서 거룩한 단어를 그냥 반복하지 않는 것이 매우 중요하다. 마치 일을 시작하기 위한 도구나 스마트폰처럼, 아이콘을 순서에 따라 제대로 누르기만 하면 당신이 아는 누군가와 연결되듯이 말이다. 대신, 잠시 시간을 내어 이러한 존재 방식에서 벗어나라. 이러한 전환에 마음을 여는 단순한 방법은 자기 존재의 고요한 심연에서 거룩한 단어에 마음을 열고, 거룩한 단어를 받아들인다는 것이 어떤 것인지 실제로 경험하는 것이다. 즉, 거룩한 단어를 떠올리는 대신, 거룩한 단어를 보고, 듣고, 당신에게 다가오는 것을 느껴 보는 것이다. 마치 거룩한 단어가 깊은 물웅덩이에서 마음의 표면으로 떠오르는 것처럼 말이다. 은총의 빛으로 **그리스도의 마음**에서 생겨나서 의식적인 마음속에 들어온 거룩한 단어를 당신은 받아들인다. 거룩한 단어로 하느님께 마음을 여는 태도를 수행하면서, **살아 계신 하느님 말씀**을 알아차리는 법을 배운다. 당신이 수행 안에서 더 큰 수용성을 허락하면, 인식이라는 즉각적인 능력은 거룩한 단어로 그다음에 무엇을 해야 할지 알려 준다.

향심기도를 위한 준비:
거룩한 단어를 통해 하느님이 당신 안에서 활동하는 것에 동의하기

향심기도 기본 지침에서 알 수 있듯이, 향심기도 시간을 위해 몸을 준비할 때 자연스럽고 편안하면서도 열린 마음의 자세를 취한다. 관상의 길을 걷는 첫해에는, 눈을 감는 것이 대체로 마음을 집중하는 데 도움이 된다. 향심기도의 기초를 넘어 관상이 깊어지면, 동의의 지향은 두 가지 측면을 갖는다. 첫째, 기도 수행이 하느님과 관계가 있음을 믿고, 수행을 준비할 때 '하느님은 어떤 분이 아니라는' 인식*보다는 자신에게 '하느님은 어떤 분이신지'** 숙고해 보는 시간을 잠시 가져라. 당신은 그리스도의 삶에서 어떤 한 측면을 통해 하느님과 살아 있는 관계에 있다는 감각을 가질 수 있다. 즉, 스승으로서, 사랑 때문에 당신을 위해 자신의 생명을 희생하신 분으로서, 또는 부활하신 영원한 존재로서 하느님을 느낄 수 있다. 또는 형태나 이미지를 넘어 내재하시는 하느님 현존과 관계를 맺을 수도 있다. 관계의 친밀함을 표현하기 위해 사랑하는 사람의 이름을 부르는 것처럼, 지금 당신에게 하느님의 신비는 누구신지 또는 그 신비가 무엇인지, 당신만의 감각을 떠올려 보라.

둘째, 하느님이 누구시며 어떤 분이신지, 현재 당신이 가지고 있는 이미지와 개념과 감각과 형태를 넘어선 신비이신 하느님께 마음

---

* 부정신학: 하느님은 인간의 언어로 표현할 수 없는 분이며, 인간의 유한한 지성으로는 무한하신 하느님을 파악할 수 없다고 보는 것이다. 인간의 언어로는 '이것도 아니요, 저것도 아니다'라고만 설명할 수 있기에 언어, 개념, 이미지 모두를 부정하면서 무지(unknowing)에 의해 하느님께 이른다고 본다.

** 긍정신학: 세상이 창조된 때부터 하느님의 보이지 않는 본성, 곧 그분의 신성을 창조물을 통해 알아보고 깨달을 수 있다고 설명한다. 창조물은 하느님의 반영이요, 하느님은 만물 안에서 발견되기에, 세상 모든 것이 하느님께 나아가는 데 도움이 된다고 긍정한다. (하느님은 나의 반석, 나의 구원자, 나의 피난처 등으로 표현한다.)

을 열어라. 향심기도 수행은 거룩한 단어 그 자체를 넘어 내면의 침묵 속에 **살아 계신 하느님의 말씀**과 접촉하게 하고, 그 하느님 신비에 대한 동의는 당신이 현재 가지고 있는 하느님 개념을 뛰어넘기를 기다리고 있다. 향심기도에서 하느님께 드리는 당신의 동의는 다소 역설적이다. 당신은 하느님 형상과 신비라는 양면성에 동의한다. 하느님의 신비는 개념과 형상과 이미지를 초월하지만, 이 초월적인 신비에서 기인한 개념과 형상과 이미지는 당신을 더 깊이 인도한다. 당신은 어디로 인도되는가? 더 깊은 신비 속으로 인도된다.

살아 계신 하느님께 동의하기 위해, 몇 분 정도 시간을 갖고 몸과 마음을 준비하라. 이러한 몸과 마음의 준비는 당신 안에서 활동하시는 하느님의 현존에 당신의 마음을 열어 준다.

거룩한 단어의 단순성

다음 다섯 단락에서는 기도 수행 중에 무엇을 하는지 설명한다. 단순함은 향심기도 심화에 아주 중요한 요소다. 향심기도에서 테크닉이나 다른 기도 방법으로 수행을 복잡하게 만들지 말고, 거룩한 단어의 단순성을 유지함으로써 관상은 당신 안에서 어떤 중요한 방식으로 깊어진다. 거룩한 단어는 단순한 수행으로, 생각을 넘어 내면의 침묵으로 나아가는 하나의 상징이며, 관상 태도로 수행한다면 생각과 내면의 침묵을 통합하게 된다. 거룩한 단어는 하느님 신비에 대한 당신의 동의를 끌어내며, 다른 생각, 즉 다른 온갖 생각에 빠져들었을 때, 하느님 신비에 동의하려는 당신의 지향은 거룩한 단어로 되돌아감으로써 살아난다.

거룩한 단어로 되돌아가는 단순하고 충실한 활동을 통해, 하느님의 현존은 거룩한 단어와 함께 의식적 관계 안으로 들어온다. 당신은 계속 반복하여 거룩한 단어와 관계 맺기를 선택한다. 이것은 생각에 대해 생각함으로써 생각과의 관계를 선택하는 것이 아니라, 단순히 동의함으로써 이루어진다. 이 단순함 속에서, 하느님에 관한 생각을 떠올리기보다는 **살아 계신 하느님 말씀**과 관계 맺는 것을 택하고 있다. 향심기도에는 지식과 교의적 신앙보다는 무지無知와 경험에 기반을 둔 매우 섬세한 형태의 믿음이 필요하다. 하느님에 관한 생각까지 포함해서 생각에 사로잡힐 때, 단순히 거룩한 단어로 돌아가기만 하면 된다. 이러한 능동적인 수행을 통해 당신은 '생각'과 '생각에 대해 생각하는 것' 사이의 미묘한 차이를 알게 된다. 생각은 흘러가고 있기에, 만일 '생각에 대해 생각함으로써' 그것들에 빠져들지 않는다면, 당신은 그 생각들이 지나가도록 내버려둘 수 있다. **그리스도의 마음**이 당신의 지적인 마음을 점령할 때, 당신 안에서 깨어나고 있는 새로운 형태의 인식에 마음이 열린다. 단순히 생각을 놓아 버리고, 더 섬세하게 '생각에 관한 생각'도 놓아 버린다면, 더 깊은 차원에서 하느님과의 관계에 열리게 된다. 이런 차원에서 당신 안의 생각이 자연 방출되고, 당신은 아무것도 행하지 않으면서 그냥 하느님 안에 있을 뿐이다. **그리스도의 마음**이 당신의 마음과 하나가 된다.

거룩한 단어와 함께하는 부드러움

향심기도의 가장 중요한 가르침은 다음과 같이 말한다. **생각에 빠져 들었다면 거룩한 단어로 아주 부드럽게 돌아가라**는 것이다. 관상이 깊어질수록, 당신은 거룩한 단어로 하는 수행에서 **살아 계신 하느님의 말씀**이 스며들도록 하는 데에 부드러운 태도가 얼마나 중요한지 감지하게 된다.

'어떻게 하면 거룩한 단어를 부드럽게 대할 수 있을까?'라는 생각으로 많은 사람이 어려움을 겪고 있다. 부드러움은 배워야 하고 수행해야 하는 태도다. 마음의 여유를 가지고 의식적으로 거룩한 단어로 되돌아감으로써 향심기도 중에 부드러운 태도를 배운다. 또 당신이 애쓰고 있을 때 자신을 부드럽게 대함으로써 향심기도 중에 부드러움을 배운다. 기도할 때 부드럽게 행하는 법을 배우는 가장 좋은 방법은 하느님께 배우는 것이다. 하느님은 부드러운 분이시다. 당신이 생각과 생각에 관해 생각하는 것을 내려놓을 때, 부드러워지려는 자신의 노력을 놓아 버리면서, 하느님을 향한 인식의 공간을 갖게 된다.

일상생활에서 부드러움이 어떤 느낌인지 알아차려라. 사랑하는 사람을 포옹하고, 햇빛을 받아 꽃이 피는 것을 감지하고, 갓난아기를 안아 올리는 것을 통해 부드러움을 인식하라. 이러한 경험을 감각적으로 느껴라. 부드러워지려고 애쓰는 생각에 갇히는 대신, 경험이 당신을 가르치게 하라. 부드럽게 대하려고 애쓰는 것을 알아차리면, 그 노력을 놓아 버리고 자신의 존재 안에 깃들어 있는 부드러움을 기억하라. 어떻게 부드러워질 것인가에 관한 생각과 전략에 얽매이지 마라. 그러면 관상 수행을 하는 동안 부드러워지는 것에 대해 생각할 필요가 없다. 부드러움은 당신 마음속에 깃들어 있다. 그것을 생각하지 말고, 그것을 불러일으키는 이미지에 대해서도 생각하지 말고, 기도 안에서 부드러움이 살아나게 하라.

거룩한 단어를 놓아 버리기

향심기도가 전개되면서, 생각이 마음을 통해 흐르기 쉽다는 사실을 알게 되면 노력은 줄어든다. 그런 다음 당신은 마치 춤을 추듯이, 파트너가 섬세하게 이끄는 대로 거룩한 단어의 외적인 형태를 놓아 버리면서 수행의 또 다른 움직임이 당신 안에서 펼쳐지게 할 수 있다. 거룩한 단어가 점차 보이지 않는 목소리의 속삭임이나 하나의 추억, 희미해지는 메아리가 되게 하라. 거룩한 단어의 외적인 형태를 놓아 버리는 것은 거룩한 단어의 겉껍질 안과 뒤, 그리고 그 아래에 존재하는 **살아 계신 하느님 말씀**에 승복하는 방법이다. 사랑은 본래 하나의 정서가 아니다. 영적 수행에서 사랑은 의지의 행위고 동의이며, 자발적인 마음이고 놓아 버림이다. 하느님이 사랑의 침묵 안으로 초대하실 때 당신이 거룩한 단어에만 매달린다면, 오직 당신 자신만 남게 된다. 하느님께서 당신 안에 있는 거룩한 단어를 놓아 버리게 하시면, 당신은 신적 사랑을 받게 된다.

시간이 지남에 따라, 당신은 관상 수행을 위해 자신이 하는 일이 점점 줄어든다는 것을 알게 된다. 당신은 거룩한 단어로 쉽게 돌아갈 수 있다. 당신 안에 있는 거룩한 단어는 자신만의 고유한 생명을 지니고 있어서 그저 거룩한 단어에 머물러 있으면 거룩한 단어로 쉽게 돌아갈 수 있다. 나의 오랜 친구이자 향심기도의 위대한 교사인 칼 아리코 신부가 말했듯이, 이것은 '거룩한 단어가 기도하게 하는 것'과 같다. 당신은 더 이상 자의로 기도 수행을 바라지 않으며, 더 이상 자의로 거룩한 단어를 바라지 않는다. 당신이 놓아 버림으로써 **살아 계신 하느님 말씀**이 기도에 스며들게 된다. 관상에서 하느님이 당신의 의식적인 경험 안으로 언제 들어오시는지 알아차리는 법을 배우는 일은 매우 가치가 있다. 그런 다음 당신이 할 일은, 꽃이 저절로 피어나듯이 신적 생명이 저절로 펼쳐지도록 내버려두는 것뿐이다.

하느님의 거룩한 말씀 안에서 쉼

놓아 버림과 쉼 사이에는 미묘한 차이가 있다. 쉼은 놓아 버림보다 더 깊고 더 섬세하다. 형상과 소리와 생각 그리고 심지어 거룩한 단어에 대한 기억까지도 넘어서 하느님 안에서 쉬어라.

이 쉼은 두 가지 방법으로 경험할 수 있다. 처음에는 잠이 들었다가 깨어날 때처럼, 뭔가 생각하지 않고 하느님 안에서 쉬고 있었다는 사실을 갑자기 깨닫게 된다. 당신이 일어난 일을 의식적으로 성찰하려고 할 때는, 마치 잠에서 깨어난 후 베개에 다시 머리를 대는 것처럼, 당신 안에서 일어나고 있는 모든 것에서 그저 마음을 쉬어라.

쉬고 싶은 마음을 의식할 수도 있다. 그것은 당신의 경향이 하느님 안에서 쉬려고 노력하는 것일 수 있다. 하느님 안에서 쉬려고 노력하는 것은 하느님을 이원적인 목표로 만든다. 오히려 쉼을 경험하는 두 번째 방법은, 하느님을 찾으려는 노력을 놓아 버리면서 쉼을 배우는 일이다. 하느님을 찾는 노력을 멈추고 어쨌든, 하느님께 돌아가려는 일에서 쉬는 법을 배우는 것이다. 하느님을 찾는 노력으로써 쉼을 얻으려는 것은, 잠자는 것을 포기하는 것과 같다. 찾는 노력을 멈추고 쉼이 당신에게 오게 하라. 당신은 이제 이사야의 초대에 담긴 더 깊은 의미에 마음을 열고 있다. "마음을 돌려 쉬는 것이 구원받는 길이다. 고요히 믿고 의지하는 것이 힘을 얻는 길이다"(이사 30,15). 당신 안에서 그리고 당신 주변에서 일어나는 모든 것에서 쉬어라. 그러면 "하느님께서는 모든 것 안에서 모든 것이 될 것이다"(1코린 15,28). 하느님의 사랑에서 제외되는 것은 아무것도 없다. 심지어 하느님 안에서 쉬려는 당신의 생각과 노력조차도 마찬가지다. 쉼의 태도에 대한 헌신은 당신을 존재를 향해 열어 준다. 하느님 안에서 단지 존재하는 경험은 당신에게 쉬는 방법을 보여 준다.

감정을 당신의 거룩한 단어로 포옹하기

하느님 안에서 쉬는 경험을 한 후에도, 때로 기도하는 동안 강한 감정을 경험할 수 있다. 감정에서 벗어나거나 감정을 없애고 싶은 욕구가 일어나는 일도 있을 수 있다. 분노 · 슬픔 · 두려움이 고통스러우며, 당신을 괴롭히고, 당신과 하느님과의 관계에 장애물처럼 느껴지기 때문에 감정에 대해 저항하거나 억압하고 있는 자신을 발견할 수도 있다. 그리스도교에서는 이것을 '고통스러운 정서'(afflictive emotions)라고 부른다. 당신은 거룩한 단어를 야구 방망이처럼 사용하여 감정을 멀리 보내 버리려고 애쓰는 자신을 발견할 수도 있다. 하느님을 떠나 방황하거나, 정서에 압도되거나, 아니면 단지 짜증이 나거나, 그리고 생각에 빠져 있을 수도 있다. 이때 거룩한 단어로 돌아가는 것은 무의식적으로 감정을 억누르고 회피하는 방법이 될 수 있다. 특히 애쓰면서 무의식적으로 저항하는 태도로 돌아가면 더욱 그렇다.

사실 하느님과 의식적인 관계가 깊어질수록 모든 것이 당신 안에서 합일로 에워싸이는데, 감정과 정서도 포함된다. 위대한 베네딕도회 수도원장 존 채프먼은 "우리는 하느님이 모든 외부 사건뿐 아니라 모든 내부 사건에서도, 즉 우리가 지닌 모든 무의식적인 느낌 안에도 존재하신다는 것을 깨달을 때, 우리 삶의 모든 순간에 하느님과 접촉하고 있음을 깨닫는다"[2]라고 했다. 그리스도 안에서의 근본적인 변화는 정서를 포함하여 모든 것 안에서 하느님을 발견할 때 일어난다. 감정에 저항하는 것은 이러한 변화로부터 당신을 멀어지게 한다.

느낌을 제쳐 둔 채 거룩한 단어로 돌아가는 대신, 강한 감정을 거룩한 단어로 끌어안아라. 거룩한 단어에 관한 생각으로 돌아가는 일을 놓아 버리고, 그냥 그 느낌을 느껴 보라. 또는 당신의 신체 자각 안에서 하나의 신체 감각으로 그 한 부분을 느껴 보라. 마음속에 있는 말의 형태를 놓아 버리고, 당신 몸이 느끼는 느낌을 통해 하느님이 오시도록 하라. 성령께서 당신과 당신 감정의 관계를 변화시키기 위해 그 감정 안에서 활동하고 계심을 믿어라. 깊은 관상 속에서, 하느님의 치유와 변화시키는 활동에 응답하면서, 하느님을 포옹하기 위해 민감하게 움직일 때 당신 감정은 자유로워진다.

향심기도에서 감정을 마치 거룩한 단어처럼 껴안는 일이 때로 어렵지만, 그렇게 하는 것은 당신 의식과 활동의 변화에 하느님과 협력하는 법을 배우는 매우 가치 있는 방법이다. 자신을 감싸안는 태도를 통해 당신 자신을 열고, 당신과 당신의 고통을 끌어안으시는 하느님의 더 큰 신비에 동의하라.

당신 삶 안으로 당신 수행을 통합하기

기도 시간이 끝나면, 거룩한 단어로 돌아가는 일을 놓아 버리고 1-2분 동안 마음을 편히 쉬어라. 이렇게 하면, 많은 사람이 기도 시간이 끝날 무렵의 이 짧은 순간이 그들 기도에서 가장 내적으로 비워진 순간임을 알게 된다. 이것은 그들이 그 기도 시간 동안 너무 열심히 애쓰다 보니 거룩한 단어로 경직되었다는 표시다. 다 괜찮다. 그것은 다음 기도 수행 전, 수행 중, 수행 후에 당신 자신을 하느님께 열기 위해 관상 태도로 당신 자신을 새롭게 하라는 초대일 뿐이다.

향심기도의 핵심은 자리에 앉아서 하는 기도 수행을 활동과 통합하는 것이다. 그리고 일상적인 봉사를 통해 하느님 안에서 모든 사람과 삶의 모든 것과 당신이 일치되어 있음을 깨닫는 것이다. 2장에서 설명한 것처럼 다른 사람들의 필요를 위해 잠시라도 시간을 내어 기도하라. 어떤 걱정이 구체적으로 떠오를 수도 있다. 기도 시간 동안 걱정이 떠오르면, 그것을 놓아 버린다는 지침을 아마 기억할 것이다. 이제는 그 걱정이 다른 사람들을 위한 청원으로 되돌아오게 할 때다. 그 걱정이 은밀한 기도의 표현으로서 떠오르고 있다. 기도 중에는 거룩한 단어로 돌아감으로써 그 걱정을 놓아주었기에, 이제 그 기도를 허용하라. 그리고 누군가를 위한 기도와 그의 고통에 대한 진심 어린 염려까지도 하느님 신비로 감싸게 하여, 그것이 당신을 통해 그리스도의 기도로 되돌아오고 있다고 믿어라. 세상 사람들을 위한 그리스도의 기도에 당신의 지향을 일치시켜라.

그리고 의식적으로 당신의 거룩한 단어와 활동, 즉 마음의 활동이나 외부 활동을 통합할 수 있다. 예를 들어, 오늘 하루 하게 될 일을 하고 있는 자신의 모습을 마음속에 그려 보면서, 동시에 거룩한 단어가 자신에게 오도록 할 수 있다. 이런 식으로 거룩한 단어가 기도 시간의 결과로 생겨나서 상상하는 하루의 활동에 영향을 주듯이, 사실 앉아서 하는 수용적인 수행의 은총으로 당신은 그 하루의 활동을 축복하는 셈이다.

향심기도에서 거룩한 단어가 깊어지는 수행을 하면서 그리스도, **하느님의 거룩한 말씀**에 동의한다. 이는 더 큰 자유와 기쁨과 의미가 있는 삶, 즉 관상의 삶을 그리스도인들이 더욱 온전히 살게 해 준다. 같은 태도와 방법으로 거룩한 호흡, 거룩한 바라봄, 거룩한 무無와 같은 그 밖의 다른 거룩한 상징의 사용도 심화할 수 있다. 이 모두가 하느님 체험을 심화한다.

4장

거룩한 호흡의 심화

하느님의 영이 저를 만드시고
전능하신 분의 입김이 제게 생명을 주셨답니다.[1]

__욥 33,4

앞 장에서 언급한 것처럼 향심기도의 기본 가르침은 보통 거룩한 단어의 사용에 초점을 맞추고 있지만, 거룩한 호흡을 포함한 다른 거룩한 상징으로도 수행할 수 있다. 호흡은 대단히 몸에 밴 수용적인 상징이어서, 영적 여정의 특정 계절에 많은 사람이 거룩한 호흡으로 수행하는 것에 마음이 끌린다. 거룩한 호흡으로 수행하는 것은 향심기도가 관상으로 심화하는 것을 돕고, 이는 영적 수행을 육체적이고 인간적인 경험으로 통합하고 구현하는 방식이기 때문이다.

하느님은 생명의 창조주시며, 생명을 지탱해 주는 분이시다. 내재하시는 하느님 현존은 당신의 일상생활과 내적 인식의 근원으로, 당신 생명의 근원이다. 예수 시대에 히브리어로 '영'과 '숨결'을 의미하는 단어가 동일한데, 바로 루아*ruah*다. 요한은 예수님이 부활하신 후 자신의 숨결을 통해 제자들에게 성령을 보내시면서, 루아라는 선물을 주셨다고 말한다. "예수께서는 그들에게 숨을 불어넣으시며 '성령을 받으시오'라고 말씀하셨다"(요한 20,22). 숨은 오랫동안 하느님의 영, 성령의 상징이었다.

우리는 하느님 모습으로 창조되었기 때문에, 우리 육체의 호흡은 창조되지 않은 하느님의 초월적인 호흡이 내재하는 이미지로 창조되었다. 성령은 하느님의 숨이요, 우리 호흡 속의 숨이다. 태어나서 죽는 순간까지 우리의 숨이 우리 안에서 숨 쉬는 것처럼, 성령은 우리 삶을 활기차게 하신다. "그때에 주 하느님께서 흙의 먼지로 사람을 빚으시고 그 코에 생명의 숨을 불어넣으시니, 사람이 생명체가 되었다"(창세 2,7). 그리스도께서 당신 제자들에게 주셔서 체험한 하느님의 영은, 제자들의 기도에 생명을 불어넣는 원동력으로써, 우리가 행하는 기도와 삶의 모든 것 안으로 숨을 불어넣으신다.

우리는 평소 호흡을 의식하지 못하는 것처럼 우리 안의 성령을 의식하지 못한다. 성경은 우리가 성령을 더 깊이 의식하도록 요청한다. "여러분은 하느님의 성전이요 하느님의 영이 여러분 안에 거처하신다는 사실을 알지 못합니까?"(1코린 3,16). 향심기도에서 당신의 호흡은 하느님의 현존과 활동에 동의하는 상징이다. 호흡은 내주하시는 하느님 현존의 풍부한 상징이기 때문에 거룩한 호흡으로 수행하는 것은 당신 안에서만 아니라 모든 생명 안에서 성령께서 현존하시고 활동하심을 더 깊이 의식하도록 이끌어 준다. 실제로 향심기도에서 거룩한 호흡을 심화하면 당신의 인식 자체가 변화한다.

우리는 거룩한 호흡으로 어떻게 수행하는가? 토마스 키팅은 『마음을 열고, 가슴을 열고』에서 향심기도의 기본 가르침에 대해 다음과 같이 말한다.

자신의 숨을 알아차리는 것은 또한 당신 안의 하느님 현존과 활동에 동의하는 거룩한 상징 역할을 한다. 이 경우에 일부 동양의 명상 형태에서처럼 육체적으로 자신의 숨을 따라가는 것이 아니라, 단순히 그 숨을 관찰한다. 향심기도의 목적은 모든 생각을 놓아 버릴 뿐 아니라, 내재하시는 하느님과의 접촉을 깊게 하는 것이다. 믿음의 지향이 핵심이다.[2]

호흡으로 수행하는 방법에 관해 안내하는 이 설명은 향심기도에서 거룩한 상징이 갖는 그 풍부함을 언급한다. 하지만 이것이 수행 방법에 관해 언급하는 기본 가르침의 전부다. 이 장에서는 향심기도의 거룩한 호흡을 심화하는 방법을 설명한다.

영적 여정의 특정 계절을 위한 거룩한 호흡

앞 장에서 언급했듯이, 향심기도 수행은 영적 여정의 계절을 지나면서 자연스럽게 깊어지며 펼쳐진다. 또 앞 장에서 살펴본 것처럼, 거룩한 단어를 사용하는 기도에서 더 깊은 관상적 초점은 향심기도의 기본 지침 위에 세워진다. 거룩한 단어를 심화하는 데 관련된 능동적인 관상 태도는 십자가의 요한이 '감각의 능동적인 밤'이라고 부르는 영적 여정의 계절에 특히 도움이 된다. 이후, 요한이 말하는 '감각의 수동적인 밤'(passive night of sense)에 이르면 하느님은 더 수동적으로 우리와 관계를 맺으신다.

감각의 수동적인 밤에서는 일종의 수용적인 정화가 우리 안에서 시작된다. '정화한다'는 것은 깨끗이 하고, 제거하며, 정결하게 하는 것을 의미한다. 관상에서 정화되는 가장 중요한 것은 '하느님과 분리되어 있다는 당신의 감각'이다. 향심기도를 할 때, 그리스도와의 합일을 가로막는 내적 장애물이 깨끗이 제거된다. 모든 것 안에 계신 성령의 현존을 인식하지 못하는 무지가 당신에게서 깨끗이 씻겨 나간다. 하느님에게서 분리되어 있다는 느낌은, 영적 여정의 여러 계절에 걸쳐 계속되는 문제이며, 감각의 수동적인 밤을 거치는 동안 극심해진다. 하느님의 거룩한 숨인 성령은 당신이 하느님에게서 분리되어 있다는 느낌을 정화해 준다.

예를 들어, 약 5년 동안 충실하게 향심기도를 실천해 온 한 여성이 있었는데, 그녀는 남편의 죽음으로 아직 해결되지 않은 큰 슬픔과 분노를 경험하면서 정서적 정화의 시기를 거쳤다. 기도 수행에서 더는 기쁨과 평화를 경험하지 못하고, 기도 안에서 하느님 부재를 느꼈다. 자신이 거룩한 단어를 사용하여 매우 통찰력 있게 기도 수행을 했음에도, 거룩한 단어가 계속 자신의 머릿속 생각에 갇혀 있어, 이것이 성령께서 하시는 정서적 정화에 무의식적으로 저항하고 있음을 알게 되었다. 이 여성은 그때 감각의 수동적인 밤에 있었다. 그녀는 거룩한 호흡으로 수행을 시도했을 때, 거룩한 호흡이 자신에게 어떤 다른 능력, 즉 슬픔과 분노 속에서 하느님과 함께할 수 있는 특별한 능력을 준다는 것을 알게 되었다. 슬퍼하고, 애도하고, 놓아주는 것은 더 깊은 생명으로 가는 길이며 더 깊은 하느님과의 관계로 가는 길이다. 감정에 저항하고 감정을 억압하는 것은, 당신을 치유하는 성령의 현존과 변화시키는 성령의 활동에서 당신을 분리하는 일이다.

거룩한 호흡의 체화體化된 특성은 이 여성이 자기 몸에서 느껴지는 감각을 더 잘 인식하고, 감정에 더 개방적이 되며, 하느님 현존 안에서 자신의 고통스러운 정서를 더 많이 경험할 수 있게 했다. 여정의 이 단계에서 거룩한 호흡을 사용한 것은, 감각과 정서의 정화가 이뤄지는 동안에 요한이 권고하는 하느님에 대한 수동성 또는 수용성을 실천하는 가장 좋은 방법이었다. 특히 정서를 포함한 모든 것 안에서 하느님께 수용적일 때, 분리된 자아 감각이 정화된다. 거룩한 호흡은 하느님과 관련하여 사용할 수 있는 가장 수용적인 상징이며, 영적 여정의 계절, 특히 수동적인 영적 여정이 전개될 때 매우 도움이 된다.

거룩한 호흡을 심화함으로써 크게 도움받은 사람이 또 있는데, 70대 후반의 향심기도 장기 수행자였다. 이 여성은 기도 수행에서 거룩한 단어를 거의 사용하지 않았다. 25년 동안 매일 수행한 끝에 그녀는 하느님이 어떤 상징이나 도움을 넘어 관상 속에서 자신과 더 직접적으로 관계 맺고 계심을 알고 있었다. 그러나 여성은 강한 감정이나 강박적인 생각에 시달릴 때는, 하느님을 향한 자신의 동의를 새롭게 하고 그 동의에 집중하기 위해 여전히 상징으로 돌아가야 한다는 것을 알게 되었다. 정서적 정화는 이 여성처럼 이미 감각의 수동적인 밤을 지나온 사람에게조차 영적 여정의 더욱 깊은 단계에서 되풀이된다. 단어 대신 호흡으로 자신의 동의를 새롭게 하는 법을 배움으로써, 이 진보한 향심기도 수행자는 아주 자유롭게 되었다. 그녀는 말하기를, 거룩한 단어의 사용은 하느님이 그녀에게 현존하는 방식으로는 너무 힘들고 거슬린다고 했다. 하느님께서 지금 여성과 관계 맺고 있는 것처럼, 호흡은 편안하고 자연스러우며 늘 존재한다. 여성은 하느님께 동의하는 방법으로써 자기 호흡을 편안하게 사용할 수 있었고, 무형無形이신 하느님 현존을 수용하기 위해 호흡을 쉽게 놓아 버릴 수 있었다.

거룩한 호흡의 심화는 어떤 영적인 계절에도, 가치 있는 접근 방식이 될 수 있다. 어떤 이들은 영적 여정의 시작부터 거룩한 호흡으로 수행을 잘한다. 대학생들에게 향심기도를 가르치면서, 많은 젊은이가 호흡에 편하게 적응한다는 사실을 알게 되었다. 왜냐하면 호흡은 하느님을 향한 매우 체화된 동의의 상징이기 때문이다. 많은 경우 젊은 사람들은 신체적으로 매우 활동적이다. 그래서 하타 요가나 불교의 마음챙김 명상과 같은 체화된 형태의 명상 수행에 끌릴 수 있다. 그들은 그리스도교에도 관심이 있다. 젊은 세대가 거룩한 단어로 수행할 때, 때로 육체와 정신 사이의 이원적인 태도가 나타나지만, 거룩한 호흡으로 수행할 때는 그런 분열이 없다는 것을 알게 된다. 호흡은 기도 안에서 몸과 영을 하나로 묶는다.

내재하시는 하느님 현존에 동의하기

향심기도에서 거룩한 호흡을 심화하기 위해서는, 생각들에 대해 생각하는 일에 빠져들 때 자신의 호흡을 단순히 알아차리면 된다. 이런 식으로 내재하시는 하느님 현존에 동의하면 된다. 하느님 현존은 당신에게 매우 가까이 계시는데, 당신이 당신 안의 신적 생명보다 당신의 생각과 감정에 자신을 더 동일시하기 때문에, 보통 신적 생명을 인식하지 못한다.

당신 인식의 표면은 배로 가득한 강의 표면과 같다. 당신은 강 표면의 활동과 소음 속에 살면서, 이 배에서 저 배로 뛰어다니며 다른 어떤 것도 알지 못한다. 그렇지만 강 속으로 뛰어들면, 상쾌해지고 강 표면의 활동과 소음에서 벗어날 수 있음을 알게 된다. 강 표면은 여전히 일렁이겠지만, 당신은 이제 더욱 깊은 심연도 알고 있다. 그 깊이까지 알게 됨에 따라, 소음과 활동만 있는 강 표면에서 자유로워진다. 당신은 조용히 쉴 장소를 갖게 된다.

당신의 생각들은 마치 강 위에 떠 있는 배들처럼 당신을 점령하고 있어, 내재하시는 하느님 현존이라는 심층을 결코 알지 못한다. 생각에 관한 생각을 놓아 버리면서 하느님이 늘 현존하시는 심연에 마음을 열게 된다. 향심기도를 수행할 때, 특히 거룩한 호흡으로 수행하는 것은 하느님이 계시는 심연으로 마음을 여는 데 도움이 된다. 그리고 표면적인 생각과 정서를 동일시하지 않는 것에도 도움이 된다. 거룩한 호흡을 심화하면서 하느님께 마음을 연다. 특히 아빌라의 데레사가 말한 '고요의 기도'(prayer of quiet)에 당신의 마음을 연다.

'고요의 기도'라니 멋지게 들린다. 그렇지 않은가? 이것은 마치 기도할 때, 당신의 생각들과 생각하고자 하는 마음이 항상 고요하고 조용할 것처럼 느껴진다. 실제로 고요의 기도 상태란, 당신 지성이 내면에서 미치광이처럼 돌아다니는 산만한 생각들을 여전히 경험할 수는 있지만, 당신 의지가 잠잠한 상태라고 데레사는 묘사한다.[3] 데레사는 고요의 기도가 마음의 표면과 심연을 동시에 인식한다고 강조한다. 그 생각들은 미치광이처럼 인식의 표면을 계속 맴돌지만, 하느님이 현존하신다는 의식의 즉시성(immediacy) 안에서 당신 의지가 잠잠

할 때, 그 미친 생각들은 그저 표면의 소음일 뿐이다. 단순히 자신의 호흡을 알아차림으로써 생각과 싸우고 저항하는 것을 놓아 버리고 하느님께 동의할 때, 두 수준의 인식이 동시에 열린다. 당신은 생각을 인식하는 동시에 그 근원에서 쉴 수 있다. 이러한 경험은, 당신 생명의 원천으로서 항상 존재하는 호흡에 대한 인식을 통해 당신에게 열리는 경험이다.

고요의 기도는 생각 가운데서도 자유를 경험하기 시작하기 때문에 상당한 해방감을 준다. 생각으로부터 자유로워지고, 내면의 고요함 속에서 표면의 소음에서 벗어나 강 깊은 곳에서 쉬는 것은 실로 영적 여정에서 귀중한 경험이다. 그러나 당신과 하느님의 관계는 생각 속에서도 자유로워지는 법을 배울 때까지는 제한된다. 당신이 생각에서 벗어난 초월적인 평화를 항상 찾고 있다면, 영적인 삶은 인간 삶의 분주함과 다양성과 완전히 통합되지 않을 것이다. 아빌라의 데레사는 고요의 기도에서 느끼는 크나큰 혜택은 일상에서 나타난다고 말한다. 그것은 자신의 의지가 하느님 안에 깊이 쉬면서도, 지성과 기억과 다른 기능들이 자유롭게 봉사에 적극 참여할 수 있기 때문이다.[4] 하느님 안에서 쉬는 동안에도 다른 사람들을 돕기 위해 창조적인 방법으로 인간이 가진 성찰이라는 선물을 사용할 수 있다.

거룩한 호흡으로 수행하는 것은 관상의 핵심적 특성인 '아멘, 그대로 이루어지소서'라는 마음가짐을 배우고 실천하는 훌륭한 방법이다. 향심기도에서 거룩한 호흡을 심화하는 것은 마음속에 있는 혼란스러움을 정화하고 진정시키는 것이 아니라, 마음속 혼란스러움을 없애려는 싸움을 정화하고 진정시키는 것이다. 온전한 정신 상태란 자신의 내적 혼란스러움에 정신을 빼앗기는 일을 멈출 때이다. 신적 생명이 당신 안에서 더 완전하게 활동함에 따라 생각과 갈등, 그리고 분리된 자아 감각에서의 초연함을 배운다. 마음에 있는 혼란스러움을 완전히 인식하는 동안일지라도, 인식하는 하느님 현존 안에 그냥 존재할 수 있게 되어 당신의 의지는 고요하다. 거룩한 호흡으로 향심기도를 수행하면, 온갖 생각 속에서도 하느님과 관계 맺는 데 도움이 된다. 특히 감정이 실린 생각 속에서 분심이 계속되고 있는 것에 저항하고, 게다가 자신이 저항한다는 생각 속에서도, 거룩한 호흡으로 향심기도를 수행하는 것은 하느님과 관계 맺는 데 도움이 된다. 거룩한 호흡에 대한 충실하고 수용적인 수행을 통해 자신의 의지를 잠재우게 된다. 그리고 하느님에게서 분리되었다는 감각을 강화하는 저항과 감정이 실린 생각을 하느님 현존이 좀 더 쉽게 감싸안아 잠재울 수 있게 한다.

순수의식 속에서 하느님의 현존

고요의 기도가 깊어짐에 따라, 주의력과 인식이 변화된다. 주의력은 인식할 수 있는 인간의 수용 능력에 초점을 맞추거나 주의를 기울이는 것이다. 나는 내 의지로 바깥세상에 있는 어떤 대상에게 집중하거나 주의를 기울일 수 있다. 또 내적으로는 내 의지와 관심을 내 생각과 감정, 또는 신체 인식에 집중시킬 수도 있다. '순수의식'(pure awareness)은 배가 떠다니는 강물처럼 모든 내부와 외부 대상이 존재하는 의식의 바탕이다. 의식은 내 생각·느낌·지각의 대상과 다르고,

어떤 생각 · 느낌 · 지각의 어떤 대상과도 다르며 이러한 대상에 주의를 집중하는 행위와도 다르다.

거룩한 호흡으로 향심기도를 수행하는 이점 중 하나는, 생각에 사로잡힐 때 호흡을 알아차리면서 부드러운 움직임으로 주의 깊게 동의함으로써, 향심기도의 핵심인 당신의 지향이 살아난다는 점이다. 지향에 생기를 불어넣는 주의 깊은 동의는, 거룩한 단어로 기도하는 것보다 거룩한 호흡으로 수행할 때 몸에 더 체화된다. 향심기도는 주의력만의 수행이 아니다. 당신 호흡에 대한 이 부드러운 주의조차도 놓아 버려야 한다. 하느님 안에서 쉴 때, 당신의 동의가 살아난다. 호흡에 주의를 기울이지 않고, 순수의식 안에서 하느님 현존 안에 있는 그대로 존재한다. 토마스 키팅은 이것을 '영적 주의력의 탄생'이라고 부른다.[5] 향심기도는 근본적으로 지향과 동의의 관상 수행이기 때문에, 주의력은 호흡의 상징만도 아니며 의지나 주의력을 집중하는 행위가 아니다. 주의력은 순수의식 안에서 내재하시는 하느님 현존에 대해 더 큰 동의를 자연스럽게 하게 한다.

내재하시는 하느님 현존은 어떤 인식의 대상도 아니며, 순수의식 안에서 드러나신다. 그래서 십자가의 요한과 같은 관상 스승들이 어떤 지각이나 생각, 또는 영적 실체에도 애착을 갖지 않도록 신경을 쓰는 것이다. 마찬가지로, 향심기도 수행에서 당신이 사용하는 상징은 하느님이 아니다. 그 상징은 단지 내재하시는 하느님 현존과 활동에 대한 당신의 동의를 나타낼 뿐이다. 거룩한 호흡으로 수행할 때, 계속 자신의 호흡에 주의를 기울이지 않는다. 계속 호흡에 주의를 기울이면, 당신의 의지가 영원하시고 무한하신 하느님 현존 안에서 쉬는 것이 아니라, 그냥 지나가는 대상에 당신 의지를 집중하는 것이 되기 때문이다. 그러나 호흡은 특히 하느님에 대한 동의의 대단히 유용한 상징이 될 수 있다. 왜냐하면, 호흡은 의식 속에 항상 존재하므로 호흡에 대해 생각하기보다는 편안하게 주의를 기울일 수 있다. 호흡은 매우 수용적인 상징이다. 호흡을 놓아 버리고 그대로 있는 게 쉽다. 그럴수록 당신의 기도는 순수의식 안에서 하느님 현존에 더욱 투명해진다.

주의(attention)와 인식(awareness)의 차이는, 하나의 상징으로 수행을 시작하는 향심기도와 하느님 안에서 단지 쉬며 존재하는 관상과의 차이와 유사하다. 깊은 관상 안에서 토마스 키팅은 그에 대해 다음과 같이 언급한다.

> 우리가 향해 가고 있는 곳은 인식하는 자, 인식하는 행위, 인식의 대상이 모두 하나인 곳이다. 오직 인식만 남는다. … 만일 당신이 생각하고 있지 않다면, 당신이 생각하고 있지 않다는 생각조차 없다. 거기에는 순수의식만 존재할 뿐이고, 이는 관상기도의 주된 목표다.[6]

향심기도에서 거룩한 호흡을 심화하면, 당신은 순수의식 속에 내재하시는 하느님 현존과 하나가 될 수 있다. 숨 쉬는 자와 숨 쉬는 행위 그 자체, 그리고 숨이 하느님 안에서 하나가 된다. 거기에는 당신 안에서 활동하시는 하느님 현존만 있고, 당신 안에서 숨 쉬시는 하느님 숨결이 있다.

토마스 키팅이 강조한 바와 같이, 당신이 평화롭게 하느님을 인식할 때도 여전히 이원적인 분리가 존재한다. 당신은 하느님 평화를 인식하는 주체다. 강 심층에서 쉬면서 강 표면의 활동을 인식하지만, 강 표면의 활동과는 분리되어 있다. 거룩한 호흡의 심화 과정에서 당신이 생각을 인식할 때 자신의 숨을 알아차린다. 호흡은 수용적인, 열린 창문이 되어 하느님을 더 쉽게 받아들일 수 있다. 그러나 거룩한 호흡의 수행이 심화하는 움직임 속에서는, 거룩한 호흡 자체를 놓아 버리고 그저 하느님 안에 존재한다. **호흡을 놓아 버리고, 하느님의 현존 그 자체 안에 존재하는 것이 당신을 순수의식으로 향하게 한다.** 시간이 흐르면서 승복과 기도가 봉사 안으로 통합되고, 순수의식 속에 있는 순간들은 영적 여정을 통해 당신의 정체성이 하느님과의 합일 안에 뿌리를 두고 있는 지점까지 발전한다.

그러므로 생각으로부터의 자유 그리고 생각 속에서의 자유를 발견하는 경험이 당신 안에서 새로운 차원으로 다가온다. 그리스도의 현존이 당신의 기도 속에서 활동하실 때, 삼위일체 생명의 부드러운 빛은 순수의식 속에서 쉽게 깨어난다. 당신은 그것을 경험하고 있는 주체가 될 필요가 없고, 경험의 대상도 가질 필요가 없다. "나는 살아 있지만 이미 내가 아니라 그리스도께서 내 안에 살고 계십니다"(갈라 2,20)라고 말한 바오로의 성경 말씀으로 진리를 깨닫게 된다. 이제 사는 것은 당신이 아니라, 그리스도께서 당신 안에 사신다. 하느님과의 일치 안에서는 하느님을 당신 밖의 대상으로 인식할 수 없다. 당신 눈을 통해 밖을 내다보는 내면의 주체가 그리스도시기 때문이다. 인식할 게 아무것도 없다. 하느님 생명이 당신 안에서 드러나는 것처럼,

당신은 하느님 생명인 순수의식의 빛 속에 있기 때문이다. 분리된 자아 감각은 망각의 구름 속에서, 하느님의 즉시성 속에 사라진다. **순수의식은 시간을 뚫고 들어오는 영원에 대한 의식의 결과다.** 순수의식이라는 하느님 현존 안에서는 과거도 미래도 없다. 생명은 하느님 안에서 그저 존재할 뿐이다.

신적 현존에 현존하기

하느님은 우리의 내면세계와 심리적 경험을 초월하시지만, 내면세계와 심리적 경험은 하느님 안에 있다. 볼 수 있는 것들 안에서는 발견할 수 없는 영역인 '하느님 나라'에 대한 비유에서, '생명'은 찾거나 노력함으로써 발견되는 것이 아니라, 당신 안에서 또는 여러분 가운데에서 발견된다고 예수님은 말씀하셨다(루카 17,20-21).

깊어지는 관상 속에서는 생각과 정서, 노력과 애씀을 넘어, 그 가운데에 그리고 그 주위에 내재하시는 하느님 현존이 살아 계신 선물임을 깨닫는다. 내재하시는 하느님의 현존 의식은 판단이나 배제, 저항이나 애착 없이 모든 것, 즉 모든 생각과 모든 애씀, 모든 노력을 끌어안고 지탱하며, 모든 것 안에 속속들이 스며든다. 하느님 현존과의 가장 깊은 수준의 합일에서는 자아의 더 자유로운 행동으로서, 다른 사람에 대한 봉사가 흘러나온다. 이 봉사는 크고 화려하지도 않고, 심지어 눈에 띄지 않을 수도 있다. 이런 봉사의 형태는 보이지 않을 수 있고 숨겨져 있을 수 있지만, 마치 하느님처럼 그것을 감지할 정도로 충분히 섬세한 지각을 지닌 사람에게는 참으로 실재하는 것이다.

거룩한 호흡으로 하는 수용적 관상 태도

이 책의 제2부에서는 여덟 가지 수용적인 관상 태도를 자세히 살펴볼 것이다. 여덟 가지 관상 태도는, 당신 안에서 활동하시는 하느님께 동의하고, 하느님을 알아차리고, 하느님 안에서 깨어나고, 애쓰지 않으며, 놓아 버리고, 존재하고, 그리스도 안에 안기고, 기도와 삶으로 드러남(emerging)에 관한 내용이다. 거룩한 호흡을 심화하는 방법을 더 충실히 설명하기 위해 이어지는 다음 여덟 단락은 거룩한 호흡에 여덟 가지 태도 중 하나를 적용한다. 이러한 수용적인 태도는 시간이 지남에 따라 당신의 능동적 성향과 어우러지며, 당신의 관상 수행과도 잘 통합되어 간다.

거룩한 호흡을 심화하는 실제적인 수행은 매우 단순하다. 향심기도의 기본 지침에서 배우는 모든 것이 여전히 관상 수행의 기초가 된다. 당신은 단지 상징인 호흡으로 매우 수용적인 관계가 전개되도록 하라. 생각에 사로잡힐 때는 애쓰지 말고 당신 숨에 주의를 기울여라. 마치 숨이 하느님인 것처럼 말이다.

거룩한 호흡으로 하느님을 알아차리기

그리스도를 통해 주어진 내재하시는 하느님 현존의 선물은, 당신이 당신 자신에게 가까이 있는 것보다 당신에게 더 가까이 계심을 알아차려라. 당신의 호흡보다 더 가깝고, 의식 자체보다 더 가깝다. 당신의 호흡은 하느님의 가까이 계심, 즉 하느님의 친밀함을 상징한다. 당신의 호흡은 하느님처럼 당신이 태어난 순간부터 죽는 순간까지 현세에서 항상 당신과 함께한다.

하느님은 생명 그 자체의 근원이시다. 하느님의 존재는 인간 존재와 밀접히 관련되어 있다. 물론, 당신이 하느님 현존을 늘 느끼는 것은 아니다. 특히, 고통 중에 있을 때는 더 그렇다. 당신 의식이 하느님 현존 체험 아래, 또는 그 안에 정착하여 더 깊은 진리로 나아감으로써, 관상 수행과 믿음과 기도는 고통, 악, 정화, 영적 어둠 속에서 느껴지는 하느님 부재의 신비에 스며든다. 거룩한 호흡을 심화하면, 내재하시는 하느님의 신비한 현존에 정착하여 그 하느님 현존으로 더 많은 것을 경험할 수 있다.

호흡이 실제로 당신 안에서 어떻게 작동하는지 주목하라. 그것을 꼭 알아내지 않아도 되고, 그것을 추구할 필요도 없다. 호흡은 언제나 하느님처럼 당신 안에 있지만, 대개는 호흡을 인식하지 못한다. 왜냐하면, 당신의 인식은 생각과 정서, 그리고 걱정과 동일시되는 존재의 표면에 사로잡혀 있기 때문이다. 하지만 당신의 호흡을 단순히 인식한다는 것이 어떤 것인지 살펴보아라. 호흡이 당신 안에 이미 존재하고 있음을 단순히 알아차려라. 하느님이 이미 당신 안에 계신 것처럼 호흡은 이미 당신 안에 있다. 하느님의 선물인 은총을 신뢰하는 수용적인 믿음의 수행으로서 단순히 호흡을 인식하라. 당신이 호흡을 인식하고, 인식이 호흡을 알아차리는 그 순간 조용해진다. 생각과 감정은 여전히 인식의 표면에서 미치광이처럼 떠돌아다니더라도, 호흡을 몇 번이고 계속 알아차려라. 하느님을 알아차리는 것은 관상기도 안에서 가장 먼저 가져야 할 수용적 태도이다. 향심기도 안에서 거룩한 호흡이 심화될수록 이 수용적 태도는 자연스럽게 살아난다.

거룩한 호흡을 통해 하느님께서 당신 안에서 활동하시도록 동의하기

거룩한 호흡을 심화하기 위해 잠시 시간을 갖고 몸을 준비하는 것은 특히 중요하다. 자연스럽고, 깨어 있으며, 개방적이고, 수용적인 몸의 자세를 취하는 것은 수행의 내적인 자세를 나타낸다. 거룩한 호흡을 심화할 때, 눈을 감을 수도 있고 뜰 수도 있다. 보통, 향심기도에서 눈을 감으면, 주변 세상의 시각적 이미지를 놓아 버림으로써 더 집중할 수 있다. 하지만 눈을 뜬 채로 부드러운 시선으로 정면을 바라보며 초점 없는 상태를 유지하는 것이 기도를 깊게 하는 데 도움이 될 수도 있다. 그러나 보이는 것에 생각을 따라가는 대신, 눈을 뜨고 바라보면서 당신 호흡에 주목하라. 눈을 뜨고 있는 것은 사실 강렬한 생각이나 육체적인 피로 속에서도 수행의 균형을 유지할 수 있다. 호흡은 하느님께 동의하는 매우 체화된 상징이기 때문에, 주변 세상을 향해 눈을 뜨면 존재하는 모든 것 안에서 활동하시는 현존인, 만물의 창조주께 마음을 열게 된다.

정해진 향심기도 시간을 위해 당신의 몸과 지향을 준비할 때, 내재하시는 하느님 현존에 대한 동의를 새롭게 하라. 이것은 생각 너머와 아래, 그리고 그 안에서 호흡을 관찰함으로써 이루어진다. 하느님처럼 호흡도 당신 안에서 활동하고 숨을 쉬는 존재다. 호흡은 또한 하느님 현존이 당신 안에서 살고 활동하시는 방식의 상징으로서 존재하며 움직이고 있음에 주목하라. 호흡에 주의를 기울이는 것은 하느님께 당신 자신을 여는 방법이고, 생명의 선물에 응답하는 방법이다.

거룩한 호흡을 통해 하느님을 자각하기

거룩한 호흡을 심화할 때, 당신의 수행은 매우 단순하다. 생각에 사로잡힐 때 애쓰지 말고, 마치 하느님인 듯이 호흡에 주목하라. 호흡을 알아차리는 것은 매우 수용적인 믿음의 순간이다. 관상이라는 맥락에서 믿음은 개념 · 이미지 · 생각을 넘어서는 하나의 선물이다. 꿈에서 깨어나면 환상에서 벗어나듯이, 믿음은 하느님과 함께하는 새로운 삶을 열어 준다.

하느님 현존은 언제나 당신에게 열려 있다. 그러나 생각들, 즉 생각들에 관해 생각하는 활동, 그리고 생각들과 생각하는 활동 뒤에 있는 분리된 주체라는 자아 감각이, 믿음의 삶과 하느님 현존에서 우리를 너무 자주 멀어지게 한다. 당신이 해야 할 일은 오로지 이미 주어진 하느님 현존의 선물에 눈을 뜨고, 하느님을 받아들이는 것이다. 호흡은 믿음 안에서 하느님을 받아들이도록 도와주는 훌륭한 상징이다. 왜냐하면, 호흡은 어떤 식으로든 항상 당신과 함께 있기 때문이다. 다른 생각에 사로잡혀 있을 때, 내면에 계신 보이지 않고 알려지지 않은 하느님 생명에 동의하는 방법으로서, 호흡에 주목하라. 얕은 호흡이든 거친 호흡이든, 복식호흡이든 흉식호흡이든 간에 호흡에 주목하라. 거룩한 호흡으로 다른 모든 관상 태도를 수행하는 것은, 믿음의 기초가 되는 수용적인 태도를 확장시킨다.

애쓰지 않는 거룩한 호흡

호흡은 노력 없이 당신 안에서 일어난다. **당신의 호흡과 하느님의 현존, 그리고 관상 자체는 당신이 굳이 찾으려고 노력할 필요가 없는 선**

물이다. 관상 안에 있는 당신은 하느님 안에서 발견되고, 점점 더 하느님 현존과 활동과 하나가 된다. 물론 거룩한 호흡으로 수행하면, 자신의 호흡을 더 잘 인식하게 될 것이다. 이로써 자기를 더 인식하게 되고, 스스로를 자각하게 된다. 몸에 관한 생각에 사로잡혀 당신이 어떻게 숨을 쉬고 있는지 생각하고, 숨을 쉬려고 노력하는 것을 생각하고, 또는 호흡을 안정시키는 것에 대해 생각하게 될 수도 있다. 다 괜찮다. 그저 하느님께 동의하는 방법인 호흡으로 돌아가라. 호흡이 당신 안에서 숨 쉬는 것처럼, 애쓰지 말고 호흡으로 돌아가라. 마치 성령처럼, 애쓰지 말고, 호흡이 당신 안에서 기도하게 하라.

당신은 내적 삶에 대해 점점 더 많이 인식하게 된다고 느껴질 때도 있겠지만, 그것이 관상 수행에서 문제가 되지는 않는다. 하느님을 더 잘 인식하기 위해서는 더 큰 자아 인식을 거쳐야만 한다. 하느님께서 당신의 순수의식을 일깨우시기 위해서는 더 큰 자아 인식을 거쳐야만 한다. 단지 숨 쉬는 것을 알아차려라. 당신 안에 계신 하느님이 애쓰지 않는 것과 마찬가지로 당신의 호흡이 애쓰지 않는 특성을 되찾게 하라. 호흡을 알아차림으로써, 하느님의 애쓰지 않음에 조율하듯이, 당신 또한 점차 애쓰지 않게 될 것이다. 성령께서 당신 안에서 기도하실 수 있도록 하는 것은, 바로 호흡으로 돌아가는 수행이다. 당신이 그것을 이루려고 애쓰지 않아도 된다. 성령께서 당신 자의식(self-consciousness)을 감싸안으신다. 그러면 당신 의지로서의, 당신 노력으로서의 자아 인식은 스스로 방출된다.

거룩한 호흡 속에서 그대로 있기

하느님은 기도 안에서 통제할 수 없다. 거룩한 호흡의 심화는 하느님과 어떻게 관계를 맺을 것인지를 배우는 훌륭한 방법이다. 이 기도 방식은 호흡을 조절하는 것과는 아무 상관이 없다. 오히려 당신 안에 있는 호흡의 상태에 주의를 돌릴 뿐이다. 거룩한 호흡의 수행으로 가슴에서 복부까지 호흡이 안정되는 느낌이 있다. 하지만 그것은 어떤 특별한 방법으로 호흡하려는 노력을 놓아 버리는 수용성의 부산물이다. 하느님께 '예'라고 동의하기 때문에 당신 호흡이 안정된다. 하느님과의 관계가 모든 것을 안정시킨다.

수행의 이런 측면을 설명하는 더 좋은 방법은 호흡(breath)이 아니라 호흡하기(breathing)로 돌아가는 것이다. **호흡**으로 돌아간다는 뜻은 하나의 사물인 명사로 돌아가는 것이다. **호흡하기**로 돌아간다는 뜻은 동사로서 숨쉬기라는 살아 있는 역동적인 활동으로 돌아가는 것이다. 역동적인 활동, 이것이 바로 하느님이 당신 안에 존재하시는 방식이다. 그래서 당신 안에 있는 숨쉬기 방식으로 돌아가는 것은, 하느님이 당신 안에 계시는 방식, 즉 역동적이고, 변화하며, 당신이 통제할 수 없는 방식으로 돌아가는 것이다. 성령은 당신 안에서 활동하시고 살아 움직이시며 변화시키는 존재다. 단지 당신의 숨쉬기 방식에 주의를 돌림으로써 당신 기도를 당신 안에 계신 성령의 활동에 결합하도록 하라.

하느님의 거룩한 호흡 안에 존재하기

호흡으로 돌아가는 일을 놓아 버리고 그저 단순히 존재하라. 열린 마음으로 있어라. 하느님 신비에 대한 개방적이고 수용적인 인식 안에 머물러라. 거룩한 상징으로 향심기도 수행을 심화하는 모든 방법이 그렇듯이, **'존재'**(being)의 관상 태도는 상징 자체를 놓아 버리고 형태와 상징을 초월하는 하느님 신비 속으로 나아가는 것이다. 호흡으로 돌아가는 것을 놓아 버리고, 인식 안에 그리고 인식 너머에 있는 하느님 현존 안에서, 호흡이 단지 존재하게 하라. 당신 자신이 그냥 존재하게 하라. 성경은 "하느님의 영이 저를 만드시고 전능하신 분의 입김이 제게 생명을 주셨답니다"(욥 33,4)[7] 라고 말한다. 향심기도가 관상으로 깊어지기 위해서는 육체적 호흡을 주시하지 말고 하느님의 호흡이 당신 안에서 스스로 숨 쉬게 하라. 당신이 하느님에게 받은 생명, 하느님 입김에 의해 주어진 생명은 상징과 개념 그리고 보통 심리적으로 불리는 어떤 것도 초월한다. 하느님 현존은 존재 자체의 본성에 더 존재론적으로 뿌리내리고 있다. 그래서 숨쉬기에 주목하는 것을 놓아 버림은, 깊은 수용성, 즉 관상 그 자체의 충만함으로 당신을 이끌어 준다. 그렇게 되면 육체적이고 심리적인 것, 실제로는 모든 것이, 어떻게 모든 생명의 근원인 하느님 신비의 표현이며 창조인지 알 수 있다.

그리스도 품 안에 안기기

당신은 강한 감정을 알아차릴 수 있다. 그런 감정에 주의를 기울이면서 숨쉬기와 하나가 되라. 감정들이 단지 당신 인식 안에 그저 있게 하라. 계속해서 호흡으로 돌아가 성령께서 당신과 함께 강한 감정들을 감싸안아 포옹하시게 하라. 이러한 태도는 관상의 여정에서 오고

가는 정서를 정화하는 데 매우 중요하다. 정서적인 정화는 더 큰 자유를 가져다주지만, 정화는 더 깊은 차원에서 다시 되풀이된다.

　이것이 깊어지는 향심기도 수행을 이해하는 데 도움이 되는 부분이다. 지금까지 우리가 살펴본 향심기도의 심화에 대한 두 가지 수준의 수행에 관해 이야기해 보자. 그것은 거룩한 단어의 심화와 거룩한 호흡의 심화다. 당신은 당신의 거룩한 단어로 돌아가는 것을 내려놓고 당신 안에 일어나는 감정을 하느님 현존과 활동에 동의하는 상징으로서 포용하는 법을 배웠음을 기억하라. 당신이 그 느낌 속에서 어떻게 하느님을 포용하는지 기억하라. 하느님께 마음을 열면서 감정과의 관계가 변한다. 고통스러운 정서가 하느님 안에서 발견된다. 이것은 더 포괄적인 정서의 정화가 진행되는 동안, '감각의 어두운 밤'이라는 수동적인 단계에 으레 따라오는 것으로, 하느님 품에 안기기 위해 당신이 거쳐야 할 필수적 토대다.

　거룩한 호흡을 심화할 때, 한 걸음 더 나아가 하느님이 당신 안에서 의식적으로 살아나는 더욱 심오한 방식에 응답하는 법을 배운다. 왜냐하면, 적극적으로 끌어안도록 요청되는 정서적 정화 너머에는 더욱 심오한 비움이 있기 때문이다. 거룩한 호흡으로 수행하는 가운데 수동적인 정화와 같은 상황에서 그리스도의 품에 안기는 법을 배운다. 거룩한 호흡은 매우 체화된 상징이기 때문에 도움이 된다. 비움 속에서 자신의 호흡과 하나가 되어 호흡을 편안하게 받아들이면, 정서 너머에 있는 비움 속에서 하느님을 발견한다. 하느님이 비움 속에 계심을 발견하는 것은 분리된 자아 감각을 변화시키는 것이다. 기억하라. 거룩한 호흡으로 수행할 때, 의식 속에 있는 하느님 현존이 당신 안에서 살아나고 있다는 것을 기억하라. 거룩한 호흡 안에서 당신이 동의하는 하느님 현존과 활동을 통해 하느님은 분리된 자아 감각을 감싸 끌어안으시며, 부드럽게 해방시켜 주신다. 당신이 향심기도를 수행한다고 해서 정서적인 고통에서 벗어날 수는 없다. 오히려 거룩한 호흡을 심화함으로써 내재하시는 그리스도의 현존을 통해 고통을 직면할 수 있다. 고통 속에서 하느님 현존이 당신을 끌어안고 있다. 이 포옹과 함께 하나가 되라. 호흡으로 돌아가는 동안 단순히 고통을 경험하라. 그다음 더 나아가서, 하느님 현존 의식이 당신 자신을 끌어안도록 하라.

정서 안에서 하느님을 껴안고, 정서 너머 비움 속에서 그리스도에게 안기면서, 당신 수행의 활동과 수용성은 하나가 된다. 그러면 분리된 자아 감각은 더 쉽게 사라지고, 하느님 안에 있는 당신의 정체성은 더 의식적으로 살아난다. 거기에서는 뭘 해야 할지에 대해 압도되거나 걱정할 필요가 없다. 기억하라, 이 책에서 설명하는 접근 방식은 점차 당신 안에서 거룩한 생명이 살아나는 것을 경험하면서 하느님과 협력하는 데 기반을 두고 있다. 포옹하고 포옹받는 경험은 이 과정이 전개되는 데 도움이 되는 태도다. 정서적 반응·저항·공허함과 같은 문제들은, 관상 수행이 좀 더 무르익고 하느님께 좀 더 조율될 때 해소되고 정화되는 장애물들이다.

하느님의 숨결로 기도와 삶에서 샘솟음

향심기도 기본 지침에서처럼, 거룩한 단어로 수행할 때 기도의 열매가 당신 삶에서 꽃피울 수 있도록, 수행하는 시간과 활동 사이에 전환기를 가져야 한다. 향심기도의 좌식 수행과 다른 활동을 이어 주는 많은 방법이 있다. 거룩한 호흡으로 이렇게 하는 한 가지 방법은, 단순히 당신 호흡을 알아차리면서 일상 활동을 시각화하거나 그에 대해 생각하는 것이다. 이런 식으로 침묵기도 시간 동안 가졌던 것과 같은 동의로, 당신의 하루 활동을 의식적으로 축복한다.

의식 속의 하느님 현존은, 필름의 모든 이미지가 투영되는 영화 스크린과 같다. 영화를 볼 때 우리는, 보통은 드라마에 완전히 사로잡혀 스크린을 인지하지 못한다. 영화가 끝나고 충분히 오래 머무르면, 내내 거기 있으면서 조용히 그리고 은밀하게 영화를 보여 주던 스크린을 마침내 보게 될 것이다. 마찬가지로 당신 자신의 영화, 당신의 인생 이야기가 끝날 때, 조용히 그리고 보이지 않게 평생 당신을 품어 주었던 실재를 경험하게 될 것이다. 그것이 바로 하느님 현존이다. 세상을 사는 동안 이 현존을 깨닫는다면 어떨까? 그러면 당신은 일상생활을 하면서 동시에 하느님을 의식할 수 있다. 당신은 스크린과 영화와 함께 동시에 하나가 될 수 있다.

5장

거룩한 바라봄의 심화

> 사실 여러분은 죽었고 여러분의 생명은
> 그리스도와 더불어 하느님 안에 숨겨져 있습니다.
> 여러분의 생명인 그리스도께서 나타나실 그때에
> 여러분도 그분과 더불어 영광 속에 나타날 것입니다.
> ―콜로 3,3-4

거룩한 바라봄(sacred glance)으로 향심기도를 수행하는 방법을 살펴보기 전에, 잠시 시간을 내어 이 책이 주는 가르침의 맥락을 생각해 보자. 관상 수행을 돕는 가장 좋은 방법은 다양한 지식이나 정보를 제공하고 외부에서 도움을 주는 것이 아니다. 진정한 영적 성장은 당신 내면에서 시작하고, 내면에서 밖으로 일어난다. 관상을 배움으로써, 올바른 통찰력이 자신의 내적 지혜와 결합하고, 당신 안의 신적 생명에 대한 장애와 저항이 줄면서, 기도 수행을 돕는 씨앗이 심어진다. 이 책은 당신 안에 정보가 쌓이게 하거나 기도 중에 해야 할 일로 혼란스럽게 하려는 것이 아니다. 거룩한 상징의 심화에 관한 장들은 당신이 하는 일을 바꾸려는 것이 아니라, 그것들은 수행을 위한 씨앗을 제공한다. 이 씨앗이 모두 뿌리내리는 것은 아니지만, 올바른 내적 수용성을 가지면 시간이 지남에 따라 당신에게 적합한 몇 개의 씨앗이 자랄 것이다. 깊어지는 수행의 또 다른 측면으로 거룩한 바라봄을 살펴보면서, 가슴으로 듣고 그 경청으로 인해 당신 안에 계시는 성령을 불러일으켜라.

거룩한 바라봄에 대한 기본 지침

토마스 키팅은 세 번째 거룩한 상징인 거룩한 바라봄으로 수행하는 방법을 간략하게 설명한다. "만일 시각적인 상징이 더 도움이 된다고 생각하면, 그것을 사용하라. 당신은 그 상징을 조용히 불러들이고 다른 생각에 사로잡혀 있음을 알아차릴 때마다 그 상징으로 되돌아가라. 시각적인 상징은 구체적이지 않아야 하며, 선명하거나 명확하지 않아야 한다."[1] 토마스 키팅의 말에 주목하라. 이미지에 집중하라거나, 꿈을 꾸는 것처럼 상상력이 펼쳐지도록 하라거나, 구체적이고 상세하게 시각화하라고 하지 않았음을 주목하라. 토마스는 상징 안에 담긴 상징적 축복을 받기 위해 당신 시선이 상징(icon)을 응시하라고 말하지 않는다. 그것은 다른 형태의 관상 수행이다.

토마스 키팅이 말하는 거룩한 바라봄의 수행 방식은 거룩한 단어에서 말하는 수행 방식과 같다. 이미지는 거룩한 단어와 마찬가지로 하느님 현존과 활동에 동의하는 상징이며, 거룩한 상징으로 돌아가는 방식만큼 중요하지는 않다. 그래서 거룩한 바라봄으로 수행할 때, 이미지를 사용할 수 있지만 이미지 자체에 집중하지 않아야 한다.

거룩한 바라봄과 관련된 이미지는 그리스도와 관련된 것일 수 있지만, 그 이미지가 꼭 종교적일 필요는 없다. 색상이나 빛 또는 내면의 넓은 공간을 향해 내면으로 향할 수 있다. 기도 시간마다 단어를 바꾸는 것이 아니다. 하나의 거룩한 단어를 선택하고 그 단어를 반복하면서 하느님에 대한 동의가 되게 하듯이, 시간이 지나면서도 같은 이미지를 가지고 반복해서 거룩한 바라봄을 수행한다. 거룩한 호흡으로 수행할 때, 어떤 특정한 방법으로 호흡을 유도하기보다 단순히 호흡을 알아차린다. 마찬가지로 생각에 빠져들 때, 거룩한 바라봄을 통해 아주 부드럽게 이미지로 돌아갈 뿐, 이를 통해 마음의 심상을 불러일으키려는 것이 아니다.

향심기도 초기 몇 년 동안, 우리는 이 상징에 대해 **거룩한 응시**(sacred gaze)라는 용어를 사용했다. 그러나 경험에 따르면 **거룩한 바라봄**(sacred glance)이라는 용어가, 이미지를 사용하여 수행하는 사람들에게 수고를 덜어 주었다. 당신이 바닷가에 앉아 사랑하는 사람과 함께 근사한 광경을 바라보고 있다고 상상해 보자. 그런데 옆에 앉아 있는 다른 커플의 대화 때문에 방해를 받는다. 옆에서 들리는 이야기에 당신과 파트너의 관계가 영향을 받을 필요는 없다. 당신이 해야 할 일은 조용히 파트너를 향해 그저 고개를 돌려 유대감을 새롭게 하는 것이다. 파트너를 응시할 필요는 없다. 그렇게 하면 당신이 진정으로 공유하는 것, 즉 당신 눈앞에 펼쳐진 광활한 아름다움을 놓칠 수 있기 때문이다. 마찬가지로, 향심기도 중에 당신은 이미지와 형태를 넘어 하느님의 엄청난 광활함과 실제로 관계를 맺는다. 거룩한 바라봄을 포함한 각각의 거룩한 상징은, 볼 수 없고 보이지 않는 신비 앞에 현존할 수 있게 한다. 당신이 이미지로 아주 부드럽게 돌아가는 대신, 계속 이미지를 응시하고 그 이미지에 집중한다면, 하느님의 광활한 아름다움을 놓칠 수도 있다.

관상기도는 어두운 방 안에 있는 것과 같아서, 다른 사람이 당신과 함께 있다는 것은 알지만, 빛이 없어서 당신이 그들을 볼 수는 없다. 당신은 어둠 속에서 그들을 향해 그 방향으로 몸을 돌리는 수행을 한다. 방향을 돌리는 행위, 바라보는 행위는 어둠을 밝히려는 게 아니라 어둠 속에 숨겨진 다른 사람의 현존에 동의하기 위한 것이다. 『무지의 구름』의 가르침과 함께, 향심기도의 거룩한 바라봄의 심화는 지성으로는 '알 수가 없는' 관상 수행이다. '무지'無知는 거룩한 상징을 통해 하느님을 명확하게 보려고 노력하지 않음을 의미한다.

토마스 키팅은 거룩한 바라봄의 중요한 세부 사항을 설명하기 위해 또 다른 비유를 사용한다. "성체 앞에서 기도하는 것이 특별히 도움이 된다고 생각하는 사람들도 있다. 그들은 보통 눈을 감은 채로, 성체 앞에서 그저 그분의 현존을 인식한다."[2] 생각에 사로잡힐 때, 현존하시는 분을 보기 위해 눈을 뜰 필요가 없다. 계신다고 믿는 현존을 향해 내면으로 향하기만 하면 된다. 거룩한 바라봄을 심화하려면, 생각에 사로잡힐 때, 당신 안에 계시는 보이지 않는 하느님 현존에 아주 부드럽게 눈을 돌린다. 거룩한 바라봄의 심화는 그렇게 단순하다. 거룩한 바라봄으로 향심기도를 수행할 때, 가장 중요한 것은 시선을 하느님께로 향하고, 또다시 시선을 그분께로 되돌리면서 하느님의 현존과 활동에 동의하는 것이다. 당신 안에서 관상이 전개될수록 하느님 현존은 덜 이원적이고, 더 눈에 보이지 않게 되고, 더 실재적이 된다.

당신 고유의 영적 학습 유형

'거룩한 바라봄'으로 하는 기도 수행의 일반적인 접근 방식을 설명했으니, 이제 이 상징으로 수행할 때 누구에게 도움이 될 수 있을지 살펴보자. 이미 일상 안에 향심기도를 정착시킨 이들과 함께할 때, 심리-영성 이론(psycho-spiritual theory)의 관점에서 각자의 학습 유형이 그들의 영적 수행에 어떤 영향을 미칠 수 있는지 살펴보았다. 심리학적 연구에 따르면, 사람은 각기 다른 감각을 바탕으로 정보를 처리하는 고유한 방식이 있음을 보여 주었다.[3]

세 가지 주요 감각인 청각(sound)·감각(sense)·시각(sight)을 생각해 보자. 학습 유형 이론에 따르면, 이 세 개의 감각 기관 중 어느 것을 통해 가장 잘 학습하는지에 따라 사람들을 구분해 볼 수 있다. 예를 들어, 청각 학습자는 외부 세계의 정보를 주로 소리를 통해 청각적으로 처리하고, 이차적으로 감각이나 시각을 통해 처리한다. 강의를 들을 때, 청각 학습자는 파워포인트 이미지보다는 강사의 말을 더 잘 이해할 것이다. 시각 학습자는 자연스럽게 시각을 사용하여 이미지와 강사를 보는 것이 크게 도움이 된다. 또 강사가 이미지를 사용하여 강의할 때 학습 효율이 높아진다. 운동감각 학습자는 감각과 움직임과 느낌을 이용하여 더 신체적으로 정보를 받아들인다. 강의를 들을 때, 운동감각 학습자는 주제를 '느낌'으로 가장 잘 받아들인다. 운동감각 학습자는 개념적 사유를 하지만, 생각하고 인식할 때는 예민한 감각, 즉 '느끼는 감각'을 가지고 있다. 학교에서 운동감각으로 배우는 아이들은 의자에 앉아 있을 때도 움직일 필요가 있다. 그것은 그들이 꼭 주의를 기울이지 않아서가 아니라, 신체적인 움직임이 그들의 학습을 돕기 때문이다. 신체적 움직임이 마음의 어떤 움직임에 잘 맞는 것 같고, 그들이 정보를 더 잘 처리하고 흡수하도록 돕는다. 당신의 주된 감각 유형을 식별하는 것은 의사소통이나 다른 사람들을 이해하는 데, 심지어 영적인 수행에도 매우 도움이 될 수 있다. 청각 · 시각 · 운동감각 중에서 당신은 어떤 학습 유형에 속하는지 잠시 생각해 보라.

토마스 키팅은 향심기도에 대한 가르침을 통해 세 가지 유형의 거룩한 상징, 즉 단어와 호흡과 바라봄을 잘 설명하고 있다. 거룩한 단어는 종종 청각적 학습자들에게 더 자연스러운 수행 방법이다. 당신이 생각에 사로잡힐 때 거룩한 단어의 소리로 아주 부드럽게 돌아가면, 그 기도 단어 자체를 듣는 데 자연스럽게 도움이 된다. 그런 다음 거룩한 단어를 내면의 침묵 속으로 놓아 버린다. 거룩한 호흡은 주로 운동감각 학습자들에게 더 도움이 되는 상징이다. 생각에 빠져들 때, 숨쉬기로 느끼는 감각을 알아차리면, 애쓰지 않고도 자연스럽게 성령께 승복하게 된다. 그런 다음 호흡을 놓아 버리면 내면의 고요함을 경험할 수 있다. 거룩한 바라봄은 주로 시각 학습자들에게 더 도움이 되는 상징이다. 생각에 사로잡힐 때, 시각적 이미지로 아주 부드럽게 향하면, 보이지 않는 하느님 신비에 자신을 여는 데 자연스럽게 도움이 된다. 그런 다음 바라보는 행위를 놓아 버리면 내면의 광활함을 경험할 수 있다.

이런 간략한 설명이 보완해 주는 것처럼, 향심기도의 요점은 거룩한 상징에 매달리는 것이 아니라 형상이나 상징을 넘어 살아 계신 하느님 신비에 동의하는 것이다. 관상 수행을 할 때 정보를 처리하는 것이 아니라, 거룩한 상징이라는 의식적인 형태를 넘어 하느님께 향하도록 허용하는 것이다.

다음 장에서 살펴볼 네 번째 거룩한 상징인 '거룩한 무無'는 향심기도를 수행하는 가장 관상적인 방법이다. 만약 향심기도를 거룩한 무를 사용하여 수행하는 데 끌린다면, 당신의 학습 유형이 형상이나 상징을 넘어 '말로 표현할 수 없는 것'으로서, 하느님 현존을 경험하는 방식에 큰 영향을 주었음을 알 수 있다. '내적 침묵'은 주로 청각 학습자가 하느님을 이해하는 중요한 무형의 방법이다. '내면의 고요함'은 주로 운동감각 학습자가 하느님을 이해하는 중요한 무형의 방법이다. '내적 광활함'은 주로 시각 학습자가 하느님을 이해하는 중요한 무형의 방법이다. 일단 당신이 하느님을 이해하는 데 가장 도움이 되는 방법을 인식하면, 그 밖의 나머지 것들은 당신 안에 살아 계신 하느님 안에서 빛을 발할 수 있다. 삼위일체가 모든 것의 근원인 무無에서 깨어날 때, 침묵과 고요함과 광활함이 춤을 춘다. 침묵과 고요함과 광활함 중에서 어떤 감각 은유가 당신의 관상 체험을 가장 잘 묘사하는가?

향심기도와 관련하여, 자신의 학습 유형을 아는 것은 도움이 될 수 있다. 하지만 그것은 상대적인 도구일 뿐이다. 은총을 포함하여 거룩한 상징의 선택과 사용에 관련된 요소가 많이 있다. 이 심신이론은 기존의 기도 방식을 복잡하게 만들려는 것이 아니다. 나는 거룩한 상징에 대한 사람들의 경험에서 상당한 다양성을 발견한다. 예를 들어, 향심기도를 할 때 거룩한 단어를 사용하는 한 수행자는 자신이 운동감각 학습자라는 사실을 알았을 때도 상징을 바꾸지 않았다. 그 대신 기도가 깊어짐에 따라 거룩한 단어가 자신에게 돌아오는 것을 느끼거나 감지하는 방법을 알아차렸다. 이런 움직임을 인식한 것은 그가 거룩한 단어로 수행을 계속하고 심화하도록 도와주었다.

학습 유형에 대한 이 심신이론은, 1970년대 향심기도가 처음 보급될 때는 사용하지 않았다. 반대로, 향심기도는 수백 년의 살아 있는 경험에 기초한다. 지난 세기 동안 관상 공동체들은 자신들의 필요와 이해와 경험을 토대로 수행 방법을 더 훌륭하고 명확하게 제시했다. 지난 수십 년 동안 사람들이 향심기도를 해 온 것처럼 말이다. 학습 유형 이론은 각각의 거룩한 상징이 가지는 장점에 대해 놀라운 통찰을 보여 준다. 이러한 이론을 자신의 수행에 적용해 보는 가장 좋은 방법은, 관상과 향심기도 경험이 있는 지도자에게 영적 지도를 받는 것이다. 그러나 만약 당신이 향심기도에서 거룩한 바라봄을 심화하기 위한 목적으로 이 이론을 도입한다면, 시각적 학습자인 경우 이 상징의 이점을 고려하여 사용해 볼 만하다.

정화 과정에서의 하느님 이미지

우리가 살펴보았듯이 거룩한 상징의 내용이나 의미가 거룩한 상징을 사용하여 수행하는 방식만큼 중요한 것은 아니다. 이것은 거룩한 단어와 거룩한 바라봄 모두에 해당한다. 어떤 사람은 자신에게 하느님이 누구신지를 나타내는 거룩한 단어를 선택한다. 그런데 이들이 거룩한 바라봄으로 수행하려면, 자신의 기도가 깊어지는 데 도움이 되는 이미지를 사용할 수 있다. 2장에서 살펴본 것처럼, 지금 당신에게 하느님이 누구신지를 기억함으로써, 향심기도를 시작하기 전에 지향을 불러일으킬 수 있다. 거룩한 상징의 의미는 하느님이 자신에게 누구신지를 표현할 수 있어야 한다. 일단 향심기도가 시작되면, 거룩한 단어나 이미지의 의미를 곰곰이 생각하지 않는다는 것을 기억하라. 오히려 향심기도 수행은 상징의 의미를 숙고하지 않기 때문에, 상징의 의미가 새로운 차원, 즉 그리스도 안에서 당신의 마음과 인식, 가슴과 존재의 변화를 가져다준다.

영적 지도를 할 때, 오랫동안 향심기도를 해 온 수행자에게 거룩한 바라봄으로 수행하도록 이미지를 준 적이 있는데, 이것이 그 여성에게 혹독한 정화의 시기를 헤쳐 나갈 수 있도록 도와주었다. 여성은 그리스도와의 관계감*을 잃어버렸었다. 그리스도의 사랑은 항상 그녀의 영적 여정에 훌륭한 버팀목이었다. 그녀는 그리스도의 희생적인 사랑이라는 선물을 통해 자신에게 전달된 그리스도의 현존에 깊이 감사하는 마음이었다. 그러나 이제 그녀는 그리스도께서 자신을 버렸다고 생각했다. 그녀는 절망감과 자책감을 경험하고 있었고, 그로 인해 기도 수행을 계속하기가 매우 힘들었다. 그녀의 징후, 특히 감정과 생각 속에서 분명해진 무의식의 미묘한 에너지를 살펴보면서, 나는 그녀가 십자가의 요한이 '영의 어두운 밤'이라고 부르는 영적 여정의 계절에 있다는 것을 알았다.

이 여성이 정화의 시간을 극복하도록 돕기 위해, 나는 그리스도의 아나스타시스 성화를 사용하여 '거룩한 바라봄'으로 향심기도를

---

* 다른 대상과 좋은 관계를 맺고 싶은 욕구.

수행할 것을 제안했다. 그리스어 아나스타시스Anastasis는 '지옥의 정복'(harrowing of hell)*을 의미한다. 우리에게 잘 이해되지는 않지만, 그리스도의 신비가 완전히 드러나는 심오한 측면이다. 그리스도는 십자가에 못 박히시고 부활하시기 전, 악마들에 의해 갇힌 영혼들을 구하시기 위해 지옥으로 내려가셨다. 십자가형은 성금요일, 아나스타시스는 성토요일, 부활은 부활절에 기념한다. 이콘 성화에서 아나스타시스 신비는 악마들이 뒤에 숨어 있지만 예수님이 지하 지옥에 있는 많은 영혼을 축복하며 해방하시는 모습으로 묘사되곤 한다. 그리스도 계시의 깊은 신비에 의존하는 것은, 향심기도를 하는 동안 느끼는 고통을 포함하여, 영의 어두운 밤에 일어나는 지옥과 같은 영적 고통의 영역에서 당신을 해방할 수 있다.

여성은 자신의 수행에서 아나스타시스 이미지를 어떻게 사용했을까? 이 장 앞부분에서 설명한 거룩한 바라봄의 기본 지침에 따라, 여성은 아나스타시스의 이미지를 뚫어지게 바라보거나 그것에 마음을 집중하지 않았다. 그리고 그 이미지에 대해 성찰하거나 이미지를 보며 뭔가를 간청하지도 않았다. 도리어 영의 어두운 밤을 거치는 동안 어떤 생각에 사로잡힐 때, 특히 너무 고통스러운 것들, 즉 상실 · 유혹 · 절망 · 의심, 그리고 자아 수축(contraction into self)에 대한 생각을 포함하여 생각에 사로잡힐 때, 그리스도의 아나스타시스 이미지는 내면을 바라보면서 주의를 돌리는 거룩한 상징이었다.

이런 식으로 얼마간 향심기도를 수행한 후, 여성은 어려운 시기

---

* 그리스도께서 지옥에 빠진 영혼을 구하는 일.

를 헤쳐 나갔다. 그러면 그녀가 거룩한 바라봄으로 향심기도 수행을 하면서 얻은 도움은 무엇일까?

첫째, 여성은 비록 예수님과의 관계감은 잃었지만, 사실 그리스도 신비의 새롭고 중요한 측면에 깊이 빠져 있음을 알게 되었다. 실제로 자신의 수행에서 아나스타시스를 사용하기로 한 것은, 그녀의 상상에서 나온 것이 아니라 많은 다양한 이미지 중에서 선택한 것이었다. '지옥의 정복'을 뜻하는 아나스타시스는 여성 안에서 일어나고 있는 영적 현실이었다. 이 여성에게는 자신의 영적 현실을 인식한 것이, 아나스타시스 안의 은총을 의식하고 수행할 수 있게 한 첫 번째 단계였다. 여성은 그리스도의 변화시키는 신비 안으로 더 깊이 이끌려 가고 있었다. 성금요일의 십자가형과 성토요일의 지옥의 정복을 통해 부활절의 부활을 향하고 있었다. '영의 어두운 밤'이란 하느님 상실의 경험을 통과하고 자기감(sense of self) 상실을 거쳐 가는 여정이다. 또한 부활하신 그리스도 현존의 신비한 빛 안에서 당신의 관상 수행이 뿌리내리는 동안 내면의 파괴적인 에너지가 변화하는 일에 관한 것이다. 그리스도의 신비가 당신의 관상 수행에서 어떻게 도움이 되는지 이해하면, 영적 여정의 계절을 잘 통과하는 데 도움이 된다.

둘째, 여성은 일상생활과 기도 수행을 방해하는 깊은 파괴적인 에너지를 인식했다. 이는 자기 생각과 정서 속에서 생겨난 것으로 죄책감 · 수치심 · 절망감인데 이를 악마와 같은 상징적인 형태로 의식에 떠오르게 했다. 또 여성은 향심기도 수행 동안, 이러한 파괴적 에너지를 변화시키는 하느님의 은총을 시각적으로 표현하는 동의의 상징을 가지고 있었다. 아나스타시스 상징에서 파괴적인 에너지인 악마들은 **그리스도와의 관계 안에서** 상징적으로 묘사되었고, 이 관계 때문에 변화되었다. 아나스타시스는 심층의 파괴적인 에너지에 그리스도의 은총을 가져다주는 거룩한 신비다.

셋째, 여성에게는 파괴적인 에너지보다 하느님이 더 위대하다는 믿음의 표현이 아나스타시스 이미지였다. 또 향심기도를 수행하기 이전에 갈고닦았던 하느님을 향한 지향이 아나스타시스 이미지를 통해 더 깊어지는 지향으로 나타났다. 여성은 이미지를 통한 거룩한 바라봄으로 스스로 악마와 싸우려 하기보다 그리스도가 악마를 변화시킨다는 사실에 공감했다. 향심기도를 하면서 상상으로 상징을 바라보고, 상징에 집착하지는 않았다. 여성의 의식적인 지향은 하느님 현존과 변화시키는 하느님 활동에 대한 동의로 변화되도록 했다. 자신을 성찰하는 생각에 사로잡힐 때 내적 이미지를 바라봄으로써, 그 이미지가 자신의 기도를 거룩하게 하도록 허용했다. 이런 식으로 그녀는 향심기도의 기본 원칙에 따라 수행하고 있었다.

그다음 여성에게 무슨 일이 일어났을까? 여성이 유혹을 받을 때마다 도움이 되는 세 가지 마음가짐은 하느님께 대한 믿음, 끊임없는 기도, 그리고 영적 여정을 계속하려는 굳은 결심이었다.[4] 이러한 마음가짐은 그녀를 그리스도 부활의 신비로 점차 열어 주었다. 여성의 기도가 하느님의 심장, 즉 그녀 자신의 참자아로서 살아 계시고 부활하신 그리스도의 현존에 더욱 뿌리내리면서, 자신을 괴롭혔던 파괴적인 에너지들은 다른 생각이나 느낌과 마찬가지로 자신 안에서 방출되는 다루기 쉬운 생각과 감정이 되었다. 영의 어두운 밤을 겪어 본 사람들은 정서적 정화가 영적 정화와 공존하는 경우가 많다는 것을 안다. 영의 정화와 감각의 정화는 겹치게 된다. 상상 속에서 파괴적인 에너지가 발생하기 때문에, 영적 정화는 시각적 상징들과 거룩한 바라봄을 통해 상당한 변화를 가져올 수 있다. 정서의 정화는 감각 경험 안에서 일어나기 때문에, 거룩한 상징을 내려놓는 것과 강렬한 감정 속에서 하느님을 포옹하는 것이 훌륭한 대응 방법이다. 하느님 현존과 활동이 당신 안에서 충만히 살아남에 따라 깊어지는 향심기도 수행을 위해, 이 두 가지는 모두 필요하다.

헌신적인 향심기도의 수행은, 파괴적이고 악마 같은 에너지 너머에 있는 그리스도 계시의 충만함으로 이끈다. 존재의 근원에 계시는 하느님 현존과 활동에 대한 당신의 동의는, 의식을 통해 전달되는 어떤 감정이나 이미지 또는 파괴적인 에너지보다 더 심오하다. 이러한 역동 중 일부는 영적 지도 중에 가장 잘 알게 된다. 그러나 자신에게 더 함축적이고 능숙한 향심기도 수행 방법을 사용하면 어두운 밤에 많은 도움이 될 수 있다. 바른 이해와 더불어 숙련된 수행을 하면, 어둠과 도전과 폭풍은 영적 여정의 계절에 자연스러운 일부로 포함될 것이다.

사랑을 위해 사랑을 버리기

거룩한 바라봄이 심화하면 어떻게 향심기도에 도움이 되는지를 보여주는 또 다른 예는 영적 지도를 하면서 찾을 수 있다. 한번은 향심기도 소개 워크숍의 발표자로서 새로운 책임을 맡은 한 여성과 함께 일하고 있었다. 그녀는 '새로운 책임을 맡는 것이 하느님 생각인지 자기 생각인지' 분별하기 위해 영적 지도를 청했다. 이 질문은 어떤 형태로든 관상기도 봉사를 시작하기 위한 좋은 전제 조건이었고, 나는 그녀가 그것을 알고 싶어 한다는 것이 기뻤다.

첫 번째 만남에서 여성은 자신의 풍부한 신비로운 삶과 많은 하느님 체험에 관해 이야기했다. 우리는 향심기도 발표자가 되려는 그녀의 동기를 신중하게 고려했다. 만남이 끝날 때 그녀는 이 새로운 책임을 맡기로 했다. 다음 만남은 그녀가 첫 번째 워크숍을 진행한 지 한 달 후에 있었다. 처음으로 워크숍을 인도하면서 무슨 일이 있었는지 그녀가 말할 때, 우리 둘 다 그녀의 목소리에서 자기만족이라는 여운을 약간 감지했다. 성공적인 워크숍에 대한 그녀의 설명에는 하느님께 감사하는 마음과 향심기도 강사로서 자신의 능력에 건전한 자신감이 묻어나 있었다. 하지만 가르치는 일이 어떻게 자신의 체면을 훼손했는지에 대해 많은 말을 했다. 여성이 자신의 공동 발표자에게 느꼈던 짜증스러움에 관해 이야기했을 때, 문득 단적인 예가 떠올랐다. 공동 발표자인 남성의 '교양 부족'을 말하는 태도에서, 여성이 정말 관심을 두는 것은 참가자들이 향심기도를 배우는 데 필요한 것을 얻었는지보다, 공동 발표자와 함께 일하는 자신의 모습이 어떻게 보였는지에 대한 것이 아닌가 하는 궁금증을 우리 둘 다 갖게 되었다.

영적 지도를 통해 우리는 여성이 자신의 역할에 더 초연해지는 것이 어떻게 자신의 봉사가 하느님 안에 뿌리내리게 할 수 있는지 살펴보기로 했다. 그다음 달에 여성은 워크숍에 들어가기 전과 중간, 그리고 워크숍을 마친 후에 기도하기 시작했다. 여성은 또한 다른 사람들과 함께 일하는 것에 더 주의를 기울이는 법을 배웠다. 여성은 자신의 정서 반응 안에서, 하느님을 어떻게 감싸안을지에 대한 감각을 새롭게 했고, 매일의 수행에서 하느님을 향한 자신의 봉사가 투명해야 한다는 지향을 세웠다. 하지만 향심기도 수행에 대한 우리의 고찰이 여성에게 가장 큰 도움이 된 것 같았다.

나는 여성에게 향심기도 중에 무슨 일이 일어나고 있는지 물었다. 여성은 이렇게 말했다. "저는 향심기도를 하는 동안 하느님을 만나고 하느님의 사랑을 끊임없이 느낍니다. 하느님 이미지를 거룩한 바라봄으로 사용하고, 그것이 사랑을 느낄 수 있도록 도와줍니다. 저는 기도 생활을 잘하고 있다고 생각합니다. 하느님 사랑을 느끼는 것보다 더 중요한 것이 무엇이겠습니까?"

우리는 하느님 사랑이라는 위대한 선물에 관해 이야기하고 확인했다. 하지만 여성의 체험에 대한 설명에서, 그녀가 영적 체험에 관심이 쏠리고 있음을 알았다. 발표자의 역할에 대한 여성의 외적인 애착이 영적 체험에 대한 내적인 애착과 얼마나 관계가 있는지 궁금했다. 그래서 남은 시간 동안 그리고 나머지 만남과 그 후 몇 번의 월례 모임 동안, 우리 둘은 향심기도 수행을 개선하는 것이 어떻게 사랑의 근원인 하느님과 더 깊은 관계를 맺을 수 있게 마음을 열어 주는지, 그리고 이러한 개선이 향심기도 진행자로서 봉사를 시작하는 데 어떤 도움이 되는지 알아보았다. 여성은 기도 안에서 사랑의 느낌을 추구하는 일을 놓아 버리고, 기도의 이해와 수행을 새롭게 하면서 향심기도 진행자로서의 봉사가 사랑 안에서 더욱 뿌리내리게 되었다. 나는 여성의 정직함과 깊은 기도 생활의 헌신에 다시 한번 감사했다.

이 여성은 향심기도의 정확한 이해와 수행을 통해, 그리스도 안에서 변화에 이르는 데는 하느님 사랑에 대한 이미지나 하느님 사랑을 느끼는 느낌조차도 부차적이라는 것을 알았다. 관상 지도자 신시아 부조는 예수님 생애의 핵심적인 태도가 어떻게 그리스어로 케노시스*kenosis*라고 하는 '자기 비움'의 사랑이었는지 보여 준다.[5] 모든 관상기도 시간은, 자기를 비우시는 예수님의 '케노시스'에 참여하는 순간이다.[6] 향심기도의 거룩한 바라봄을 심화하면서 사랑의 느낌을 성찰하는 것은, 당신 안에 계신 알려지지 않은, 알 수 없는, 그리고 보이지 않는 하느님 현존으로 돌아서라는 초대다. 13세기 베긴회의 위대한 관상가 안트베르펜의 하데비치는 이렇게 말했다. "사랑을 위해 사랑을 포기"하는 이런 종류의 승복에는 진정한 자기 비움, 즉 케노시스가 있다.[7] 그리스도와 그분의 사랑에 헌신하는 관상가에게 사랑을 위해 사랑을 버리는 것은, 깊은 자기희생이며, 삶에서 가장 중요한 것처럼 느껴지는 것을 놓아 버리는 깊은 자기 포기다.

향심기도에서 모든 거룩한 상징들은 자기 포기라고 하는 자기를 비우는 사랑을 불러일으킨다. 그리고 일부 향심기도 수행자들에게 거룩한 바라봄은 특히, 자기 포기를 수반하는 방식으로 도움이 된다. 상상력이 풍부한 삶을 사는 사람들은 풍요로운 신비주의적 삶도 살고 있다. 이렇게 상상력이 풍부한 사람들이 거룩한 바라봄으로 향심기도 수행을 한다면, 그들은 흔히 어떤 이미지에다 자신의 상상력에서 나오는 상징성을 불어넣거나 그 이미지 자체에 애착을 갖게 되는 경향이 있다. 케노시스 안에서는, 하느님이 항상 당신을 끌어들여 당신이 거룩한 상징에서 초연하게 하신다. 그러나 일부 거룩한 상징은 당신에게 애착 욕구를 불러일으켜서, 하느님과 더 자유로운 관계를 찾도록 초대한다. 이런 미묘한 움직임에 빠져들 때, 경험이 많은 관상기도 지도자는 수행자에게 영적 지도로 도움을 줄 수 있다. 만약 당신이 거룩한 상징에 집착한다면, 새로운 상징을 선택하거나 그 거룩한 상징에서 오는 만족감을 놓아 버리는 법을 배울 수 있다. 하느님은 항상 당신을 더 친밀한 관계로 인도하시는데, 이 관계는 향심기도 안에서 자신의 상징과 더 자유로운 관계로 인도한다. 거룩한 상징과의 관계가 향상됨에 따라, 하느님에게서 오는 상징을 받아들이고, 하느님께로 상징이 다시 돌아가게 하는 법을 배운다.

이것은 향심기도 봉사자가 되는 법을 배우고 있던 여성이 발견한 것이다. 여성은 자신의 상징인 이미지의 만족감에 더 초연해지고 영적 체험에 집착하는 일이 줄어들면서, 향심기도 진행자로서의 봉사 또한 더 자유로워졌다. 초연함과 자유는 어떤 상징을 사용하든, 깊어지는 향심기도의 결과다. 자유는 기도의 결실로서, 일상의 삶과 봉사 속에서, 내면에서 바깥으로 나타난다.

여러 차례 닦아 놀랍도록 투명해진 어떤 유리창을 상상해 보라. 그렇게 닦음으로써 맑은 시야를 방해하는 그 거울 안의 얼룩은 지워진다. 향심기도를 할 때도 비슷한 변화가 일어난다. 역할과 영적 체험에 대한 집착은 분리된 자아 감각의 반영이며, 하느님을 향한 자신의 투명성을 방해한다. 향심기도에서 거룩한 바라봄을 심화함으로써, 인위적인 자아상을 하느님의 살아 있는 모습으로 바꾸어 놓는 것이다. 그러나 이것은 하느님을 명확하게 보는 것을 통해 일어나지 않고, 이원적인 사고를 강화하는 어떤 이미지에 집착하지 않아서 일어나는 일이다. 오히려 하느님을 고정된 마음의 대상으로 보려는 태도를 놓아 버릴 때, 내면에서 하느님 모습이 되살아난다. 관상 수행을 통해 시작된 영적 시야의 변화에 대해 바오로는 성경에서 이렇게 말했다. "지금은 우리가 거울을 통해서 어렴풋이 보고 있지만 그때가 되면 얼굴과 얼굴을 마주 대할 것입니다. 지금은 내가 안다 해도 단편적이지만 그때가 되면, 내가 이미 하느님에게 온전히 알려진 것처럼, 나도 온전히 알게 될 것입니다"(1코린 13,12). 우리가 앞으로 살펴보겠지만, 향심기도를 거룩한 무無로 수행할 때, 하느님과 얼굴을 맞대고 '보는' 유일한 방법은 '무지의 어둠' 속에 머물러 있는 것이다. 거기서는 뭔가 인식하고, 관계 맺고, 존재하는 이원적인 방식은 끝이 나면서 **당신이 온전히 알려지게 된다**. 향심기도에서 거룩한 바라봄을 심화하는 것은 관상의 무지가 전부다. 당신이 생각에 사로잡힐 때, 아주 부드럽게 당신 안에 계신 보이지 않는 하느님 현존으로 향하라.

보는 것에서 하느님에 의해 보여지는 것으로

향심기도에서 어떤 상징을 사용하든 영적 여정에서 어떤 수행을 하든, 이원적 사고로 사물을 명확하게 보려고 하는 마음을 놓아 버림으로써, 어떤 하나의 특정한 체험, 즉 그리스도의 사랑조차 기반으로 하지 않는 일종의 하느님과의 합일로 들어간다. 놓아 버리는 태도는 아집을 자발적인 마음으로 변화시킨다. 놓아 버리는 태도는 자신의 의지가 하느님 의지와 하나 되면서 훨씬 더 깊은 변화를 가져온다. 당신의 정신과 인식 그리고 마음의 변화는 하나의 영적인 체험으로서가 아니라, 어떤 것과도 동일시하지 않고 모든 체험을 목격하거나 인식할 수 있는 능력처럼 느껴진다. 당신은 어떤 체험과도 동일시하지 않는다. 깊은 놓아 버림 안에서, 당신 의지와 자아 감각은 하느님과의 합일 안에 있다. 그래서 향심기도는 어떤 영적 체험에 초점을 맞추는 게 아니라, 모든 체험을 놓아 버리고 그것들이 떠나가도록 애쓰지도 않은 채, 모든 체험을 내버려두는 데 초점을 맞춘다.

그리스도교 신비주의 신학의 전통적인 심리학적 이해에 따르면, 상상력과 기억이 영적 체험을 추구하거나 붙잡으려는 노력과 **의지가 함께 하느님과 합일할 때** '합일의 기도'(prayer of union)라고 부르는 관상기도의 단계로 들어간다. 토마스 키팅은 다음과 같이 말한다.

> 말하자면, 하느님은 우리에게 가슴을 열어 주시고, 우리가 핵심을 놓치지 않도록 또는 하느님의 은총을 가득 받아들이도록 성찰적 기능을 잠시 또는 더 오래 정지시킴으로써 우리 안에 있는 정신적 장애물들을 잠재우신다. … 이것은 의지가 하느님과 완전히 일치하고 그것을 완전히 인식하는 합일의 기도다.[8]

관상 속에서 당신은 하느님 생명에 참여한다. 여기에는 그리스도의 자기 비움인 케노시스에 참여하는 것도 포함된다. 향심기도 수행은 자기를 비우고, 자기를 희생하며, 하느님과 타인, 모든 생명과 분리된 제한된 자기감(sense of self)을 놓아 버리는 것이다. 향심기도에는 여러 가지 놓아 버리는 방법이 있지만, 특히 (1) 생각에 사로잡힌 것을 놓아 버리는 것, (2) 거룩한 상징을 놓아 버리는 것, (3) 영적 체험을 놓아 버리는 것으로써 할 수 있다. **이러한 것들**, 즉 마음의 모든 대상을 놓아 버리는 수행으로 하느님을 보는 체험을 비우는 것을 통해, 당신은 보여지고 알려지는 더 큰 체험 안으로 들어간다.

생각과 이미지, 상징과 영적 체험에는 아무런 문제가 없다. 문제는 생각과 이미지, 상징과 영적인 체험의 영향을 받는 분리된 자아 감각에 있다. 하느님을 알려는 노력과 하느님을 보려는 노력을 놓아 버리고 당신 자신을 비우면, 하느님에 의해 알려지고 보여진다. 하느님을 찾으려는 자기 노력을 놓아 버림으로써 자신의 의지와 하느님 의지가 합일한다. 영적 목격자(spiritual witness), 즉 당신 안에서 하느님과 일치(united)하는 경험의 주체로서의 자아감은, 외부적으로 조건화되거나 주목할 만한 영적인 체험에 묶여 있는 어떤 역할보다 더 깊은 정체성이다.

당신이 향심기도에서 어떤 거룩한 상징으로 수행하든, 깊은 케노시스, 즉 깊은 자기 비움이 요구된다. 향심기도에서 거룩한 바라봄을 심화하는 것은, 상황에 따라, 기질에 따라, 또는 전개되는 영적 여정의 계절에 만나는 도전에 응답하면서 거룩한 바라봄의 수행에 이끌린다면, 쉽게 행할 수 있는 수행이다. 향심기도에서 거룩한 바라봄이 당신의 상징이 되든, 다른 상징을 사용하든, 중요한 것은 하느님 신비에 대한 충실함이다. 어떤 방법으로라도, 자기 포기와 자기 포기의 승복을 통해 그리스도와 합일하라. 당신의 모든 마음과 힘과 정신을 다하여 하느님을 사랑하고, 마음과 힘과 정신이 하느님과 합일함으로써 하느님의 사랑을 받아라. 이러한 자기 죽음 속에서 당신은 하느님과 합일한다. 이원적인 정신으로 이 합일을 경험하는 것이 아니라 온 마음으로 이 합일에 참여하는 것이다. 바오로는 콜로새 신자들에게 보낸 편지에서 이렇게 썼다. "사실 여러분은 죽었고 여러분의 생명은 그리스도와 더불어 하느님 안에 숨겨져 있습니다. 여러분의 생명인 그리스도께서 나타나실 그때에 여러분도 그분과 더불어 영광 속에 나타날 것입니다"(콜로 3,3-4).

6장

오직 하느님의 침묵, 고요함, 그리고 광활함뿐인

> 눈으로 본 적도 없고 귀로 들은 적도 없으며
> 사람의 마음속에 떠오른 적도 없는 것을
> 하느님께서는 당신을 사랑하는 이들을 위해 마련해 두셨도다.
> —1코린 2,9

지금까지 우리는 단어, 호흡, 바라봄의 세 가지 거룩한 상징이 어떻게 향심기도의 기본 지침의 기초 위에 세워지는지 살펴보았다. 이제부터는 그리스도교 기도의 핵심인 순수관상에 대해 알아보자. 영적 여정을 계속하면서 어떤 상징도 없이 하느님 안에서 그저 쉬며 오직 존재할 뿐인 체험은, 우리 기도가 어떤 것인지 더욱더 잘 설명해 준다. 이것이 순수관상이다. 순수관상은 무형無形이신 하느님의 무한한 신비를 제외하고는 수행을 지탱해 줄 그 어떤 것에도 의지하지 않기 때문에 순수하다.

   기도할 때 하느님은 단어·생각·거룩한 상징들 그리고 당신의 활동 너머로 언제든지 당신을 끌어당길 수 있으시다. 거룩한 상징 중 하나로 향심기도를 수행하든 상징 없이 수행하든, 단어와 생각과 상징과 노력을 내려놓고 단순히 하느님 안에 존재하면서 그냥 쉬는 법을 배우는 것이 가장 중요하다. 제2부에서 우리가 살펴볼 관상 태도, 특히 수용적 태도는 어떤 단어나 생각 또는 상징 없이 하느님 안에서 쉬고 존재하는 섬세한 관상의 움직임을 암시한다.

순수관상은 당신이 행하는 어떤 것이 아니라 그냥 주어지는 선물이다. 순수관상에서는 장기 수행자가 **하지 말아야** 할 것을 배우는 방법이 있다. 상징에 의존하지 않는 향심기도 수행을 배움으로써 아무것도 하지 않는 순수관상에 더 가까이 갈 수 있다. 순수관상에서는 당신이 사용할 아무런 상징도 없고, 하느님께 당신의 동의를 나타낼 수 있는 어떤 것도 없다. 순수관상에 비추어 본 향심기도는 상징 없이 수행하는 것인데, 이것은 거룩한 무無로 수행한다고 할 수 있다. 순수관상은 거룩한 무로 수행하는 방법을 알려 준다. 상징 없이 수행하면 순수관상의 선물을 더 쉽게 받을 수 있다. 이 책에서 설명한 향심기도를 심화하는 네 가지 방법 중, 거룩한 무로 하는 향심기도 수행이 장기 수행자들에게는 가장 적합한 접근 방식이다. 그러나 초심자들도 거룩한 무의 수행에 대해서 배우면 유익할 수 있다. 왜냐하면, 초기 수행은 대개 거룩한 상징이 필요한 경우가 많다. 그러나 시간이 지나고 향심기도의 방법과 하느님 체험이 깊어지면서, 자신들의 초기 수행이 어떻게 무르익는지를 이해하는 데 도움이 될 것이기 때문이다.

아무것도 없이 기도하라

위대한 사막 교부며 그리스도교 수도승 역사에서 존경받고 있는 사막의 안토니우스는 "수도승의 기도는 더는 자신이 기도하고 있다는 사실을 인식하지 못할 때야 비로소 완전한 기도다"[1]라고 말했다. 수도원 안과 수도원 밖의 관상 수행자 모두에게, 자신들이 기도하고 있다는 사실을 인식하지 않는다는 것은 기도하는 방법에 관한 생각을 놓아 버림을 의미한다. 즉, 자신이 하는 일에 대한 자기 성찰을 놓아 버리는 것이다. 하느님에 관한 생각이나 하느님에 대한 개념, 또는 하느님 이미지에 의존하지 않아야 한다. 하느님을 단지 타자로서 이원적으로 관계하는 것에 갇히지 않아야 한다. 완전한 기도는 자신이나 어떤 것에 대한 자기 성찰 인식이 없는 기도로서, 기도하고 있다는 사실조차 인식하지 않는 것이며, 기도 안에서 단어·생각·상징이 없을 때, 즉 무無의 상태일 때 완전한 기도는 시작된다. 당신이 당신 자신이나 혹은 당신이 기도하고 있다는 사실을 인식하지 않을 때 당신은 삼위일체 본성에 마음을 연다. 삼위일체 본성은 의식 속에서 대상화될 수 있는 것이 아니라 모든 생명이 존재하는 실재實在다. 안토니우스의 완전한 기도는 순수관상인데, 이것은 당신이 거룩한 무로 수행할 때 향심기도 안에서 도달할 수 있다.

  향심기도 중에 내적 대화를 내려놓을 때마다, 그리고 생각의 폭격을 당할 때도 끝까지 자리를 지키며, 인내심을 가지고 참을성 있게 하느님을 믿고 기다리며, 하느님을 신뢰하고, 눈에 보이는 **하느님 체험**에 의존하지 않으면서 당신이 이미 **하느님 안에** 있다고 믿고 변함없이 머물러 있을 때마다, 당신은 안토니우스의 완전한 기도 또는 순수한 기도에 순응하게 된다. **당신이** 기도하고 있다는 사실을 알아차리지 못하는 것은, **하느님이** 당신 안에서 기도하고 깨어나고 계심을 의미한다. 기도하고 있음을 인식하지 못한다는 것은, 당신의 지적 사고작용이 인식과 성찰적 생각 너머에 사는 자아에는 알려지지 않았거나 감추어져 있음을 의미한다. 안토니우스의 완전한 기도 형태, 즉 순수관상은 당신의 정체성이 당신의 생각이나 사고 행위로 정의되는 일에서 벗어나게 한다. 데카르트의 유명한 진술 "나는 생각한다. 그러므로 나는 존재한다"라는 말은 지적 능력이 인간의 자아 감각과 존재감을 어떻게 정의하는지 보여 준다. 그러나 순수관상 안에서는, 당신이 누구인가에 대한 감각을, 살아 계신 하느님 신비 안에서 발견하고 잃어버렸다가 다시 발견한다는 점에서 더 큰 진리가, 더 큰 깨달음이 그 진술을 포용한다. 완전한 기도는 자신을 인식하는 일에 관한 내용이 아니다. 완전한 기도란 당신 안에서 하느님이, 삼위일체 즉 하느님 자신(Godself)을 인식하는 것에 관한 내용이다.[2]

십자가의 요한이 말하는 관상의 길은 '**무**'無를 뜻하는 스페인어 단어 '**나다**'nada로 특징지어진다. 요한은 그리스도와 합일하는 여정에서 영적 체험도, 선물도, 위로도, 생각도, 상징도, 형식도 없는 무인 나다를 고수해야 한다고 강조한다. 나다의 오랜 수행, 모든 것을 내려놓는 오랜 수행 후에 하느님과 합일의 정상에 도달한다. 거기에 무엇이 있는지 알아맞혀 보라고 요한은 말한다. 나다! 심지어 그리스도와의 합일조차도 무로 물들여진다.

십자가의 요한이 하는 말의 의미는 무엇일까? 요한의 말이 의미하는 바는, 합일 안에서 하느님은 말로는 설명할 수 없으며, 마음과 생각이나 이원적 경험의 대상이 아니라는 것이다. 합일 안에서는 모든 것, 모든 객체, 모든 생각 및 모든 경험의 근원이 되시는 하느님께서 당신 안에 머물고 계신다는 것을 깨닫게 된다. 합일 안에서는 집착할 것이 아무것도 없고, 당신 자신의 것이라고 주장할 수 있는 것도 없으며, 지성과 기억 또는 의지가 덧붙일 만한 것이 아무것도 없다. 특히 하느님을 당신 밖에 있는 어떤 것으로 여기는 이원적 체험조차 없다.

그러나 요한은 그리스도와의 합일은 또한 '**무** 안에 있는 **전부**'(toda de nada)로 특징지어진다고 말한다. 이 **토다**toda, **이 전부**, 즉 무 안에 있는 이 모든 것은 무 안에 있되 무를 없애지 않는다. 오히려 이 전부는 어디서나 그리고 항상 무의 차원에서 빛나는 신비다. **무**(nothing)인 **전부**(all)는 모든 것이 탄생하는 존재의 찬란한 바탕이다. 그리스도와의 합일은 모든 것, 즉 눈에 보이지 않으며 숨겨진 바탕과 하나 됨이며, 모든 개별적인 것을 하나로 묶는 하나 됨을 의미한다. 그러나 인간은 눈에 보이는 단 하나의 개별적인 것에 너무 집착하기 때문에, 개별적인 것의 통합인 모든 것의 보이지 않는 비밀스러운 근원을 놓치는 경향이 있다. 예수님은 모든 것의 근원을 기억하라고 우리를 초대하신다. "나는 포도나무요 여러분은 가지들입니다. 내 안에 머무는 사람, 그리고 내가 그 안에 머무는 사람, 그런 사람은 많은 열매를 맺습니다. 나 없이는 여러분이 아무것도 할 수 없기 때문입니다"(요한 15,5). 전부는 그 어떤 것도 아니므로, 하느님의 전부는 아무것도 아니다. 하느님의 전부는 모든 것이다. 더 나은 표현으로는, 모든 개별적인 것은 하느님에게서 나온다.

당신은 이런 종류의 합일에 어떻게 자신을 열 수 있는가? 이것은 자기 뜻대로가 아니라, 하느님 뜻에 따라 기도함으로써 가능하다. 아무 생각도, 상징도, 노력도, 이미지도 없이 무無로 기도하라. 오직 하느님과 함께 기도하라. 하느님 안에서 기도하라. 왜냐하면, 삼위일체는 모든 것이 생겨나는 전부이자 아무것도 아닌 분이시기 때문이다.

    향심기도를 수행할 때, 보통은 동의의 상징에 의해 하느님 현존과 활동으로 돌아간다. 단어와 호흡과 바라봄은 직접적이고 명확한 것으로, 하느님 신비에 대한 동의를 나타내는 마음속 상징이다. 그러나 진정으로 향심기도를 이해하고 당신의 수행을 순수관상에 맞추기 시작하면, 모든 상징을 놓아 버리는 법을 배우게 된다. 더 나아가 하느님 현존과 활동을 보다 직접 인식하고, 그 현존에 동의하는 법을 배우게 된다. 그러나 상징이 단지 그렇고 그런 것일 때, 그때는 하느님의 길을 방해한다. 당신이 향심기도에서 순수관상을 향해 갈 때, 그 안에는 당신과 하느님 사이에 아무것도 없으며, 심지어 하느님 체험조차 없다. 합일은 원천으로부터 분리된 피조물과 함께하는 것이라기보다 창조주와 함께 있는 것이다. 순수관상으로 초대된 완전한 합일 안에서, 당신은 어떤 한 가지가 아니라 일어나는 모든 것과 더 자유롭게 관계를 맺게 된다. 인간의 모든 삶, 당신과 관계를 맺고 있는 모든 사람, 모든 기쁨과 슬픔, 모든 기억과 욕망, 모든 능력과 실패는 모두 다 하느님, 창조주이자 생명의 근원인 하느님의 전부에서 비롯된다. 하지만 이 전부는 스스로는 아무것도 아니다. 아무것도(nada) 없이 기도하라, 그러면 하느님 안에서 모든 것, 전부를 찾는다.

    기도의 대상으로 거룩한 상징을 가지는 대신, 거룩한 무로 향심기도를 수행함으로써 당신은 하느님께 직접 동의한다. 어떤 의미에서 하느님은 당신 동의의 대상이다. 그러나 이것은 하느님을 대상화하고 하느님을 사물로 바꾸어 말하는 유추일 뿐이며, 순수관상에서는 결코 하느님을 대상화하지 않는다. 관상에 더 깊이 들어가면 상징이 사라지듯이, 관계 맺고, 인식하고, 존재하는 주체-객체도 사라진다. 우리가 보게 되겠지만, 주체인 자아와 객체인 생각의 이원적 관계 방식은 당신의 의식적인 경험 안에서 하느님의 삼위일체적 생명으로 대체된다. 이는 이원적 경험도 아니고, 내면적으로는 의식의 이원적 구조도 나타나지 않는다.

당신 자신의 경험을 한 사람의 향심기도 수행자, 어떤 전통의 한 명상가, 또는 단지 한 인간으로 여겨라. 현존한다는 생각도 없이 당신이 그 순간에 깨어 있고, 생명력이 가득하며, 온전히 현존하는 때를 하느님 신비에 동의하는 열매로 생각하라. 그 경험에는 자기 자신을 주입하는 자기도 없고, 그 순간에 직관적인 경험을 방해하는 생각도 없다. 아무 생각도 아무것도 없을 때 무엇이 있을까? 당신 안에는 자연스럽게 일어나는 경이와 기쁨이 있고, 삶에는 연민으로 응답할 준비가 된 개방적인 사랑의 현존이 있을 뿐이다. 이는 하느님 현존이 당신 생각이나 경험의 객체가 아니라 당신 존재의 주체가 되는 것이 어떤 것인지를 보여 주는 암시다. 그런 현존과 그런 열린 인식과 그런 의식으로 아주 부드럽게 돌아간다는 것이 어떤 것일지, 그리고 점점 더 사심 없이 자유롭게 그 생명이 당신 안에서 스스로 살도록 하는 게 어떤 것일지 생각해 보라. 이게 바로 거룩한 무로 하는 향심기도 수행의 특징이다. 이 기도 방식은 기도처럼 느껴지지 않아서 설명하기 어렵다. 그러나 하느님이 당신 밖의 객체가 아닌 생명 자체의 근원으로서 너무나 가까이 계시기 때문에 순수관상은 오히려 당신에게 자연스러운 경험이 될 수 있다.

상징의 매개 없이 하느님과 직접 관계 맺는 것이 순수관상이다. 하지만 거룩한 상징을 통해 간접적으로 하느님께 동의하는 데 보낸 시간은, 당신이 하느님과 직접 관계를 맺는 방법을 배우는 데 도움이 된다. 수영장 깊은 곳으로 들어가면서 구명조끼에 의지하여 수영하는 사람은 물의 부력 속에서 휴식을 취하는 것이 어떤 것인지 배운다. 어느 시점에서, 수영하는 사람은 구명조끼를 놓아 버리고 물에 뜬 채로 곧장 휴식을 취한다. 마찬가지로 거룩한 무로 수행할 때 수용적인 태도로 상징을 사용하여 수행하는 법을 배운다. 그래서 당신은 상징 없이도 훨씬 더 수용적으로 수행할 수 있고, 하느님의 생명 그 자체와 직접 연결될 수 있다. 아무것도 없이 기도하라.

또 다른 사막의 위대한 아버지 에바그리우스 폰티쿠스는 이렇게 말했다. "나의 이 말을 반복하라. … 기도할 때 완전한 무형에 도달한 영혼은 행복하다."[3] 완전한 무형은 기도 주체로서의 형식·말·이미지 또는 자아가 없는 가장 순수한 형태의 기도다. 하나의 사물이 아닌 삼위일체 하느님만 계실 뿐이다. 하느님은 이원적 경험이나 생각에 담길 수 없는 신비이시다. 하느님은 이원적인 마음에 대해서는 거룩한 무이시다. 당신의 향심기도 수행이 하느님께 협력하면 어떨까?

거룩한 무無로 하는 향심기도

여기서 잠시 멈춰 보자. 거룩한 무로 하는 향심기도에 대한 설명은, 어떤 방법이나 노력보다는 당신 안에 '거룩한 무'에 대한 인식의 씨앗을 심어 주려는 것임을 강조하고 싶다. 향심기도를 심화하는 이 방법에서 '행위'란 단순히 **순수관상 동안 당신 안에서 일어나고 있는 일을 '알아차리는' 것이다.** 당신이 자신에게 일어나고 있는 일을 더 의식적으로 알아차릴수록, 당신 안에서 일어나는 어떤 일이 더 쉽게 일어난다. 그리고 당신의 기도가 순수관상에서 아직 안정적이지 않더라도 기억해야 할 필수 사항은, 거룩한 상징은 당신 안에서 동의하시는 하느님께 당신의 마음을 여는, 단지 하느님께 동의하는 출발점일 뿐이라는 사실이다.

이러한 주의 사항들을 염두에 두고, 순수관상이 의식 속에 더 쉽게 살아날 수 있도록 거룩한 무로 하는 향심기도의 '수행 없는 수행'을 살펴보자.

거룩한 무로 향심기도 수행을 하기 위해서, 당신은 무형無形이신 하느님 현존으로 아주 부드럽게 돌아가는 법을 배우는 것으로 시작한다. 무형이신 하느님의 현존은 무엇인가? 하느님을 직접 체험할 수는 없지만, 무형이신 하느님 현존의 광채는 때로 내면의 침묵이나 내면의 고요함 또는 내면의 광활함으로 경험할 수 있다. 생각에 집착하지 않으면, 내면의 기능들은 매우 고요하고, 움직임이 없으며, 광활해진다. 당신은 그리스도의 마음인 내재하시는 신적 생명에 깨어 있다. 순수의식 안의 하느님 현존 또는 하느님의 마음을 내면의 침묵, 고요함 또는 광활함으로 인식한다. 거룩한 무의 수행은 당신의 단어 · 호흡 · 바라봄을 놓아 버리는 법을 배우는 것이며, 당신은 침묵 · 고요함 · 광활함을 알아차린다. 그리고 신적 생명이 당신에게 돌아오게 하면서 신적 생명으로 돌아가는 법을 배운다. 침묵과 고요함과 광활함을 통해 체험한 무형이신 하느님 현존의 광채가 당신의 기도로서 당신 안에 살게 하는 법을 배운다.

거룩한 상징과 관련하여 이전에 수행했던 관상적 태도들, 즉 부드러움 · 애쓰지 않음 · 놓아 버림 · 내버려둠과 같은 태도들은, 어떤 상징에 의해서도 매개되지 않고 하느님과 직접 관계 맺을 때에도 여전히 당신과 함께한다. 이는 마치 거룩한 상징으로 하느님께 동의하는 수행이, 이렇게 형성된 관상 태도를 통해, 관상 태도와 함께, 관상 태도 안에서 내적 삶의 습관을 이루는 것과 같다. 이러한 부드러움과 수용성의 흐름은 어떤 상징도 없이 성령께서 당신 안에서 기도하도록 허용할 때 여전히 존재한다. 향심기도의 모든 수행은 거룩한 상징을 내려놓고, 하느님 현존에 더 직접 동의하며, 이제 영혼 속에 스며든 관상 태도를 통해 성령께서 기도할 수 있게 함으로써 순수관상으로 익어 간다. 그런 다음 우리가 살펴볼 것은, 삼위일체의 하느님 생명이 당신 의식을 일깨우고, 당신 마음의 대상으로서의 하느님을 인식하지 않음으로써 순수관상으로 더 깊이 들어가게 된다. 그러면 침묵과 고요함과 광활함의 경험은 사라지고 하느님만 존재하신다. 삼위일체가 점차 당신 기도의 진정한 원천이 됨에 따라, 생각과 생명의 주체로서의 하느님 감각조차도 잃어버리게 된다.

이 시점에서 당신이 하는 일은 아무것도 없다. 노력도 없고 어떤 식으로든 활동하는 것에 대한 인식도 없다. 순수관상이 당신의 기도를 좀 더 투명하게 함에 따라 당신 안에 있는 그리스도의 생명, 섬세한 감각, 참자아에 대한 감각마저도 사라진다. 이원적인 마음에는 거룩한 무이신 하느님만 계신다. 하느님의 이 계시에서 모든 것이 나온다. 우리가 알게 되겠지만, 거룩한 상징이라는 '대상'을 넘어서는 내적 침묵, 고요함, 그리고 광활함은 하느님의 거룩한 무의 상태로 들어가는 입구다. 그렇지만 그것들은 오직 출입구일 뿐이다. 그것들은 하느님이 아니며, 심지어 관상기도의 가장 깊은 상태를 나타내는 것도 아니다.

거룩한 무의 향심기도 수행은 당신이 해 왔던 모든 수행을 훨씬 더 깊은 수준으로 이끈다. 순수관상은 당신이 언제든 깨어날 수 있는 아주 섬세한 지향이다. 그러나 현실적으로, 당신을 '변화시키는 합일'(transforming union)의 안정적인 영적 수준이 자리 잡힐 때까지는, 순수관상의 상태를 계속 잘 받아들이기 위해 약간의 지원이 필요하다. 이것이 바로 향심기도의 모든 것이다. 그것은 관상의 은총에 자신을 열어 놓는 간단한 방법이고, 기도 안에서 당신 자신의 활동과 당신 안에서 활동하시는 하느님 현존이 일치를 이루는 간단한 방법이다. 당신은 거룩한 상징으로 수행함으로써 거룩한 무로 기도할 준비를 했다.

잠시 시간을 내어, 상징과 함께하는 향심기도 수행과 거룩한 무로 하는 향심기도 수행이 어떻게 상호작용을 하는지 더 구체적으로 살펴보자. 기도를 시작할 때 직접 관상으로 들어가거나 관상으로 일깨워질 수 있다면, 거룩한 상징을 떠올릴 필요조차 없다. 그러나 수년간 관상의 길을 걸어왔더라도, 종종 생각과 감정에 대해 생각하고 있을 때는, 하느님에 대한 동의를 확실히 하기 위해 일시적으로 거룩한 상징을 떠올리는 것이 유익하다. 마치 당신이 거센 파도를 타고 수영할 때 부력에 대한 감각을 찾는 데 도움이 되도록 구명조끼에 의존할 필요를 느끼는 것과 비슷하다. 거룩한 무로 향심기도를 수행할 때도 당신은 동의를 확실히 하기 위해 일시적인 방법으로 거룩한 상징을 사용할 수 있다. 그러나 당신이 순수관상으로 들어가면 더는 동의가 필요하지 않게 된다.

그래서 당신의 거룩한 상징을 떠올림으로써 실제로 향심기도를 시작한다. 그런 다음 향심기도 기본 지침을 따른다. 생각에 붙잡힐 때, 거룩한 상징으로 아주 부드럽게 돌아가면 점차 수용성이 생긴다. 당신은 생각에 덜 붙잡히게 되고, 내재하시는 하느님 현존이 당신의 의식적 경험을 감싸안기 시작하심에 따라, 거룩한 상징을 놓아 버리고 어떤 상징도 없이 상징으로 돌아가지 않고, 거룩한 무로 향심기도 수행을 계속한다. 당신은 구명조끼를 놓아 버리고 그냥 떠다닌다.

섬세한 변화가 일어난다. 이제 당신이 생각에 사로잡힐 때, 하느님의 침묵과 고요함과 광활함으로 아주 부드럽게 돌아가라. 당신의 상징인 대상을 향해서가 아니라, 애쓰지 않으면서 하느님께 돌아가라. 애쓰지 않는 습관은 더는 상징과 관계하지 않고 하느님의 침묵, 고요함, 광활함과 서서히 관계하게 된다. 일단 당신이 성령의 부력을 발견하거나 그것에 의해 발견되면, 하느님 안에서 떠다니고, 거센 파도에서도 떠 있는 느낌으로 되돌아가는 법을 배우게 된다.

거룩한 무로 하는 향심기도는, 신학적으로 순수한 희망의 수행이다. 십자가의 요한은 이렇게 말한다. "하느님 안에서 완전하고 순수한 희망 속에 살기 위해 사람이 반드시 해야 할 일은 다음과 같다. 기발한 아이디어·형체·이미지가 떠오를 때마다 그것들 속에 머물지 말고, 기억할 수 있는 모든 것을 비우면서 즉시 사랑의 마음으로 하느님께 돌아가야 한다."[4] 요한의 가르침에 따르면, 관상 안에서 기억과 지성과 의지는 희망과 믿음과 사랑이 주입된 선물을 통해 정화된다. 이 정화를 통해 자신의 정체성과 존재와 삶 자체가 어떻게 하느님 모습으로 창조되는지 깨닫게 된다. 향심기도에서 모든 생각과 모든 것, 심지어 모든 상징까지도 잊어버리고, 놓아 버리고, 오직 하느님께로만 향하는 것이 순수한 희망이다. 과거와 미래를 잊어버리는 것은, 직선적인 시간을 뚫고 당신을 영원으로 열어 준다. 향심기도를 뒷받침하는 신비 신학의 전통은 모든 것을 놓아 버리고 '망각의 구름' 속으로 들어가게 한다. **아무것도 없이 기도하라.** 당신의 향심기도는 하느님의 거룩한 무로 하는 수행으로 들어가야 한다. 당신의 기도가 순수한 희망이 되게 하라. 왜냐하면, 그것은 특정한 기억과 미래에 대한 개념 또는 과거에 관한 생각에 의존하지 않고, 오직 무형이신 하느님 신비에만 의존하기 때문이다. 순수한 희망은 하느님처럼, 바로 지금, 바로 여기에 있다.

그리스도가 당신 안에서 기도하시게 하라

순수관상은 단순히 모든 것을 놓아 버리는 것 이상이며, 생각들에 대해 생각하는 것을 놓아 버리는 것 이상이다. 당신은 관상으로 하느님 생명에 참여한다. 우리가 지난 장에서 보았듯이, 이는 그리스도의 자기 비움인 케노시스에 참여하는 것이다. 향심기도 수행은 하느님과 타인, 모든 생명과 분리되었다는 제한된 자기 감각을 놓아 버리고, 자기를 비우고, 자기를 희생하는 것이다. 당신이 이렇게 한다는 것은 당신의 모든 생각과 거룩한 상징 그리고 영적 체험들에 사로잡힌 것을 놓아 버리는 것이다.

어느 순간, 놓아 버릴 수 있는 자기 능력의 한계에 도달하고, 그리스도가 당신 안에서 놓아 버리신다. 그리스도 안에서 진정한 변화에 도달하려면, 내면에서 그분의 희생적인 삶에 승복해야 한다. 수난과 죽음, 부활을 통해 예수님이 온 인류를 위해 자기 비움 안에서 자신의 생명을 성부께 바치셨을 때, 그리스도의 케노시스인 희생적 사랑의 신비가 새겨져 있다. 그리스도교 수행자로서 케노시스라고 할 수 있는 자신을 놓아 버림은, 당신 안에서 그분의 케노시스인 그리스도의 놓아 버림의 반영이다. 하느님 안에서 기도하라. 이것은 또한 당신 내면에서 그리스도의 케노시스를 받아들이면서 적극적으로 케노시스를 수행하는 것이다.

당신 자신과 그리스도의 깊은 자기 비움을 통해, 하느님은 점점 당신 기도와 삶의 주체로 당신 안에서 살게 되신다. 당신은 "나는 살아 있지만 이미 내가 아니라 그리스도께서 내 안에 살고 계십니다"(갈라 2,20)라는 바오로의 말씀이 어떤 경험에 대한 설명이 아니라 당신의 내적 경험과 의식이 재구성되고 있는 상태에 대한 말씀임을 이해하기 시작한다. 예수님이 오직 신앙의 대상으로만 제한되지 않을 때, 그리스도는 순수관상 속에서 당신 기도와 삶의 주체가 되실 수 있다.

콜카타의 마더 데레사는 간단하면서도 직접적으로 순수관상의 내적 여동에 대해 말했다. 데레사는 순수관상이 실제로 당신 안에 계신 그리스도의 기도이므로 기도처럼 느껴지지 않는다는 것을 인정했다. 데레사 수녀는 "우리가 기도할 수 없는 때가 오면, 그것은 매우 간단합니다. 예수님이 제 가슴속에 계신다면 그분이 제 안에서 기도하게 하시고, 제 가슴의 침묵 속에서 예수님이 하느님 아버지께 말씀드릴 수 있게 하십시오"[5]라고 말했다. 때때로 당신이 기도할 수 없을 때, 예수님이 당신 안에서 아버지께 기도하시게 하라. 당신 가슴이 침묵 가운데 있게 하라. 이것은 순수관상이다. 순수관상은 당신 안의 매우 신비한 수준에서 살아 움직이시는 하느님 아버지께 드리는 그리스도의 기도이기 때문이다. 기도처럼 느껴지지 않을 수도 있는, 이 가장 심오한 종류의 기도는 그리스도 안에서 일어나는 변화의 원천이다. 당신 안에서 그리스도가 아버지께 기도할 수 있도록, 아무것도 없이 기도하라. 하느님 안에서 기도하라.

당신은 이것을 어떻게 하는가? 하느님을 향해 깊어지는 당신의 경험을 믿어라. 사랑 안에서 자기를 비워라. 당신의 기도가 하느님 안에서 발견되게 하라. 향심기도의 기본 지침에서 **당신 안의 하느님 현존과 활동에 동의하라**고 할 때, 향심기도는 이 깨달음의 길로 당신을 인도한다. 거룩한 무의 향심기도 수행은 하느님 현존과 활동이 당신을 발견하도록 하는 것이다. 점점 더 많이 하느님 안에서 발견되어라.

하느님 안에서의 춤, 페리코레시스

당신의 기도와 당신의 생명이 하느님 안에서 어떤 모습인지에 대한 더 큰 신비는 페리코레시스*perichoresis*라는 또 다른 그리스어 단어로 설명된다. 페리코레시스는 신학 용어로, 아버지·아들·성령의 삼위일체 위격들 사이의 영원하고 무한한 사랑의 끊임없는 흐름을 뜻한다. 일상 대화체의 신학 이론에서는 페리코레시스를 영어로 '춤'이라고 번역하기도 한다.[6] 이것은 상호 연결된 거룩한 위격들의 자기 증여의 춤을 가리킨다. 삼위일체의 내적 생명 안에서 각 위격은 서로를 온전히 받아들이고 서로에게 증여한다. 이 움직임을 통해 하느님의 내적 생명이 일체적一體的으로 드러난다. 아들은 아버지께 자신을 온전히 내어 주고, 아버지는 아들에게 온전히 자신을 내어 준다. 성령은 성부와 성자 사이에서의 사랑의 선물이며, 세상에 생명을 불어넣는 힘으로써 삼위일체에서 나오는 영원한 선물이다. 삼위일체의 내적 자기 증여는 보이지 않는 신비지만 그리스도 안에서 육신이 되신 말씀은 페리코레시스를 가시적으로 보여 준다.

이 영원한 자기 증여는 성부의 선물인 성자가 세상에 보내지는 육화로 드러나고, 성자는 자신을 희생하여 십자가에서 죽음으로써 성부의 품에 안기면서 드러나고, 삼위일체에서 나온 성령의 선물은 성령 강림절에 세상에 보내짐으로써 분명히 드러난다. 관상 지도자 신시아 부조는 삼위일체의 페리코레시스가 어떤 것인지 암시하기 위해 물레방아의 비유를 사용한다. 물레방아 물받이가 위쪽으로 끌어 당겨져 물레방아 꼭대기로 올라가면, 그것은 다음 물받이에 자기를 비워서 바퀴에 에너지를 공급하고, 다음 물받이가 꼭대기에 도달하면 그 다음 물받이에 자동으로 비워진다.[7] 물받이는 다음 물받이에 물을 채워 주는 것 외에는 아무 기능이 없다. 만약 물받이가 물을 그대로 담고 있다면, 물레방아는 정체될 것이다. 삼위일체 안에서 아버지·아들·성령의 각 위격은 서로 구별된다. 그러나 하느님 본성에 내재한 사랑은 너무나 엄청나기에, 신적 자기 정체성에 대한 고정된 판단 기준은 없다. 삼위일체 위격들은, 여전히 서로 구별되는 위격으로 남아 있으면서도 셋이면서 하나로 서로 안에 산다.

순수관상에서, 당신은 신적 페리코레시스에 참여하고, 하느님의 내적 생명에 참여하며, 그리스도께서 성령 안에서 아버지께 드린 자기 증여에 인간으로서 참여한다는 사실을 인식한다. 관상이 깊어질수록, 창조된 하느님의 모습과 그 닮음이(창세 1,27) 당신의 의식적인 삶에 충만해 있다. 하느님과 분리된 피상적인 정체성을 나타내는 자아는, 아버지께 자신을 바친 그리스도의 선물과 하나 되어 발견된다. 신적 위격들은 당신 안에서 그들의 춤, 그들의 페리코레시스를 살고 있으며, 당신이 누구인지에 대한 감각은, 눈에 보이는 명백한 것에서 감지하기 어려운 미묘한 것으로 충만하다. 당신은 누구인가? 하느님 모습으로 창조된 당신은 자기 증여의 존재다. 당신이 자신을 내어 줄 때, 당신 자신에 관한 고정된 평가 기준은 존재하지 않는다. 그리스도의 사랑은 자기 증여의 일부로서 당신 안에서 자발적으로 생겨난다. 당신은 분리된 자아 감각이라는 잘못된 착각이 아니라, 하느님과 다른 사람들 그리고 모든 창조물과 합일 안에서 당신의 진정한 개성을 발견한다. 당신 자신의 생명을 찾기 위해서는 반드시 자신의 생명을 잃어야 하며, 하느님 안에서 반드시 자신의 생명을 포기해야 한다.

당신은 이런 기도 방식으로 무엇을 하는가? 당신의 승복 안에서 하느님 현존과 활동에 동의하는 것이다. 자기를 비움으로써 그리스도께서 아버지께 기도하시게 하라. 이는 겟세마니 동산에서 예수님이 제자들에게 부탁하신 말씀이다. "내가 기도하는 동안 여기 앉아 있으시오. … 여기서 기다리며 나와 함께 깨어 있으시오"(마태 26,37-38). 이 말씀을 순수관상에 비춰 보면 새로운 의미를 지닌다. 향심기도를 할 때 당신은 깨어 기다리며 앉아 있다. 그래야 그리스도께서 당신 안에서 그리고 만물 안에서 기도하실 수 있다. 사막의 안토니우스가 말했다. "더는 자신이 기도하고 있다는 사실을 인식하지 못할 때, 비로소 수도승의 기도는 완전합니다."

이 장의 앞부분에서, 거룩한 무無의 향심기도가 어떻게 순수한 희망의 한 방법인지 살펴보았다. 거룩한 무로 오직 하느님께 기도하기 위해서는 형체와 이미지를 놓아 버려야 한다. 하느님의 삼위일체적 생명 안에서 우리 기도를 실현하는 순수관상은 또한 **순수한 믿음**의 길이다. 토마스 키팅은 말한다. "순수한 믿음의 길은 깨달음이나 영적 위로를 추구하는 사람들의 수준을 넘어선, 영적 발전의 거대한 도약이다. … 순수한 믿음은 우리 애착의 한계를 넘어선 움직임이다."[8] 순수한 믿음은 하느님 체험에 의존하지 않는다. 십자가의 요한은 영적 체험에 대한 애착이, 하느님과 완전한 합일을 이루지 못하게 한다고 거듭 말한다. 위안이 되는 하느님 체험에 집착하거나, 힘겨운 체험에 저항함으로써, 우리는 유형의 것에 계속 집중하고, 관상 수행의 표면, 하느님과 관계의 표면, 삶의 외관에 갇히게 된다.

아무것도 없이 순수한 믿음으로 기도할 때, 기도 안에서 하느님이 살아 움직이신다. 그래서 그리스도는 이제 당신 기도의 객체가 아니라 기도의 주체가 되신다. 당신의 모든 영적인 체험, 심지어 그리스도와의 관계까지 놓아 버릴 때, 신앙의 가장 깊은 움직임으로 들어가게 된다. 순수한 믿음이란 실질적으로 무엇을 의미하는가? 순수한 믿음은 매일매일 관상 수행의 평범함과 메마름과 공허함 속에서도 계속 수행하는 것을 의미한다. 평범함, 메마름, 공허함은 그것들의 비밀스러운 근원에서 생겨나는 것으로 생각하라. 아무것도 아닌 **나다**nada,

무無를 모든 것의 근원인 **토다**toda가 되게 하라. 그냥 자리에 앉아서, 그리스도께서 당신 안에 숨어서 기도해 주시기를 기다려라. 당신이 하느님 안에 있고, 하느님은 당신 안에 계심을 믿어라.

형상을 놓아 버리고 부재 안에서 경청하는 일에 전념하면, 하느님 침묵의 음악을 듣게 될 것이다. 메마름의 시간 동안 기도처에서 떠나지 않고 기다리면, 신적 고요함을 감지할 것이다. 위축된 자기 고립의 한복판에서 하느님 안에 존재하는 것만으로도, 하느님의 거대한 광활함 속에서 당신이 보일 것이다.

7장

거룩한 무無와 삼위일체

그날 여러분은 내가 내 아버지 안에 있고 여러분은 내 안에 있으며 나도 여러분 안에 있다는 것을 알게 될 것입니다.

―요한 14,20

일단 당신이 거룩한 무의 기도를 통해 순수관상에 눈뜨게 되면, '다음에 무슨 일이 일어날까' 하는 의문이 생긴다. 다음이 있을까? 역설적이게도 모든 것은 하느님 안에 있는 현재의 순간에 완성된다. 또 영적 여정에는 항상 더 많은 것이 있다. 대 그레고리우스의 말처럼 관상의 길은 '영광에서 영광으로' 가는 여정이다. 순수관상 속에서 순수한 희망과 순수한 믿음이 더 위대한 무엇인가에 의해 완성된다.[1] 다음에 올 내용을 설명하기 위해 신학에서 이야기로, 즉 어떤 질문에 대한 짧은 이야기로 넘어가 보자. 이 질문과 그에 대한 답변은 계속되는 순수관상의 여정과 관상 수행의 역설을 보다 분명하게 한다.

자아 인식을 넘어선 움직임

나는 토마스 키팅 신부님과 함께했던 향심기도 집중 피정 동안 다소 마음이 평온했다. (10장에서 더 자세히 설명한다.) 향심기도에 대한 그의 가르침은 내가 걸어온 길을 확인시켜 주었고, 만족스러운 가운데 묵묵히 가르침을 받아들였다. 그러나 2주간의 피정이 계속되면서 마음속에 새로운 의문이 생겼다. 피정 동안 나의 향심기도는 점점 더 많은 내적 침묵을 갖기 시작했다. 나는 생각이나 성찰을 향한 어떤 생각이나 움직임도 없이, 하느님의 텅 빈 거대한 현존으로 가득 찬 채, 감싸안는 듯한 내면의 고요를 경험하고 있었다. 하지만 이러한 경험 너머에 무언가 있음을 깨달았다. 그것은 내가 하느님을 향한 나의 포기에 있어 장애물이라고 생각했던, 미묘하면서도 숨겨진, 자아라는 장막임을 알아차렸다.

나는 그것에 대해 정확하게 말할 수 있을지 확신이 서지 않았다. 피정 센터의 그 장면이 생생히 기억난다. 우리 12명의 소규모 피정 참가자들은 벽돌방에서 쿠션에 약간 기댄 채, 낮은 테이블을 중심으로 토마스 신부와 앉아 있었다. 그 장면은 꽤 성서적이었다! 토마스 신부는 준비한 가르침을 주었고, 다음에는 돌아가면서 질문하는 시간이었다. 피정자 중 외향적인 몇 사람이 먼저 발언했다. 그런 다음 내가 말했다. 그 피정의 질의응답 내용은 테이프에 녹음되었고, 우리의 대화는 나중에 『마음을 열고 가슴을 열고』에 실렸다.

데이비드: 가끔은 아무 생각이 없을 때가 있습니다. 오직 나의 자아 인식만 있을 뿐입니다. 그것을 놓아 버려야 할지, 아니면 그것을 알아차려야 할지 모르겠습니다.

토마스 신부: 중요한 질문입니다. 만약 당신이 아무 생각이 없

음을 인식한다면, 당신은 무언가 인식하고 있다는 것이고, 그것은 하나의 생각입니다. 그 시점에서 아무 생각이 없다는 인식을 놓을 수 있다면 당신은 순수의식 속으로 들어갈 겁니다. 순수의식 상태에서는 자아라는 의식이 없습니다.²

토마스 신부는 내가 내 생각을 제대로 표현하지 못하고 있다는 점을 꿰뚫어 보고 지혜의 말씀을 해 주었다. 그 몇 마디 말씀으로 분명해진 게 있었다. 어떻게 내 안에 있는 어떤 것, 즉 기도와 관상의 가장 깊은 상태를 목격하는 섬세한 자아 인식이 하느님과 완전한 합일에 방해가 될 수 있는가였다. 토마스 신부는 훨씬 더 신비한 하느님의 이미지가 내 향심기도에서 어떻게 살아나고 있는지 알아차리도록 해 주었다. 나머지 피정 동안 나의 기도 시간은, 내 질문만큼이나 그것에 대해 말하기 어려운, 새로운 어떤 것으로 행복했다. 순수관상의 더 충만한 발전을 위해서는 깊은 내면의 침묵에 대한 인식에서, 인식한다는 사실을 의식하는 간접적인 자아감조차 없는 **순수의식**으로 옮겨 가는 것이 중요하다는 새로운 감각을 갖게 되었다. 내면의 침묵·고요함·광활함 그리고 생각의 부재는 가치 있는 것이지만, 이것들은 순수의식 그 자체가 아니라 의식 속의 경험이다.

내가 질문했던 그 경험은 거룩한 바라봄의 심화에 관해 다룬 5장의 마지막 부분에 언급한 합일의 기도와 같다. 합일의 기도에서는 당신의 생각, 생각하는 행위, 그리고 당신의 모든 기능이 하느님과 일치해 있는데, 당신은 여전히 **이 합일에 대해 완전히 인식하고 있다**는 사실을 상기하라.³ 기억하라. 이런 기도는 생각이나 인식의 대상과의 합일이 아니다. 심지어 하느님의 영적 체험과의 합일도 아니다. 합일의 기도는 경험의 바탕과 일치를 수반하는데, 그 안에서 인식은 온갖 생각에서 자유롭다. 합일의 기도에서는 모든 것을 꿰뚫고 있는 주체가 있다. 그것은 생각과 정서의 지배를 받는 분리된 자아 감각이 아니라, 창조되지 않고 대상화할 수 없는 원천으로서 당신을 통해 아버지를 인식하고 있는 그리스도의 생명이다. 아무 생각도 없고 정신적 대상이 없는 거대한 고요함이 당신 안에 있을 수도 있다. 그러나 당신 안에는 모든 것을 꿰뚫고 있는 숨겨진 주체(hidden subject)가 있으며, 분리된 자아 감각은 미묘하게 숨겨진 주체와 동일시된다. 당신은 인식 자체와 동일시하면서 고요하고, 침묵의 내적 광활함 안에서 인식의 내용을 혹은 인식의 내용물이 없음을 조용히 목격한다.

앞 장에서 살펴본 것처럼, 당신이 순수한 희망과 순수한 믿음 안에서, 모든 상징과 심지어 정신의 대상으로서의 하느님 체험을 잃어버리는 지점까지도 포기하면서 **하느님 안에서** 기도할 때, 당신은 상호내재적 사랑 안에서 아버지께 기도하는 것이고, 당신 안에 있는 참자아, 곧 주체로서의 그리스도를 깨닫는다. 순수관상의 충만함 속에서 이 영적 목격자(spiritual witness)인 이 숨겨진 주체는 그것이 더 큰 거룩한 무에 완전히 알려지면서, 어떤 종류의 인식이나 아주 조금의 주체성이라도 놓아 버리도록 요청받는다. 사막의 안토니우스가 말한 지혜의 말씀을 기억하라. "더는 자신을 인식하지 않을 때 또는 자신이 기도하고 있다는 사실을 인식하지 못할 때, 비로소 수도승의 기도는 완전합니다." 순수관상의 다음 단계는 신적 생명에 대한 더 깊은 경험, 더 큰 하나 됨, 더 완전한 합일을 의미한다.

당신 존재의 바탕 안에서 아버지가 아들을 앎

아빌라의 데레사는 완전한 합일의 기도인 더 깊은 관상의 상태를 특징짓는다. 완전한 합일 안에서는 합일 자체를 인식하지 못한다. 그 상태에서는 자아에 대한 의식도, 모든 것을 꿰뚫어 보고 있는 추론적 주체도 없고, 심지어 아버지와의 관계 안에 있는 그리스도의 참자아도 존재하지 않는다. 완전한 합일의 기도에서, 신적인 자기를 내어 주는 춤의 다른 측면으로 당신은 깨어난다. 이제 당신은 삼위일체 생명(Trinitarian life)의 다른 측면을 깨닫는다. 삼위일체 생명에서 아버지는 **당신 안의 어떤 주체성이나 자아를 넘어서** 그리스도께 자기를 증여하는 주체가 된다. 완전한 합일 속에서 그리스도의 참자아는 아버지의 애정 어린 응시(gaze) 속에서 사라져 버린다. 침묵하는 목격자가 사라진다. 침묵·고요함·광활함이 있을 수 있지만, 그것들은 정신의 대상으로 있는 것이 아니다. 내면의 침묵은 고요해지고, 경험할 수 있는 것이 아니다. 내면의 고요함은 정지해 있으며 경험할 수 있는 것이 아니다. 내적 광활함은 무한히 확장되지만 경험할 수 있는 것이 아니다. 그냥 하느님만 계신다.

토마스 키팅이 말하듯이, 순수의식 속에서는 생각이 없음을 알아차리는 인식이 없다. 삼위일체는 당신 안에서 충만하게 깨어나 기도한다. 먼저, 합일의 기도에서는 성령이 아들에게서 아버지께로 움직이고, 그다음 완전한 합일의 기도에서는 성령이 아버지에게서 아들에게로 움직인다. 완전한 합일의 기도는 내면적으로는 순수의식으로 나타나면서, 더는 어떤 고정된 자기 참조의 기준이 없는 상태다. 아버지는 창조되지 않았고 숨어 계시며 은밀해서, 이 상태에서는 주체가 없다. 합일의 기도 안에서 하느님을 드러나게 하는 분은 아들이시고, 당신의 가장 깊은 자아감과 일치될(united) 수 있는 분도 아들이시다. 말씀이 사람이 되신 육화의 신비는, 기쁨과 슬픔이라는 직선적 시간과 창조된 형태의 인간적 삶을 뚫고 들어오시는 하느님을 드러낸다.

아들은 세상 안으로 그리고 우리에게로 오신 후, 우리를 아버지와의 관계로 인도하신다. 하느님의 아들인 예수님은 육체적으로나 영적으로 죽음을 겪으셨다. 예수님께서 십자가 위에서 겪으신 영적 죽음이란, 성자로서 항상 누리셨던 친밀한 합일을 상실하는 것, 곧 자신이 성부와 맺고 있는 관계를 알고 있다는 확신과 그 관계 안에 존재하고 있다는 주관적 인식마저 사라지는 일이었다. 예수님은 십자가 위에서 "나의 하느님, 나의 하느님, 어찌하여 나를 버리셨습니까?"(마태 27,46)라고 부르짖으셨다. 이 말은 예수님 삶의 모든 것을 희생한 것이고 또한 신적 자아의 죽음을 나타낸다. 그분은 아버지께 자신을 완전히 바친 후에야 부활하셨다. 자신의 육체적·영적 죽음을 통해, 그리스도는 자신을 따르는 사람들에게 하느님과의 완전한 합일로 가는 길을 열어 주신다. 예수님의 십자가와 죽음에 담긴 영적 의미는 변화에 관한 내용이다. 그리스도의 희생은 분리된 자아 감각이라는 인간 조건의 고통에서 구원으로 이르는 문을 우리에게 열어 준다. 그러나 그리스도의 자기 증여의 충만함을 깨닫기 위해서는, 우리 영적 여정이 합일에서 완전한 합일로 변화되어야만 한다. 초기 그리스도교 관상가들이 즐겨 말했던 것처럼, 하느님이 인간이 되신 것은 인간이 하느님이 될 수 있도록 하기 위한 것이다.[4]

완전한 합일에서, 아들은 이제 당신 안에서 부활하시며 아들의 원천이신 아버지의 영원한 응시를 향해 돌아오신다. 당신이 이원적 사고를 통해 지각할 수 있는 어떤 형태나 경험을 넘어서, 당신이 어떤 자아감으로 경험하는 주체-객체 방식으로 인식하는 어떤 것을 넘어서 오신다. 당신 존재의 바탕으로서 하느님을 알아차리는 간접적 주체는 사라질 필요가 있다. 순수의식은 이타적이고 주체가 없어서, 더 큰 신적 연민이 조용히 눈에 띄지 않게 내면에서 흐르게 된다. 완전한 합일의 기도가 향심기도 상태에서 더욱 안정된 활동의 상태로 옮겨 감에 따라, 점점 삶의 더 많은 부분에서 삼위일체에 더욱 투명해지고, 당신이 하는 일상적인 활동을 통해 활동하시는 하느님 현존으로 비워진다. 그리고 당신의 주위에 있는 다른 사람들에게 더 연민을 갖고 자신의 인간적인 면을 더 수용하게 된다.

이 완전한 합일, 성삼위 안에서의 이 심원한 하나 됨에 대해 예수님은 "그날 여러분은 내가 내 아버지 안에 있고 여러분은 내 안에 있으며 나도 여러분 안에 있다는 것을 알게 될 것입니다"(요한 14,20)라고 말씀하셨다. 그날은 지금, 항상, 현재 순간의 영원성 안에 있다. 당신의 무지와 망각 속에서, 그리고 당신 안에 계신 그리스도에 대한 무지와 망각 속에서, 바로 지금 여기에서, 하느님 안에 계신 하느님, 하느님을 넘어선 하느님의 영원한 신비에 깨어 있어라.

모든 것을 있는 그대로 내버려두기

하지만 아직 의문점은 남아 있다. 기도할 때 어떻게 이것을 하는가?

생각이 없다고 인식하는 자각을 어떻게 놓아 버릴 수 있는가? 합일의 기도가 완전한 합일의 기도로 어떻게 깊어지는가?

하느님과의 합일을 깨닫는 데 보다 큰 장애물은 **당신이 하느님과 분리되어 있다는 생각**이다. 순수관상의 거룩한 무에 대해 말하는 것은 생각을 없애거나 어떤 정신 상태를 넘어서려고 노력하는 태도를 초래할 수 있으므로 이런 말은 중요하다. 사실 순수관상 속에서 하느님 사랑을 방해하는 것은 아무것도 없다. 순수관상 수준에서는 사물과 생각, 그리고 무엇을 해야 할지에 대한 관심은 단지 의식의 이원적 구조를 다시 활성화할 뿐이다. 따라서 순수관상을 위한 최선의 마음가짐은 **모든 것을 있는 그대로 두는 것**이다. 즉, 모든 생각 · 모든 성찰 · 모든 노력 · 일체의 노력 부족 · 모든 고통 · 모든 행복을 있는 그대로 내버려두는 것이다. **하느님 안에 모든 것을 있는 그대로, 그대로 있게 하라.**

토마스 신부에게 질문했던 그 피정에서, 내가 생각이 없을 때 자아 인식을 놓아 버려야 할지 자아 인식을 자각해야 할지 모르겠다고 말했을 때, 나는 기도 속에서 자아 인식의 문제를 미묘한 전략으로 해결하려 하고 있었다. 두 가지 전략이 있었는데, 놓아 버리거나 그냥 인식하는 것이었다. 놓아 버리거나 그저 인식하는 일은 더 명시적인 수행 수준에서는 매우 중요한 관상적 태도지만, 이러한 전략은 모든 것을 있는 그대로 두는 것만큼 순수관상에서는 가치가 없다. 이 기발한 전략에는 모두 여전히 인식한다는 사실을 의식하는 조용한 목격자, 놓아 버리고 있는 간접적인 주체가 있다. 그것은 하느님의 침묵과 고요함과 광활함을 경험하는 당신이다. 토마스 신부는 말했다. "어떤 것을 인식하고 있다면 그것은 생각이다. … 당신이 아무 생각이 없다는 그 인식을 놓아야 한다"라고 내 질문의 방향을 다시 바로잡아 주었다. 토마스의 대답은 나의 두 전략 중 어느 쪽도 뛰어넘는 더 큰 수용성을 갖게 했다. 토마스의 제안은 내가 **어떤 것에 대해서도** 인식을 놓아야 하는 것이었다. 이러한 인식에서 벗어남으로써 당신은 철저한 이원적 사고방식을 놓아 버리고 삼위일체 의식으로 들어가게 되고, 하느님의 자기 증여인 사랑 속에서 자아에서 해방되며, 내적으로는 순수의식으로 나타난다.

아무것도 인식하지 않는다는 자각에서 어떻게 벗어날 수 있는가? 일부러 노력해서 그렇게 할 방법은 없다. 밤에 쉽게 잠들기 위해 노력할 수 없는 것처럼, 관상 상태에서 의식하지 않으려고 애를 쓸 수는 없다. 당신이 어떤 기도 상태에 있든 그렇지 않든, 순수관상의 가장 큰 장애물은 거기에 도달하기 위해 노력하는 일이다. 그리스도교 관상의 정신인 그 본질 안에서 그냥 있어라. 모든 기도를 마무리하는 단어인 '아멘'은 그리스도교 기도의 가장 기본적인 마음가짐이며, 순수관상을 위한 가장 단순한 '가르침'이다. 아멘, 그렇다면 그것으로 좋다. 그냥 내버려두어라.

순수한 사랑

순수관상은 먼저 깊은 영적 인식에 당신을 열어 주고 마침내 자연스럽게 더 심오한 합일로 인도한다. 처음에 완전한 합일은 무의식의 형태로 경험될 수 있다. 토마스 키팅은 이렇게 말한다.

이 은총 가운데서는 어떤 자아 성찰도 없다. 은총이 끝날 때야 비로소 자신이 이런 상태에 있음을 인식한다. 그 후에, 사람은 경이로운 영적 공간에 있었다는 사실을 알게 된다. 성령은 일상적인 성찰 기능을 정지시킬 뿐 아니라 심지어 개별적 자아 감각까지도 정지시킨다. … 성녀 데레사에 따르면, 완전한 합일의 기도는 오래 지속되지 않는다.[5]

시간이 지남에 따라 이 완전한 비非 자아 인식은 완전히 깨어 있는, 깨어나 있는 상태로 통합된다. 의식과 비 자아 인식은 하느님 안에서 동시에 하나다. 두 경우 모두 생각이 없음을, 아무것도 없음을, 무無인 나다(nada)를 의식하는 자아도 없고, 이러한 것들을 알아차리는 자아의 이중성도 없다. 향심기도의 길에서, '**무** 안에 있는 **전부**'(toda de nada)로 가는 길은, 어떤 의미에서 더 큰 나다이다. 하느님 안에서 아무것도 없이 기도하고, 모든 것을 있는 그대로 내버려두면, 항상 현존하는 충만한 상태에 이른다. 하늘나라가 지금 여기에 있다.

아무것도 없이 기도하면, 모든 것이 하느님 안에서 본래의 자리를 찾는다. 생명의 창조주가 당신 존재의 완전한 원천이 되게 할 때, 모든 창조물은 당신 안에서 본래의 조화로움을 회복한다. 거룩한 무로 향심기도를 할 때 모든 생각은 하느님 안에서 자연스럽게 놓아 버리게 된다. '기도할 때 완전히 무형의 상태에 있음'은 하느님께 도달하기 위해 어떠한 이원적인 방법, 즉 어떤 형태나 상징도 필요하지 않다는 것을 의미할 뿐 아니라, 순수관상은 궁극적으로 하느님 안에 존재하기 위해 장애물이 없다는 것을 의미한다. 당신의 노력을 자극하는 이원적 객체인 어떤 상징이나 형태 없이, 그리고 분리된 자아 주체인 당신의 정체성 없이 그냥 거룩한 무 안에 있을 때 삼위일체는 모든 것을 감싼다. 더 큰 무와 함께, 단순한 현존과 사랑의 자연스러운 활동만 남는다.

순수관상에서 순수한 희망과 순수한 믿음이 순수한 사랑으로 깊어진다. 십자가의 요한은 사심 없는 사랑이나 자비는 "모든 것에 대한 의지를 비워 버린다고 말한다. … 사심 없는 사랑을 하느님 중심에 두기 위해서는 모든 것에서 애정을 거두어야 한다"[6]고 말한다. 순수한 사랑에서는 수용성이 지배한다. 자신의 의지를 놓아 버리고 모든 것과 그냥 함께 있어라. 인식에서 벗어나려고 노력하기보다는, 자아 성찰을 넘어선 자기로 그냥 있어라. 요한의 조언은 모든 것에 대한 의지, 심지어 나다, 즉 무에 대한 인식조차 버림으로써 순수한 사랑을 실천하라는 것이다. 이를 긍정적으로 표현하면, 단순히 **하느님 안에 모든 것이 있게 하라는 것**이다. 순수관상 속에서 자기를 증여하는 삼위일체적 상호내재의 춤은 당신 안에서 순수한 사랑으로 깨어난다.

이 장의 시작 부분에서 소개한 질문은, '관상 수행에 대해 이게 전부인가?'였다. 이 질문은 역설과 신비와 체험으로 답해야 한다. 토마스 머튼은 순수관상을 수행하는 것이 무엇인지에 대한 역설을 표현하려고 노력하면서 다음과 같이 말했다.

> 다음 단계가 오면 그 단계를 밟지 마라. … 이제, 너라는 분리된 실체는 분명히 사라지고 무한한 자유(Freedom)와 분간할 수 없는 순수한 자유(freedom), 하느님 사랑과 동일시되는 인간의

사랑 외에는 아무것도 남지 않는 일이 일어나는 것 같다. …
두 개의 사랑이 아니라, 하나는 다른 하나를 기다리는 것 …
그리고 관상이 진정 의미하는 곳인 여기에서, 그것은 더는 하
느님에 의해 창조된 주체에 스며든 어떤 것이라기보다, 하느
님 안에 사는 하느님, 그리고 하느님 자신의 생명과 창조된
생명을 동일시하는 하느님이시다. 그래서 하느님 안에 사는
하느님 말고는 중요한 건 아무것도 남아 있지 않다.[7]

관상 수행의 역설은 사랑, 비이원적 사랑, 순수한 사랑이다. 순수관상의 문전에서 **모든 것을 있는 그대로 하느님 안에 내버려둠으로써** 당신은 사랑, 순수한 사랑을 '실천'하는 것이다. 여기에는 놀라운 자유가 있다. 왜냐하면, 당신이 순수관상의 문전에 있다고 느끼지 않더라도, 하느님 안에서 모든 것을 있는 그대로 내버려두는 태도는 **아멘**을 실천하는 순수한 사랑의 표현이기 때문이다. 하느님이 항상 여기 계시기 때문에 당신이 거기에 있는 것이다!

기본으로 돌아가기

언젠가 향심기도에 대한 기초 입문 수업을 할 때, 한 젊은 여성이 향심기도의 수용적 특성에 대해 혼란스러워했다. 질의응답 시간에 여성은 "저는 가끔 생각으로 방해받지 않고, 거룩한 단어만이 있습니다. 그럴 때, 거룩한 단어를 놓아 버려야 할지, 계속 그 단어로 돌아가야 할지 모르겠습니다"라고 말했다.

"만약 계속해서 거룩한 단어로 돌아간다면, 당신은 하느님이 아니라 상징과 관계를 맺고 있습니다. 그 시점에서 거룩한 단어를 놓아 버릴 수 있다면, 당신은 관상으로 들어갈 것입니다. 관상에서는 하느님을 위한 단어나 상징이 없습니다"라고 나는 대답했다.

이 대답은 여성이 향심기도의 활동과 수용성의 역설에 친숙해지도록 했다. 하지만 내 대답이 얼마나 친숙하게 들렸는지 놀랐다. 나는 토마스 신부가 몇 년 전 내 질문에 대답했던 것을 기억했다. 토마스의 지도는 내 기도에 영향을 미쳤고, 내 기도는 내가 이 젊은 여성의 질문에 대답할 수 있게 해 주었다. 어떻게 이 젊은 여성이 거룩한 단어를 '놓아 버릴' 수 있을까? 거룩한 단어를 놓아 버리려고 노력하지 않음으로써 거룩한 단어에서 벗어날 수 있다. 즉, 거룩한 단어가 하느님 안에 그대로 있게 내버려둠으로써, **아멘**의 의미가 그녀의 향심기도 수행에 스며들게 함으로써 거룩한 단어에서 벗어날 수 있다.

이 젊은 여성의 질문은 내게 두 가지를 깨닫게 했다. 첫째, 향심기도와 순수관상 사이에는 차이가 있다. 둘째, 그들 사이에는 또 두드러진 유사성이 있다. 차이점은 향심기도는 부드러움과 같은 능동적인 태도를 통해 상징과 관계를 맺는 것으로 시작하고, 순수관상은 애쓰지 않는 것과 같은 훨씬 더 수용적인 태도를 통해 하느님에 대한 인식과 관계를 맺는 것으로 시작한다는 것이다. 유사점은 향심기도를 할 때는 상징이 사라지게 하고, 순수관상에서는 하느님에 대한 인식이 사라지게 한다는 점이다.

기본적인 향심기도 수행에 대한 그녀의 질문에 답했을 때, 이 간단한 수행이 얼마나 심오한지 깨달았다. 향심기도 수행 방법을 배우는 것은 순수관상을 형성하는 데 도움을 주고, 순수관상을 경험하는 것은 향심기도 수행에 영향을 미친다. 향심기도와 순수관상은 그리스도교 기도의 다르면서도 유사한 측면이다. 각각은 서로 영향을 미치고 서로 보완한다. 거룩한 무로 향심기도를 수행함으로써 순수관상이라는 선물에 더 가까이 다가갈 수 있다.

8장

하느님 중심에서 춤추기

> 당신이 기도할 때에는 골방에 들어가 문을 닫은 다음,
> 숨어 계시는 당신 아버지께 기도하시오.
> 그러면 숨은 일도 보시는 당신의 아버지께서
> 당신에게 갚아 주실 것입니다.
> ―마태 6,6

관상은 춤과 매우 비슷하다. 춤에는 파트너와 더 깊은 관계를 맺도록 이끌어 주는 여러 단계와 동작이 있다. 관상이란 신적인 춤 속에서 당신은 이원성을 넘어서는 합일(union)의 관계, 하나 됨의 관계, 그리스도와의 더 심오한 관계로 이끌린다. 이 성장하는 내적 합일에서, 당신은 삶 속에서 하느님께서 자신을 드러내심에 일치(unity)하여 사는 법을 배운다. 십자가의 요한이 말하듯이, 하느님은 영혼의 중심이시다. 하느님은 우주의 중심이기도 하므로, 당신 존재 깊은 곳에서 하느님과 합일하여 존재하는 모든 것과 일치하게 한다. 기도 속에서 하느님과 함께 춤추는 법을 배우면, 생명 그 자체의 비밀스러운 안무인 숨겨진 동작들이 드러난다.

하느님과 함께 추는 춤의 일곱 가지 심화 동작을 살펴보겠다: 준

비하기, 파트너로 향하기, 파트너와 관계 맺기, 파트너에게 몸을 맡기기, 도전에 대처하기, 파트너와 일치하기, 삶에서 춤을 표현하기. 각각의 동작은 골방기도(마태 6,6)에 대한 예수님의 지혜로운 말씀의 한 측면과 관련이 있는데, 이는 향심기도와 관상 수행에 대한 이 모든 가르침의 성경적 근거가 된다.

동작 1: 준비하기

당신이 기도할 때에는 골방에 들어가 문을 닫은 다음,
숨어 계시는 당신 아버지께 기도하시오.
그러면 숨은 일도 보시는 당신의 아버지께서
당신에게 갚아 주실 것입니다.

모든 춤에는 준비, 몸풀기, 몸과 마음의 준비가 있어야 한다. 마루로 나가기 전에 댄스화를 신어야 하듯, 관상의 신적인 춤에도 준비가 필요하다. "기도할 때에는 골방에 들어가 문을 닫으라"는 가르침은 준비의 중요성을 확언하신 것이다. 외적인 것을 놓아 버리는 것은 관상의 은밀한 내적 관계 안에서 하느님과 관계 맺을 준비를 하는 것이다.

이미 알고 있듯이, 향심기도에는 몸의 자세와 지향의 준비가 있다. 당신은 눈을 감은 채 깨어 있으며, 자연스럽고 수용적인 몸의 자세를 취한다. 그리고 내재하시는 하느님 현존과 활동에 동의하는 지향의 표현으로 선택한 거룩한 상징을 고요히 떠올린다. 이는 토마스 키팅의 향심기도 가르침의 첫 번째 기본 지침이다.

거룩한 무無의 수행 역시 눈을 뜬 채로 더 편하게 할 수 있지만, 같은 방식으로 몸과 지향의 준비가 필요하다. 당신 수행이 단어나 호흡이나 바라봄도 없이 하느님께 직접 동의할 때는, 당신 안에서 하느님 현존이 동의하는 것을 방해하는 것이 아무것도 없고, 생각도 인식도 이미지도 없다. 거룩한 무의 수행에서 눈을 뜨는 것은, 어떤 사람에게는 모든 생명의 근원으로 작용하는 하느님 현존을 알아차리도록 도와준다. 향심기도를 거룩한 무로 수행할 때, 잠시 거룩한 상징을 도입할 수 있다. 당신은 내적 침묵, 고요함, 광활함으로 수행할 수 있다. 잠시 단어나 호흡이나 바라봄으로 준비하면, 하느님의 거룩한 무 안으로 들어가기 전에 그 상징이 당신의 지향을 새롭게 하고 동의를 안정시킨다.

향심기도에서 당신의 능동적인 동의와 그리고 당신 안의 하느님 현존이 동의하는 수용성이 함께 어우러져 기도 수행을 풍요롭게 한다. 기도와 수행은 당신의 동의와 하느님의 동의가 더 일치하면서 무르익어 더 큰 전체가 된다. 그러나 신적인 춤의 이러한 준비 동작에는 진정한 자기 비움이 동반되어야 한다. 당신은 당신 안에서 현존하시고 활동하시는 삼위일체, 즉 관상의 근원에 마음을 열면서 동시에 당신의 지향을 새롭게 해야 한다.

동작 2: 파트너로 향하기

당신이 기도할 때에는 골방에 들어가 문을 닫은 다음,
숨어 계시는 **당신 아버지께 기도하시오**.

그러면 숨은 일도 보시는 당신의 아버지께서
당신에게 갚아 주실 것입니다.

일단 댄스화를 신고 몸과 지향을 준비해서 춤을 추기 시작하면 다음 해야 할 일은 파트너에게로 향하는 것이다. 춤이 깊어짐에 따라 파트너를 향한 자세를 유지하는 것이 중요하다. 예수님이 "당신 아버지께 기도하시오"라고 말씀하실 때, 기도의 움직임 안에서 이제는 예수님의 아버지이신, 예수님의 비밀스러운 원천을 향해 당신 자신을 준비시키라고, 당신 자신을 조율하라고, 당신 자신을 내적으로 향하라고 초대하신다. 예수님의 아버지는 지금 당신 아버지가 되기도 하시며, 당신의 비밀스러운 창조적 원천이 되기도 하신다. "아버지께 기도하시오"라는 예수님의 가르침은 내재하시는 성삼위의 신적인 춤, 페리코레시스로 당신을 이끄는 첫 번째 단계다.

    향심기도는 당신 지향의 임시 매개체, 즉 거룩한 상징이라는 어떤 형태를 제공함으로써 이 비밀스러운 관계를 가시적으로 지지해 주고 있다. 하느님에 대한 '동의'로 향하게 하는 당신의 상징은, 거룩한 단어나 거룩한 호흡 또는 거룩한 바라봄이 될 수 있다. 우리가 살펴보았듯이, 각각의 상징은 영적 여정의 다양한 계절 동안 다양한 사람들을 위해 어떤 가능성과 유익한 점과 매력을 가지고 있다. 당신이 어떤 상징을 선택하든, 그것은 상징 너머의 하나 됨 안에서 쉴 때까지 신적인 춤의 파트너인 하느님께 당신을 인도한다. 다른 생각을 하는 것은 다른 댄서들을 보거나 다른 댄서의 스텝을 생각하는 것과 같다. 향심기도 수행에서 생각에 개입하기보다는 거룩한 상징으로 돌아가

능동적인 단순한 태도를 지니고서 바로 지금의 춤, 바로 지금의 파트너에게 열중해야 한다.

거룩한 무無로 수행할 때, 당신은 상징이 아니라 무형無形이신 하느님의 신비로 향한다. 어떻게 이렇게 하는가? 하느님의 거룩한 무에 깨어남으로써 가능하다. 하느님은 유형의 것들, 즉 당신이 생각하는 대상이나 형태 너머에, 그 아래에, 그리고 그 안에 현존하신다. 하느님 현존은 당신 생각의 형태들이 드나드는 의식의 바탕으로, 당신 안에 언제나 현존하신다. 하느님의 거룩한 무로 향하는 것은 당신의 분리된 자아의식이 아니다. 오히려 하느님이 당신 안에서 깨어나신다. 거룩한 무 안에서, 당신 마음속 깊은 곳에 존재하시며 모든 것 안에 숨어 계신 하느님 생명이 당신 안에서 깨어나시게 하라. 당신이 관상을 수행하고 있다면 관상은 지향하고 있는 방향이며, 더 정확히 말하자면 안으로 방향이 맞추어져 있는 내적 실재이다. 무형이신 하느님의 내적 현존을 인식하는 데는 시간이 좀 걸리고 다소 섬세함이 필요하다. 그래서 예수님 가르침의 은총과 더불어 향심기도와 같은 입문 수행을 하는 것이 도움이 된다. 그러나 당신은 언제나 현존하시는 거룩한 하느님의 무 안에서 언제라도 발견될 수 있다. 꿈에서 아침의 빛 가운데 깨어날 때처럼, 오직 필요한 것은 하느님의 맑고 빛나는 빛에 깨어나는 깃이다.

생각에 사로잡히는 형태로 떠오르는 외적인 생각에 수행을 오염시키지 않고, 수행의 단순함을 유지하는 법을 배울 때 무형이신 하느님 현존에 눈을 뜨게 된다. 이 수행 속에는 진정한 자기 비움이 있다. 관상 안에서 당신은 '순수한 희망'으로 신적 생명에 참여하기 시작하며, 창조된 모든 이미지와 형태를 비우고 "당신들은 그분의 목소리를 결코 들어 본 적도 없고 그분의 모습을 본 적도 없습니다"(요한 5,37)라는 신비이신 당신 아버지께 마음을 열게 된다.

동작 3: 관계 맺기

당신이 기도할 때에는 골방에 들어가 문을 닫은 다음,
숨어 계시는 당신 아버지께 기도하시오.
그러면 숨은 일도 보시는 당신의 아버지께서
당신에게 갚아 주실 것입니다.

춤을 추면서 일단 파트너를 향하게 되면, **어떻게** 상대를 안고, **어떻게** 움직이는지, 춤이 깊어짐에 따라 **어떻게** 관계 맺는지를 인식해야 한다. 은밀하게, 애쓰지 않고, 부드럽게 행할 때 당신의 파트너와 관계 맺는 방식이 활기를 띤다. 은밀함은 어떻게 기도해야 하는지를 말씀하신 예수님 가르침의 핵심이다. 왜냐하면, 그분의 짧은 가르침은 생각이나, 생각과 동일시하고 있는 태도로는 접근할 수 없는 하느님, 당신의 '골방' 깊숙한 곳에 숨어 계시는 하느님과 관계 맺는 것을 의미하기 때문이다.

향심기도의 거룩한 상징은, 모든 형태를 놓아 버리고 무형이신 하느님의 영원한 현존을 깨닫는 법을 배우는 데 확실히 도움이 된다. 하지만 이 상징과 **부드럽게** 관계를 맺지 않는 한, 당신은 피상적 기도에 머무를 것이다. 관상기도에서 하느님과 관계 맺기 위한 핵심 용어는 '**애쓰지 않음**'이다. 당신이 하느님의 거룩한 무와 관계 맺고 있을 때, 기도 중에 오직 하느님만 계실 때는 노력할 필요도 부드럽게 행할 필요도 없다. 당신이 애쓰지 않을 때, 이원적인 경험으로서의 하느님에 대한 모든 감각을 놓아 버리고, 삼위일체적 상호내재의 첫 번째 국면에 마음을 연다. 성자가 당신 안에서 기도하시고, 아버지께 자기를 증여하신다. 거룩한 무의 수행은 당신 안에서 드리는 그리스도의 기도다. 애씀 없이 숨어서 펼쳐지는 거룩한 무의 기도 수행은, 당신이 부드럽게 수행하는 법을 배우고, 그래서 하느님께 동의하는 거룩한 상징으로 아주 부드럽게 되돌아가는 법을 배움으로써 도움이 된다.

하느님과 춤을 추는 것은 **부드럽게**, **애쓰지 않고**, **은밀함으로** 이루어지는 거룩한 만남이다. 부드러움과 애쓰지 않음이 당신 안에서 한데 어우러진다. 활동과 수용성은, 순수한 믿음의 비밀 속에서, 모든 노력을 비우고, 어떤 영적 체험에도 집착하지 않으며, 심지어 그리스도를 마음의 대상으로 보는 생각에 애착을 갖지 않고 하느님과 함께 춤을 추는 가운데 조화를 이룬다. 대상을 마음에 붙들고 있을 때, 당신과 당신이 인식하는 대상과의 분리 안에서는 때로 아주 미묘한 형태로 노력이 나타나기도 한다. 노력하는 것은 부드러움과 애쓰지 않음에서, 은밀함에서, 그리고 하느님에게서 당신을 끌어낸다.

동작 4: 파트너에게 몸을 맡기기

당신이 기도할 때에는 골방에 들어가 문을 닫은 다음,
숨어 계시는 당신 아버지께 기도하시오.

그러면 숨은 일도 보시는 **당신의 아버지께서**
당신에게 갚아 주실 것입니다.

춤을 출 때, 당신이 하는 일과 당신 자신에 대한 인식을 놓아 버리고, 파트너에게 몸을 맡기는 시점이 있다. 당신과 하느님은 춤에서 하나가 된다. 당신을 **놓아 버리고** 당신 파트너와 하나 **되게** 하라.

"당신의 아버지"라고 말씀하실 때, 예수님은 자신의 가르침에서 의미심장한 내용을 간결하게 나타내신다. 숨어 계신 아버지께 당신이 기도하는 것에서, 아버지께서 기도하시는 것으로 기도 방법에 대한 가르침의 내용을 바꾸신다. 예수님의 보이지 않는 원천이신 아버지는, 관상이라는 춤에서 당신의 진정한 파트너로, 당신의 보이지 않는 원천임을 깨닫도록 예수님이 초대하시는 실재이시다. 이 깨달음은 아버지를 아는 일에 관한 것이 아니라, 아버지에 의해 알려지는 것으로, 아버지의 자기 증여 안에서, 아버지의 상호내재 가운데, 당신 안에서 성자에게 알려지는 일에 관한 것이다. 춤을 추면서 파트너에 의해 알려짐에 승복하면, 삼위일체의 생명이 당신에게 전달된다. 당신 안에서 무의식적이었던 것을 이제 의식하게 된다. 이것이 무의식의 의식화 기도 방법에 대한 예수님 가르침의 선물이며, 아버지께서 이 세상을 향해 발하신, 하느님 말씀이신 그리스도, 예수님 자신의 선물이다. 골방기도는 순수관상을 위한 것이며, 거룩한 상징으로 향심기도를 심화하기 위한 것이고, 거룩한 무無로 향심기도를 하기 위한 본보기다.

어떻게 이런 심화가 일어나는가? 향심기도가 깊어질 때 당신은 거룩한 상징을 내려놓고 그것이 상징하는 것, 즉 무형이신 하느님 현존 안에서 쉰다. 당신의 거룩한 상징의 형태가 가리키고 또 그것이 비롯되는 곳이 바로 이 침묵의 형체 없는 현존이다. 거룩한 상징이 어떻게 하느님에게서 시작하는지를 깨달으려는 기꺼운 마음, 거룩한 상징을 놓아 버리고 하느님에 의해 알려지려는 기꺼운 마음은, 향심기도의 전형적인 특징이며 이 관상 수행이 왜 예수님 가르침과 잘 조화를 이루는가에 대한 주된 이유다.

마찬가지로 거룩한 무의 수행이 깊어짐에 따라 당신도 하느님 계시에 대한 더 큰 체험으로 들어간다. 거룩한 무를 수행할 때, 특히 합일에 대한 섬세한 인식 안에서 모든 것이 하느님 안에 있는 그대로 있게 할 때, 당신 안에 숨겨진 주체도 없이, 모든 것을 꿰뚫고 있는 영적 목격자도 없는, 순수의식으로 깨어난다. 내적 침묵과 고요함과 광활함에 대한 인식조차도 하느님 안에서 하나가 된다. 아버지께서 내 안에 계신 아들을 아시는 것이, 당신을 분리된 자아 감각의 고통에서 참된 인격으로 해방하는 진정한 주체-객체 관계다. 그 관계 안에서 하느님 삼위일체 생명의 모습으로 창조된 당신 인성이라는 선물이, 마침내 하느님을 닮음으로써 실현된다. 아들을 향한 아버지의 페리코레시스(상호내재)의 춤을 그냥 있게 내버려둘 때, 당신 안에는 집착할 게 아무것도 없고, 아무도 존재하지 않는다.

관상의 신적인 춤에서 파트너에게 완전히 내맡기는 것은 순수한 사랑의 움직임이다. 순수한 사랑 안에는 어떤 노력도 없고 무언가 성취해야 할 자아도 없다. 순수한 사랑은 당신 안에 이미 존재하는 실재인, 자기 증여의 사랑으로 이루어진 삼위일체라는 실재를 받아들임을 의미한다.

동작 5: 도전에 대처하기

당신이 기도할 때에는 골방에 들어가 문을 닫은 다음,
숨어 계시는 당신 아버지께 기도하시오.
그러면 **숨은 일도 보시는 당신의 아버지께서**
당신에게 갚아 주실 것입니다.

무용수가 실수하면 무슨 일이 일어나는가? 훌륭한 무용수는 흠잡을 데 없이 연기하는 기술이 있고 재치가 있어서, 예상치 못한 도전이 찾아왔을 때 실수가 일부러 의도한 것처럼 실수를 춤에 녹여 낸다.

마찬가지로 관상의 춤에서도 신적인 생명에서 제외되는 것은 아무것도 없다. 필요한 것은 오로지 당신의 파트너와 계속 관계를 맺고, 어려움 안에서 하느님을 발견하고 또 하느님 안에서 어려움을 발견하는 것이다. 고난·절망·의심·죽음·질병·불의와 같은 어려움을 포함하여, 인간 조건의 모든 면을 하느님 안에서 발견할 수 있다.

예수님이 '숨은 일도 보시는 아버지'라는 표현을 사용하실 때, 혹은 일부 번역에서 '숨어 계신 분'이라는 표현을 사용할 때, 예수님은 다시 한 번 보이지 않고 비이원적이며 숨겨진 하느님 속성을 확언하고 계신다. 하느님이 부재하신 것으로 경험될 때 고통은 하나의 도전이다. 하지만 예수님 가르침에서 하느님은 숨어 계신 분으로 **정의**되므로 숨어 있는 관상의 길에서 도전에 대처하는 방법은, 하느님이 하시는 것처럼 기도와 삶을 '마주하고' 경험할 때까지 더욱더 **숨어서** 하는 수행을 통해 실제로 하느님 안으로 더 깊이 들어가는 것이다. 다시 말해 영적인 길에서 고통을 경험할 때, 하느님이 현존하신다는 것을 믿고, 고통 속에 숨어 계신 하느님과 함께하라. 하느님에 대한 이원적 체험을 찾거나 하느님에 대한 이원적 개념에 집착하지 마라. 하느님 체험이 더 깊어지게 하고 도전과 고통을 변화시키도록 하라.

이 짧고 단언적인 말씀으로 예수님은, 하느님은 믿음으로만 알 수 있음을 확언하신다. 여기서 믿음은 고통과 동떨어진 교리적인 믿음이 아니라 고통과의 관계를 변화시키는 깊은 수행을 의미하는 믿음이다. 모든 것, 특히 고통과 인간 조건의 어두운 면이 **하느님 안에 숨어 있음**을 기억하고 신뢰하는 것이, 관상의 신적인 춤과 생명 그 자체 안에서 일어나는 도전에 대처하는 방법이다. 고통이란 예상치 못하고 원치 않는 일이기 때문에 저항하는 어떤 것이 아니라, 숨어서 보고 계시는 하느님과 함께 수행함으로써 고통은 오히려 춤 자체의 일부가 된다. 물론 고통을 하느님 안에서 은밀하게 바라보는 것이 그리 쉬운 일은 아니다. 아픔과 고통은 삶의 일부이며 때로 큰 부분이다. 그래서 당신 의식 안에서 괴로움이 발생할 때마다 돌아갈 수 있는 단순하면서도 몸에 밴 활동으로, 기도 수행이 필요하다. 그리고 이 기도 수행은 영적 여정에서 만나는 어려움에 대처할 수 있도록 돕는다.

향심기도에서, 어떤 사건에 대한 당신의 생각을 따르는 대신, 믿음 안에서 강한 느낌의 에너지로 내재하시는 성령을 적극적으로 받아들일 때, 고통 속에서 하느님의 숨어 계신 현존을 깨닫게 된다. 관상기도를 할 때 두려움·공허함·어두운 밤·미묘한 위축 안에 있는 동안 그리고 주체-객체 의식 안에서 자아 집착과 자아 동일시 안에 있는 동안, 당신이 삼위일체적 생명에 에워싸일 때 하느님께서 숨어 계심을 당신은 깨닫게 된다. 이것들은 영적인 길에서 만나는 도전들을 변화시키기 시작하는 두 가지 간단한 반응이다. 하나는 의식의 표면에서 느껴지는 고통의 정서적 특성에 적절히 대응하는 반응이고, 다른 하나는 의식 안에서, 분리된 자아 감각의 구조에 기인하는 고통의 더욱 미묘한 특성에 적절히 대응하는 반응이다.

동작 6: 파트너와 일치하기

당신이 기도할 때에는 골방에 들어가 문을 닫은 다음,
숨어 계시는 당신 아버지께 기도하시오.
그러면 숨은 일도 보시는 당신의 아버지께서
당신에게 갚아 주실 것입니다.

춤을 준비하여, 파트너로 향하고, 파트너와 관계 맺는 법을 배우고, 파트너를 따르며, 도전에 대처한 다음에는 그 이상의 것이 가능하다. 이 모든 동작을 실행하고 나면 파트너와 하나가 될 가능성이 열리는 것이다. 이 합일 안에서는 춤을 추는 두 사람이 아니라, 이제 하나의 춤만 있다. 파트너와의 하나 됨은 고요한 가운데 역동적이고 자유로운 즉흥 연주 안에서 표현될 수 있다. 이런 하나 됨에서는 다른 모든 춤 동작, 모든 것이 새로운 방식으로 생겨난다.

예수님의 가르침은 당신이 어떤 상을 받을지 말하지 않고, 당신에게 **갚아 주실 분**이 바로 숨어 계신 아버지임을 말할 뿐이다. 이 신중한 말씀으로 예수님은 기도에 대한 어떤 응답이 아닌, 어떤 피상적인 보답이 아닌, 숨어 계심·하나 됨·변화를 암시하신다. 특별한 선물, 즉 보상이 아니라 모든 선물 너머에 계신 선물을 주시는 분에게로 향할 때, 숨어 계심에, 신비에 자신을 맞추는 것이다. 관계의 충만함, 즉 상호내재 관계가 무르익어 간다는 것은 자신의 정체성이 변화하는 합일 안에서 상대방의 자기 증여를 온전히 받아들이는 것이다. 성경의 다른 구절에서 예수님은 "그날 여러분은 내가 내 아버지 안에 있고 여러분은 내 안에 있으며 나도 여러분 안에 있다는 것을 알게 될 것입니다"(요한 14,20)라고 말씀하신다. 완전한 일치는 이중성을 넘어 **하느님 안에서 하느님과 하나가 되는 것**이다. 진실하시고 숨어 계시며, 비이중적 파트너이신 하느님과 하나가 되는 것은, 어떻게 기도해야 하는지에 대한 예수님 가르침의 보상이다. 완전한 합일은 단 한 번의 어떤 기도 응답보다도 더 큰 선물이다.

하나 됨은 하느님 안에서 수행하고, 쉬고, 존재함으로써 열리는 선물이다. 거룩한 무無의 수행에서 그냥 **하느님 안에 있음**은 아버지의 보상을 향한 당신의 지향을 드러낸다. 완전한 합일은 당신의 존재 인식 너머에 있는 간접적인 주체 없이, 현재의 순간에 온전히 존재할 때 가능하다. 이런 존재 상태에서는 어떤 자기 참조도 없다. 자아 성찰에 관한 생각들과 자아 성찰하는 행위와 자아 성찰자가 사라짐에 따라, 신성(Godhead)으로 당신 안에서 깨어나시는 하느님만이 계실 뿐이다. 그분은 성령이신 하느님을 통해 성자이신 하느님과 함께 합일 안에 계신 성부 하느님이시다. 이런 완전한 합일은 이원적인 경험이나 지각을 넘어선다. 그런 내적 효과를 설명하는 가장 근접한 표현은, 모든 것을 환하게 비우면서도 모든 것을 품고 있는 순수의식으로서, 삼위일체 하느님(Godhead)과의 합일 안에서 모든 것을 관통하여 빛나는 존재의 바탕이다. 거룩한 무의 수행은 자아 성찰의 생각 너머에 드러나지 않게 존재하는 자아에서 벗어나, 하느님과 완전한 합일의 보상으로 향하는 내면의 문을 열어 준다. 특히 향심기도가 하느님 안에서의 쉼과 존재함으로 들어갈 때, 골방기도 중에 계신 아버지의 깊아 주심을 향해 나아가게 된다.

동작 7: 삶 안에서 춤을 표현하기

하늘에 계신 우리 아버지, 아버지의 이름을 거룩히 드러내소서.
아버지의 나라가 오게 하소서. 아버지의 뜻이 하늘에서와 같이
땅에서도 이루어지게 하소서. 우리가 일용할 빵을 오늘 우리에게
주소서. 그리고 우리가 우리에게 빚진 이들을 용서했듯이
우리의 빚을 용서하소서. 우리를 유혹에 빠지지 않게 하시고,
오히려 우리를 악에서 구하소서(마태 6,9-13).[1]

춤에서 미리 정해진 스텝과 동작은 당신 삶의 행동 양식을 바꾼다. 또한 관상의 예술도 마찬가지로 당신의 정체성을 변화시켜, 숨어 계신 참된 파트너인 하느님과 모든 것 안에서 당신이 더 일치하는 삶을 살게 한다.

관상이라는 신적인 춤의 마지막 동작은 인간 삶의 평범한 일상사에서 살아 있는 합일과 하나 됨의 동작이다. 숨어서 그리고 합일 가운데 드리는 기도에 대한 예수님의 충만한 가르침은 일치에 관한 것이

다. 일치(unity)는 합일(union)과 다르며, 합일보다 더 위대하다. 일치는 하나 됨(oneness)이다. 일치는 다양성 안에서 나타나는 하나 됨이다. 일치는 신적인 것과 인간적인 것이 분리되지 않을 때다.

마태오 복음서 6장에 나오는 기도에 대한 예수님의 가르침을 순서대로 생각해 보자. 첫째, 5절에서 예수님은 길모퉁이에 서 있는 위선자들처럼 다른 사람들이 볼 수 있게, 형식적으로, 기도하지 말라고 가르치신다. 예수님은 '이렇게 기도하지 말아라'하고 말씀하신다. 둘째로 6절에서는 만약 당신이 정말 기도하고 싶다면, **당신 내면의 방에, 숨어서, 당신 아버지께** 기도하라고 말씀하신다. 예수님은 당신을 관상으로 초대하고 이로써 예수님 자신의 하느님 체험을 당신에게 가르쳐 주신다. 셋째, 이어지는 구절에서 예수님은 기도에 대한 가르침 중 최고의 가르침인 **주님의 기도**라는 일련의 구체적인 말씀을 하신다. 골방기도의 과정을 말씀하신 다음, 일상생활에 대한 **말로 하는 기도**를 가르쳐 주신다.

주님의 기도는 일상생활에서 하느님과의 비밀스러운 관계를 보여 준다. 제자들이 어떻게 기도할지 여쭈었을 때, 예수님이 즉시 주님의 기도를 가르쳐 주신 것은 아니다. 대신, 예수님 자신의 원천과 살아 있는 관계로 제자들을 인도하시고, 세 부분으로 이루어진 지혜의 말씀을 주셨다. 이 지혜의 말씀의 완성은 자잘한 일상생활의 모습 안에서, 그리고 하느님과의 은밀한 합일을 드러내는 기도로 피어난다. 예수님이 기도하는 방법을 제시하신 순서를 보면, 먼저 관상기도로 시작한 다음 하느님과의 내밀한 합일 안에서 말과 삶이 솟아나도록 하라는 것이다. 예수님은 일치와 더불어 합일에 대한 자신의 가르침을 완성하신다.

당신은 일상생활에서 일치를 어떻게 실현하는가? 힌트를 주자면, 일상생활에서의 일치는 바로 다음과 같다. 일치는 아주 단순하고 매우 인간적이며 매우 평범하다. 일치는 '주님의 기도' 말씀처럼 일상적이고 친숙하다. 생계를 꾸리는 것처럼, 인간관계에서 용서를 구하는 것처럼, 영적 고통에서 해방을 구하는 것처럼 간단하다. 일치 안에서 사는 삶은 그리 특별해 보이지 않는다. 일치는 삶에서 믿음, 희망, 사랑의 평범한 행위로 나타난다. 그것은 보이지 않는 방식으로 연민을 가지고 행동하는 것이며, 세상의 고통과 불의를 해결하기 위해 행동하는 것이다.

당신은 기도와 자비로운 행동에 대한 예수님의 가르침을 어떻게 실천하고 있는가? 관상 수행의 마지막 움직임은 모든 것, 모든 생각, 모든 행동이 어떻게 하느님의 은밀함에서 창조된 삶으로 모습이 나타나는지 깨닫는 일에 관한 것이다. 모든 것이, 즉 모든 기도 · 내적 생각 · 지각 · 느낌 외적 사건 · 활동 · 삶의 모습이 애착이나 저항 없이, 또는 분리된 자아 감각으로의 수축 없이 순수의식 안에서 솟아나는 것으로 경험할 때, 일치는 드러나는 모든 삶 속에서 견고해진다.

모든 것이 하느님의 거룩한 상징이다

골방기도에 대한 예수님의 가르침의 충만함은 모든 것이 거룩한 상징이 될 수 있다는 데 있다. 당신은 일상적인 마음에서 더없이 번잡한 생각들이 하느님 안에서 생겨나고, 머무르며, 사라지는 것을 인식할 수 있다. 주님의 기도 말씀처럼 생각은 기도가 되고, 그리스도의 은밀한 기도 가운데 나타나는 거룩한 상징이 된다. 의식 속의 이원적 **체험**이 전혀 아닌, 가장 심오한 하느님 체험 안에서 당신은 삼위일체 의식 그 자체로 깨어난다. 모든 것이 하느님 안에서 발견될 때 궁극적으로 기도와 삶에 장애물은 없다.

기도하는 방법에 관한 예수님의 가르침, 향심기도에 대한 토마스 키팅의 가르침, 그리고 거룩한 무無의 수행은 모두 다 이원성에서 기도 안에서의 합일로, 완전한 합일로, 삶 안에서 일치로의 움직임을 설명한다. 우리와 하느님의 관계는 이 관상의 신적 춤 안에서 변화한다.

당신도 함께 춤추지 않겠는가?

제2부

관상적 태도

9장

당신 안에서 활동하시도록 하느님께 동의하기

향심기도를 심화하는 네 가지 방법을 살펴보았으니, 이제 모든 그리스도교 관상 방법에서 공통되는 단순한 관상 태도들을 살펴보겠다. 이 관상 태도들이 제1부의 지침과 함께 관상 수행을 위한 좋은 씨앗이 되길 바란다.

하느님처럼 말로 표현할 수 없는 어떤 분에 대해, 그리고 관상 수행처럼 미묘한 어떤 것에 대해 이야기를 시작하는 가장 좋은 방법은 무엇일까? 하느님에 대한 관상 체험은 기본적으로 지각할 수 없다. 살아 계신 하느님과 관계 맺는다는 것은 내재하시는 하느님의 상상할 수 없는 현존에 '예'라고 동의하는 것을 수반한다. 깊어지는 관상에서 근본적 동의는 훨씬 더 큰 어떤 것을 의미한다. 곧, 당신 안에서 **활동하시는** 하느님 현존에 '예'라고 동의하는 것이다. 당신은 관상기도를 계속하면서, 기도의 근원이자 삶의 근원으로서 하느님 현존이 활동하시는 방식에 대해 더 많이 알게 된다. 이에 관해 이야기하는 좋은 방법은 통찰에 생기를 불어넣는 이미지와 이야기를 통해서다. 여기에 하느님과 관상 수행에 대한 통찰과 이미지, 그리고 이야기가 있다.

    탁월한 그리스도교 수도승이자 작가인 토마스 머튼은 이렇게 기록했다. "하느님께서 우리 안에서 하느님 자신을 발견하실 때 우리는 관상가가 된다."[1] 이 진술이 그리스도교 관상의 핵심이다. 관상 수행은 하느님을 찾기 위한 어떤 것이 아니다. 관상은 하느님에 의해 발견되는 것을 의미한다. 그러나 머튼의 진술과 밀접한 관계가 있는 훨씬 더 심오한 통찰이 있다. 당신 안에서 다른 사람이 그들 자신을 발견하도록 허락하면, 당신은 관상가가 된다! 당신 안에서 일어나는 이 발견이 당신을 발견하게 해 준다. 그러면 당신은 하느님을 발견할 수 있다. 머튼의 통찰은 관상 수행이 실제로 어떤 것인지 신비스러운 감각으로 우리를 완전히 뒤집어 놓는다.

    하느님이 당신 안에서 하느님 자신을 발견하시는 것은 너무나 신비한 활동이므로, 보통 수년간의 수행 후에야 비로소 깊은 은총 안에서 경험하게 된다. 그리고 모든 것이 하느님 안에 있다는 심오한 감각과 하느님이 당신 안에서 행하시는 신비한 방식들을 경험하게 된다. 머튼의 진술은 또한 당신이 실제로 해야 하는 일의 섬세함을 암시한다. 중요한 것은, 하느님이 당신 안에서 하느님 자신을 발견하시는 것은, 기도 안에서 당신 자신의 개별적인 노력을 초월하여 일어나는 일이라는 사실이다. 하느님이 당신 안에서 하느님 자신을 발견하시는 것은 마치 스스로 피어나는 꽃처럼 펼쳐지는 선물인데, 이는 당신이 만들어 내거나 통제하기 위해 아무것도 할 수 없는, 빛에 이끌려 저절로 드러나는 선물이다.

    당신은 향심기도에서 무엇인가 해야 할 필요가 있지만, 이것이 자아 성취를 위한 무의미한 활동이라기보다는 오히려 존재함과 허용함에 더 가깝다. 향심기도 중의 당신 활동은 마치 햇빛을 향해 피어나는 장미 꽃잎과 같고, 당신 내면에서 전개되는 승복과 같고, 내면에서 일어나는 자아 포기와 같다. 관상에서 당신의 활동은, 당신이 주도하는 한 번의 순간적인 노력 이상으로 하느님의 영원한 본성에 근본적으로 동의하는 것이다. 옛날, 한 선사禪師가 제자에게 말했다. "명상의 길에 들어서기도 전에 너는 한 인간으로서 이미 깨달음을 얻었다." 제자가 스승에게 물었다. "제가 이미 깨달음을 얻었다면 왜 이렇게 오랜 시간 앉아서 명상해야 합니까?" 스승이 답했다. "매일 아침 해가 저절로 뜨지만, 네가 깨어나지 않으면 결코 해돋이를 볼 수 없을 것이다." 이것은 관상에 대한 아주 훌륭한 은유다. 수행한다고 해서 해를 뜨게 할 수는 없다. 하지만 향심기도를 함으로써 저절로 밝아 오는 일출의 아름다움을 깨어서 볼 수는 있다.

　그리스도교 수행에서 관상이란, 자리에 앉아서 모든 생명 안에 그리고 당신 안에 태양이 떠오르는 것에 동의하는 일이다. 그리스도교 관상에서 하느님 본성과 모든 실재의 본성은 삼위일체적으로 경험된다. 이는 로고스이자 그리스도인 성자가, 성부와 성자의 영원한 사랑 어린 교류인, 즉 성령의 움직임 안에서, 성령의 에너지 안에서, 아버지이신 성부께 끊임없이 자신을 증여하고 있음을 의미한다. 이 교류를 위해 당신이 할 수 있는 일은 아무것도 없다. 성자의 현존은 삼위일체 안에서 활동하며, 보이지 않는 자신의 근원에서 사랑으로 자기를 내어 준다. 왜냐하면 이것이 하느님 본성이기 때문이다. 관상 중에 이 내재하는 실재, 당신 존재의 가장 깊은 중심이자 바로 세상의 중심인 이 사랑의 선물을 깨닫게 된다. 관상 중에 하느님 자신(Godself)으로 발견되는 삼위일체적 하느님을 당신은 점차 의식하게 된다. 당신 안에서 활동하는 이 현존을 생성하거나 통제하기 위해 당신이 할 수 있는 일은 아무것도 없다. 비록 숨겨져 있지만, 이 현존은 하느님의 본성이어서, 생명으로 드러난 모든 것은 하느님의 이 본성이 반영되기 때문에 생겨난다. 당신은 의식적으로 하느님께 동의할 수 있다. 당신 안에서 활동하시는 하느님 현존에 승복함으로써 동의가 어떻게 깊어지는지 배울 수 있다.

당신 안에서 하느님을 체험하기 위해 당신이 할 수 있는 것은 아무것도 없지만, 신적인 사랑을 받는 것에, 이 신적 선물에 깨어나도록 '예'라고 동의할 수는 있다. 이 신적 사랑이 당신 의식 안으로 들어오도록 허용하고, 자아 축소 · 분리 · 무의식적 저항과 자기 고립적인 행동에서 오는 고통을 변화시키는 데 동의할 수 있다. 당신은 당신 안에 태양이 떠오르는 것에 깨어나서 하느님 자신의 모습으로 변화할 수 있다. 하느님의 아들이 하느님 사랑의 빛을 비추게 할 수 있고, 당신을 통해 성령이 조금 더 자유롭게 움직이도록 할 수 있다. 이것은 성자와 성령 둘 다, 자신의 보이지 않는 근원이신 성부께로 빛을 발하는 것이다.

삶과 죽음의 투쟁

영적 여정을 시작할 때 나는 깊이 있게 관상적 동의를 배웠고, 그 후에도 여러 번 관상적 동의를 다시 배우고 있다.

우리 가족은 믿음이 깊지 않았다. 하느님 이야기를 하거나 식사 기도도 하지 않았다. 나는 어렸을 때 딱 한 번 교회에 갔던 기억이 있다. 어머니가 하느님과 관계를 맺고 있다는 것은 알고 있었지만, 어머니는 당신 믿음을 드러내지 않았다. 아버지는 철학적 윤리에 따라 살았고, 제도 종교와는 별로 관련이 없었다.

내가 다섯 살 때, 어머니는 지하실 계단에서 넘어져 허리가 부러졌고, 그때부터 평생 견뎌야 할 고통을 끊임없이 겪기 시작했다. 그 일이 일어난 다음, 어떤 표현할 수 없는 실존적 컨테이너*가 내 어린 시절에 영향을 미치기 시작했다. 비록 물질적으로는 편안한 삶이었지만, 어머니처럼 훌륭한 분이 그렇게 큰 고통을 겪어야 한다면 그 삶에 무슨 의미가 있겠는가?

1969년, 자본과 과학 기술에 힘입어 인간이 달에 발을 내디뎠다. 11살이던 나는 달 위를 걷는 사람들을 텔레비전에서 보았다. 그해, 수년간 고통과 절망과 통증에 시달리던 어머니는 우리 집 차고에서 스스로 질식사를 택했다. 어머니의 지병과 자살은 내가 가진 삶의 작은 의미조차 산산조각 내 버렸기 때문에 '하느님은 존재하는가?'라는 질문도 나와 아무 상관 없고, 생각할 수도 없는 일이었다. 내 삶은 실존적 절망이라는 컨테이너 속에서 계속되었다. 그것은 실존에 대한 무언의 거부였고, 의미 없는 삶이었다.

나이가 들면서, 진리에 관한 탐구가 내 삶에 활력을 불어넣었다. 실존의 의미는 무엇이었을까? 내 삶의 목적은 무엇이었을까? 십 대였

---

* 떠올리고 싶지 않은 기억을 봉인한 상자.

을 때, 나는 학교에서 철학을 공부했고 인간 조건에 관한 것이라면 모조리 다 읽었다. 히피 세대는 끝났지만, 나는 여전히 섹스·마약·로큰롤 같은 히피 시대의 세속적인 상징들을 시도했다. 그러나 다른 사람들과 나누는 이런 경험들은, 나를 점점 더 고독과 자연 속으로, 시와 종교음악으로 몰아갔다. 그리고 '인위적으로 유도된 초월 명상'(감각적, 심리적으로 만들어 낸 가짜 고양 상태)에서는 멀어지게 했다. 나는 심리학, 특히 인간 경험의 초월적인 국면을 망라하며 최근 들어 부상한 초개인(transpersonal) 심리학에 집중했다. 낮에는 발달장애 아동들과 함께하는 그룹홈에서 일했고, 밤에는 캠퍼스 연구실에서 수면과 꿈을 연구했다. 어떻게 하면 내 소외감과 고통을 치유할 수 있을지, 삶의 환상에서 깨어날 수 있을지 알고 싶었다.

나는 이론에서 의미를 찾다가 수행을 통해 의미를 찾는 동양의 명상을 발견했다. 명상은 체험에 기반을 두고 있지만, 규칙적으로 명상을 하면 모든 체험과 그 체험이 발생하는 토대인 정체성과 의식구조가 변화한다는 것을 알게 되었다. 나는 잠시 힌두교와 불교의 명상 형태를 모두 시도한 후, 선불교 명상에 정착했다. 선禪은 특정 교리를 옹호하기보다 그때 내가 배운 대로, 내 직각直覺 체험과 고통의 완화를 다루었다. 선은 내게 완벽한 포스트모던적 영성이었고, 믿음을 넘어선 무형의 길이었다. 나는 불교적 실존주의자가 되었다. 종교의 엄격한 교리를 따르는 대신 나는 매일 두 시간씩 선 명상을 수행했다.

나는 대학을 졸업하고 박사과정을 밟는 대신 캘리포니아로 갔고, 그곳에 있는 한 공동체에서 어떤 스승과 함께 선 수행을 했다. 명상 중에 때로 나는 선 수행에서 들어 본 적이 없는 어떤 것을 체험했다.

비워진 내면 깊은 곳에서 어떤 존재가 일어났다. 그 존재는 나를 뚫고 들어와서 내 위를 감싸며, 나를 통과하여 지나갔다. 그리고 사랑 안에서 나를 끌어당겨 더 큰 자유로 이끌고 내 인성과의 더 깊은 접촉으로 이끌었다. 무엇인가 나를 어루만졌다. 그것은 이름을 알 수 없는 사랑의 손길이었으며, 보이지 않는 그 손길이 내 안에 숨어 있던 절망에 생명을 불어넣었다. 이대로 영원히 사라지고 싶다(spiritual annihilation)* 는 숨은 욕망 안으로 생명을 불어넣었다. 이 손길이 내 명상에 영향을 미쳤고, 불교 수행의 핵심이자 척도인, 부족한 나의 연민에도 생명을 불어넣었다. 이 존재가 임할 때 나는 어떻게 해야 할지 알 필요가 없었다. 나중에야 의문이 들었다. 그 존재는 동양의 상징이나 방식이 아니라, 그리스도교 상징이나 방식과 관련이 있었기 때문이다. 나는 그리스도교인으로 자라지 않았기 때문에 궁금한 게 많았다. 의미를 찾기 위한 젊은이의 사활을 건 투쟁이라는 아주 절박한 마음으로 질문을 던졌다.

　나의 탐구는 동양에서 서양으로 방향이 바뀌었다. 새로운 책을 읽으면서, 불교 명상에 해당하는 **그리스도교 명상**을 **관상** 또는 **관상기도**라고 부른다는 것을 알게 되었다. 나는 그리스도교에 대해 아주 조금 알고 있을 뿐이어서, 토마스 머튼과 같은 작가의 작품에서 읽은 **기도문**을 들어 본 적이 없었다.

　나는 즉시 머튼이 도움이 된다는 것을 알았다. 나처럼 머튼도 젊었을 때 인간 조건이라는 고통 속에서 절박하게 자유와 진리를 찾아

---

* 단순한 소멸이 아니라 존재를 지우고 싶다는 깊은 절망의 표현.

나섰다. 머튼도 어렸을 때 부모님을 여의었다. 기숙학교에 다녔고, 그 후 대학교에 들어갔다. 처음에는 케임브리지 대학교를, 다음에는 컬럼비아 대학교를 다녔다. 젊은 시절 머튼은 영국과 뉴욕에서 방탕한 생활을 했다. 여행 중인 힌두교 스와미와 친구가 되었고, 공산주의에 빠지기도 했으며, 한 소녀를 임신시켰다. 그 소녀는 제2차 세계대전 중 런던이 폭격당할 때 세상을 떠났다. 그 후 머튼은 영적 위기를 겪었고 또한 그리스도 체험에 감동했다. 결국, 가톨릭으로 개종했고 트라피스트 수도승이 되었다. 수도원 장상들은 머튼에게 작가로서의 재능을 사용하라고 명령했다. 머튼의 자서전은 베스트셀러가 되었고, 머튼의 여러 작품들이 영성의 고전이 되었다. 머튼의 말과 삶은 내가 공감했던 신에 관한 인간적인 탐구를 매우 잘 구체화했다.

머튼은 내가 체험했던 것을 명료하게 표현하는 능력이 있었다. 기도를 설명해 달라는 요청을 받았을 때, 머튼은 다음과 같이 썼다.

간단히 말해서, 내 기도 방식은 매우 단순하다. 그것은 전적으로 하느님 현존에 초점을 맞추는 것이다. … 만약 여전히 나 자신으로만 존재한다면, 이것을 장애물로 인식할 것이다. 만약 그분이 원하신다면, 無를 완전히 명료한 것으로 만들 수 있다. 만일 그분이 원하지 않으시면, 실제로 無 그 자체가 대상처럼 보이고 장애물로 남아 있을 수 있다. 바로 이것이 평소 나의 기도 방식이다. 그것은 보이지 않는 존재의 얼굴을 직접 보는 것 외에는 아무것도 생각하지 않는 것으로, 보이지 않는 그분 안에서 우리 자신을 잃어버리지 않고는 찾

을 수 없는 것이다.[2]

내 독서 범위의 폭이 넓어지면서, 머튼이 특이한 경험을 글로 쓴 것이 아니라, 그리스도교 관상의 핵심을 표현하고 있음을 알게 되었다. 말로 표현할 수 없는 신비이신 하느님과의 관계인 관상은 내게 실재적인 어떤 것이었으므로 이해할 수 있었다. 그리스도교 관상의 메시지는 내 체험뿐 아니라 내 마음에도 호소하기 시작했다. 그것은 나를 발견하셨던, 이 살아 계신 현존인 그리스도에 대한 이해였다. 내 안에서 그 자체를 발견하고 있는 것은 바로 이 신비였다. 이전에 나의 탐색을 일깨운 것도 이 하느님이셨고, 나의 탐색 행위 그 자체가 바로 이 하느님이셨다. 내가 선 수행을 하는 동안 내 마음은 텅 비어 있었는데, 이 수용적인 공간에 그리스도의 현존과 활동, 하느님의 사랑과 생명이 들어왔다.

  나는 한동안 교황의 권위와 십자군 운동, 성직주의와 근본주의, 독신주의와 이원론에 대해 궁금해하며 허우적거렸다. 그러나 나는 하느님과 살아 있는 관계로서의 믿음에는 탐구와 승복이 모두 수반된다는 것을 알았다. 나의 내면은 고뇌로 가득했다. 의문들과 혼란으로 괴로워하며 샌프란시스코만을 산책하던 어느 날 밤, 내 안에서 미지의 세계에 대한 근본적인 동의가 깨어났다. 이 신비는 내가 초대하지도 않았고 원하지도 않았는데, 사랑으로 내 삶에 들어왔다. 그 당시에는 로마가톨릭교회에서, 특히 수도승 생활에서 서구 그리스도교의 관상 체험을 보존해 왔기 때문에, 1981년 부활 전야에 가톨릭 신자가 됨으로써, 나는 하느님께 응답했다. 머튼처럼 나도 의미를 찾았다. 내 이해를 뛰어넘는 진리에 의해, 나는 발견되었다. 머튼처럼 나도 동의하기로 마음을 바꿨다. 그리스도교로 개종한 후, 나의 일상적인 수행은 선 명상에서 향심기도로 바뀌었다.

재회심: 동의의 지속적인 실천

그리스도교 관상 전통은 하느님 현존이 인생 여정에서 당신을 변화시키기 위해 평생 당신 안에서 활동한다는 것을 확증한다. 단 한 번의 회심이나 다시 태어나는 경험을 하는 게 아니라, 하느님 신비에 동의하는 수행을 계속할 필요가 있다. 향심기도는 계속해서 동의를 수행하는 방법을 제공한다. 내가 종교적 개종을 할 당시, 그리스도교의 향심기도는 로마가톨릭 수도원 밖에서 막 가르치기 시작하고 있었다. 향심기도에 관한 그 첫 번째 책들을 읽으면서, 일상생활에서 지속적인 수행의 필요성을 강조하고, 그 수행 방법을 보여 준 그리스도교의 전통을 발견한 것에 대해 감사했다.

향심기도에서는 당신이 하느님 현존과 활동에 동의한다. 관상에서는 하느님 현존이 당신 안에서 활동한다. 수행 안에서의 동의는 점차 하느님의 받아들임(God's yes)으로 충만해진다. 토마스 키팅은 이렇게 말한다.

> 향심기도 시간 동안 우리가 취하는 유일한 주도권은, 당신 안에서 하느님 현존과 활동에 동의하는 지향을 유지하는 것이다. 이것은 우리가 어떤 생각·느낌·신체적 감각을 생각하

는 것에 사로잡혀 있음을 알아차릴 때, 부드럽게 거룩한 단어로 돌아가는 것이다.[3]

향심기도에 관한 이 설명은 동의라는 능동적인 관상 태도를 구체화한다. 동의는 능동적 태도다. 왜냐하면, 동의는 당신이 하는 일이고, 당신이 취하는 활동이기 때문이다. 결혼이라는 행위가 결혼식에서 표현한 지향을 거룩한 실천으로 삶에 가져오듯이, 하느님 신비에 동의하는 매일의 능동적인 수행은 하느님을 사랑한다는 지향을 삶으로 가져온다.

나는 능동적인 수행과 훈련을 통해 관상의 길에 내 삶을 바침으로써, 체험 안에서 하느님의 어루만지시는 손길을 느끼는 것과 그 손길에 응답하는 것에는 엄청난 차이가 있음을 알게 되었다. 연인의 키스는 로맨틱한 멋진 경험이다. 하지만 키스는 어디로 이어질까? 키스가 헌신적인 관계로 발전하는 것처럼, 낭만적 사랑의 원천으로써 깨닫는 하느님의 손길은, 사랑하는 분 하느님 안에서 변화로의 초대이다. 관상 수행은 당신을 모든 사랑의 근원과 연결해 준다. 관상에서 변화의 길은 체험의 원천이자 체험이 일어나게 하는 원천인 사랑하는 그분에 대한 동의를 통해서이다.

관상 중에 활동하시는 하느님의 현존

관상 여정의 초기에는, 하느님과 분리되어 있다는 감각이 사고 과정에 대한 집착으로 강화된다. 따라서 관상 수행의 모든 좋은 시작은 지적 사고 작용에 대한 집착을 넘어 하느님께 동의하는 것을 수반한다. 그러나 토마스 머튼과 같은 그리스도교의 대가들은 자력으로 행하는 당신 자신의 활동보다 관상에는 훨씬 더 많은 것이 그 자체 안에 있다고 확신한다. 앞에서 인용했던 머튼의 구절을 좀 더 상세히 인용한다.

> 마음에서 모든 생각과 모든 욕망을 비우는 데 성공한다면, 당신 자신의 중심으로 들어가서 당신 생명이 하느님에게서 샘솟는 상상으로만 존재하는 그곳에 당신의 모든 것을 집중할 수 있을 것이다. 그러나 딱히 하느님을 발견하지는 못할 것이다. … 하느님께서 당신 안에서 말씀하시지 않는 한 … 당신 영혼의 중심에서 하느님이 하느님 자신의 이름을 말씀하시지 않는 한 … 우리가 하느님을 발견하는 것은, 어떤 면에서 하느님이 우리를 발견하는 것이다. … 우리가 하느님을 아는 것은 우리가 하느님에 의해 알려지는 범위 내에서일 뿐이다. … 하느님께서 우리 안에서 하느님 자신을 발견하실 때 우리는 관상가가 된다.[4]

젊었을 때, 선 수행은 마음속 생각을 놓아 버릴 수 있도록 나를 도와주었다. 이 상태에서, 선 수행을 하는 사람은 불교 명상의 더 깊은 선물에 마음을 열 것이다. 그러나 그리스도교 관상이 내 길이었기 때문에, 마음속 생각을 놓아도 하느님을 발견할 수 없었다. 나는 나만의 영적인 길로 인도되었다. 하느님 현존이 내 안에서 활동할 때, 나는 하느님에 의해 발견되었다. 몇 년 동안, 나의 계속되는 영적 여정은 그 진실을 겸손하게 다시 배우는 시간이었다. 그것은 내가 겪은 최초의 회심 체험과 관련이 있었다.

성경에서 바오로는 머튼이 말한 것보다 훨씬 더 단순하게 '우리 안에서 기도하시는 분은 성령이시다'(로마 8,26)라고 말한다. 내재하시는 하느님 현존은 우리 안에서 기도하시고, 우리의 기도자로서 우리의 기도 안에서 우리 안에서 활동하신다. 기도하면서 하느님께 동의하고, 하느님과 관계 맺기 위한 모든 노력은, 어떤 의미에서는 당신이 이미 하느님 안에 있다는 사실에 깨어나기 위한 준비일 뿐이다. 관상 수행에서 당신이 하는 모든 것은, 당신 안에서 성령이 움직이시고 있다는 사실에 깨어나기 위한 준비일 뿐이라는 것을 알게 될 때, 그때 당신은 더 큰 자유로 나아간다. 관상의 가장 깊은 깨달음은 이원적이지 않다. 당신은 하느님과 분리되어 하느님을 찾고 있는 것이 아니다. 하느님은 당신 안에 현존하시며 당신의 모든 삶에서 활동하신다.

그러므로 **당신의 기도와 삶 속에서 활동하시는 하느님 현존에 대한 수용성**은, 동의라는 능동적인 관상 태도를 수반하는 더 깊은 태도다. 이처럼 당신 안에서 활동하시는 하느님 현존에 동의하는 보다 수용적인 관상 태도는 관상 수행을 완성하는 데 매우 중요하다. 이러한 수용적인 태도 속에서 당신 자신이 동의하는 것처럼 느낄 수 있는, 하느님께 동의하는 보다 능동적인 관상 태도는 내재하시는 하느님 본성과 결합한다.

삼위일체적 예형론*이라는 신학적 가르침은 하느님의 삼위일체

---

*   성 보나벤투라의 삼위일체론에서 시작된 삼위일체적 예형론(Trinitarian Exemplarism)

본성이, 우리 존재의 근본으로서 우리 안에 내재하심을 확인시켜 준다. 아빠, 보이지 않는 생명의 근원인 성부는 영원한 침묵에서 생명으로 발화된 현시顯示적인 말씀인, 로고스, 성자에게, 성령의 사랑과 빛과 생명 속에서 자신을 준다. 로고스 성자가 성령 안에서 자신을 아빠이신 성부께 돌려드릴 때, 자기 증여의 사랑으로 활동하시는 신적 현존의 영원한 순환이 모든 실재의 중심에서 반향한다. 이와 같은 순환은 당신 존재의 깊은 곳에서 울려 퍼진다. 관상은 이러한 비밀스러운 깊이를 당신 안에서 활성화한다. 하느님의 생명이 당신 안에서 의식화됨에 따라 자아 수축의 행동*은 하느님 자기 증여의 사랑 속으로 나아가고, 점차 해방되어 당신의 고유한 재능과 삶의 상황에 적합하게 그리고 단순하며 평범한 방식으로 자유로워진다.

삶 안에서 활동하시는 신적 현존에 동의하기

당신은 기도하는 동안 **당신 안에서 활동하시는 하느님 현존에 능동적인 동의와 수용**의 관상 태도를 수행할 수 있다. 또한 생활 속에서도 그것들을 수행할 수 있다. 토마스 머튼의 인생 이야기는 이런 관상적

은 이 세상 창조 원리에 대해 말한다. 세상을 창조한 신적 지혜는 다양한 이름을 지니지만 그 중 하나가 예형(exemplar)이다. 모든 피조물은 말씀(Word)을 예형으로 하여 창조되었기에 삼위일체 하느님을 드러낸다. 이성을 지닌 인간은 하느님 모상을, 영적 존재인 천사는 하느님의 유사함을, 모든 피조물은 하느님 흔적을 드러낸다. 그래서 모든 피조물은 삼위일체 하느님을 드러내는 거울이며 표지다. 하느님이 창조를 통해 당신의 선과 사랑을 드러내시는 것처럼, 피조물도 사랑과 봉사의 삶을 통해 자신의 창조주를 드러내야 할 것이다.

* 끊임없이 자기 생각만 붙잡는 행동.

태도가 기도와 삶에서 어떻게 나타나는지 보여 주는 훌륭한 예화다.

젊은 시절, 머튼은 인간 사회를 떠나 봉쇄수도원이라는 격리된 세계로 향했다. 그곳에서 하느님과 함께 기도하는 삶을 추구할 수 있다고 느꼈다. 머튼은 처음 수도원에 들어갔을 때는 글쓰기를 포기했다. 작가의 자부심을 두려워했기 때문이다. 대신 하느님 신비에 대한 순수한 동의 안에서, 기도와 단순한 육체노동에 전념하는 수도승의 삶에 자신을 봉헌했다.

그런데 수도원장은 머튼에게 글 쓰는 재능을 사용하라고 말했다. 머튼은 깜짝 놀랐다. 그러나 수도원장에 대한 순명과 수도 생활 규칙 때문에 머튼은 동의했다. 그의 첫 책인 자서전의 집필은 머튼의 자기중심성(egotism)*에 대한 두려움을 자극했다. 자아에 사로잡히지 않고 자기 이야기를 1인칭 언어로 말할 수 있을까? 머튼이 첫 번째 책과 그 후에 나온 많은 책을 쓸 수 있었던 것은, 동의하는 관상 태도의 수행 방식 때문이라고 나는 믿는다. 머튼이 순명 서원을 할 때 하느님 신비가 그와 함께했다. 기도 중에 하느님 현존과 활동에 동의하는 내적 수행은, 머튼의 삶에서 외적으로 하느님 현존과 활동에 동의하는 환경을 조성하는 데 도움이 되었다. 머튼의 집필 작업은 왕성했고, 첫 책인 『칠층산』은 최고의 베스트셀러가 되어 날개 돋친 듯이 팔려 나갔다. 머튼은 자신의 글에 자부심을 느꼈지만, 관상 수행 덕분에 하느님과 함께하는 삶에 방해가 되지는 않았다. 순명의 실천에서 비롯한 작가로서의 소명은, 관상가라는 소명의 표현이 되었다.

---

* 자신의 행동에 대한 타인의 반응을 지나치게 의식하고 집착하는 것.

그 후 수도원에서 16년을 보내는 동안, 머튼이 기도와 수도 생활에 관해 출판한 책들은 베스트셀러가 되었다. 머튼은 기도하는 내적 삶과 작가라는 외적 삶이 완전히 뒤바뀌었다. 그 세월 동안, 머튼의 관상기도는 하느님 현존을 더욱 수용하게 되었다. 그때부터 한 인간으로서 머튼의 외적 삶은 그의 저술에 근본적인 영향을 미친 어떤 계시 동안 그리고 그 안에서 활동하시는 하느님 현존에 열린 마음을 갖게 되었다. 1958년 머튼은 일기에 다음과 같이 썼다.

> 어제, 루이빌 4번가와 월넛가가 만나는 모퉁이에서, 나는 갑자기 모든 사람을 사랑한다는 것을 깨달았다. 그들 중 낯선 사람은 단 한 사람도 없었고, 낯설 수도 없다는 사실을 깨달았다. 마치 분리라는 착각에서 깨어나는 것처럼, 꿈에서 깨어난 것 같았다. … 하느님 감사합니다! 하느님 감사합니다! 나는 인류 구성원 가운데 한 사람일 뿐이며, 다른 모든 사람도 마찬가지다. 나는 인간 존재라는 사실에 엄청난 기쁨을 느꼈다. 마치 우리 인간 조건이 갖는 슬픔이 아주 중요하듯이, 우리의 정체성과 우리의 본질을 깨닫기 시작한다면 그 기쁨은 엄청날 것이다. … 사랑하는 프로버브 … 어제의 우리 만남을 나는 결코 잊지 못할 것입니다. 당신의 어루만지는 손길이 나를 온전히 다른 사람으로 만듭니다.[5]

머튼이 하느님에 대한 성숙한 인식의 변화를 가져온 것과 자신과 삶에 대한 인식의 변화를 경험하게 된 건, 수도원 회랑이 아니라 바로 번화한 거리 모퉁이에서였다. 머튼이 사회를 떠나, 여성과의 관계를 떠나, 그리고 인간성의 많은 부분을 떠나 있었어도 그는 이 모든 것 안에서 충만히 살아 움직이시며 활동하시는 하느님 현존을 경험했다. 머튼의 삶은 다시는 예전 같지 않았다. 1958년 그 번화한 길모퉁이에서 자신 앞에 놓인 변화를 자기 것으로 받아들이는 데는 몇 년이 걸렸다. 8년 후 출판된 책에서, 머튼은 이 체험에 대해 다시 이야기했다. 그러나 그 체험의 큰 충격에 대해 머튼이 언급한 것은 바로 루이빌에서의 경험, 그다음 날 기록해 놓은 것으로, 사후 수십 년 후 출판된 일기에서다. 특히 두드러진 것은 머튼이 '프로버브'proverb라고 이름 붙인 내적 체험과 거리에서 보았던 여인들의 모습에서, 이 신적 여성성이 하느님께 다시 회심하는 데 영향을 미쳤음을 암시한다.

1950년대 후반까지 머튼의 책들은 수도승 생활과 관상이라는 고상한 영성에 국한되었다. 4번가와 월넛가가 만나는 곳에서의 체험 이후, 머튼의 글에는 변화가 있었다. 은둔지의 깊은 고독에서 나와 이제 머튼은 인종차별·핵 군비 경쟁·빈곤·베트남 전쟁·종교 간 대화와 같은 세계의 중대사에 열정적으로 참여하게 되었다. 머튼은 이러한 관심을 글로 표현했다. 머튼은 봉쇄수도원에 관한 집필 생활로 돌아갈 수 없었다.

나는 머튼이 내적으로 성숙해진 체험 때문에 글에도 변화가 있었다고 생각한다. 머튼의 하느님 체험은 더욱 깊어졌다. 그 길모퉁이의 깨달음이 그의 삶으로 세상에 나타나기 시작했다. 전에는 머튼의 글이 수도원 순명 서원이라는 신비 안에서 하느님 현존과 활동에 동의하는 능동적인 관상 태도의 표현이었다면, 이제 머튼의 글은 그의 내면에서 그리고 루이빌 거리 모퉁이에서 그의 마음을 적극적으로 열어 놓은, 세상의 긴급한 사안 안에서 활동하시는 하느님 현존의 표현이었다.

사실 일부 독자들과 장상들은 머튼이 다시 수도승 생활에 관해 글을 쓰기를 원했다. 그러나 머튼이 수도승 생활에 관해 쓸 수 있게 해 주었던 그 관계는 신적 침묵의 근원에서 나오는 것으로, 바로 그 관계가 인간 삶의 긴급한 사안들에 관한 글을 쓸 수 있게 해 주었다. 하느님과 관상에 대한 머튼의 헌신은 여전했다. 이는 동의라는 능동적인 관상 태도를 통해 더 심오한 태도로 깊어졌다. 그리고 더 깊어진 동의의 태도는 그의 기도와 삶에서 활동하시는 하느님 현존을 받아들였다.

관상기도에서 당신 자신이 동의하고 동의가 이루어지도록 하는 이런 태도들을 인식하고 수행할 때, 기도 밖의 삶에서도 더 쉽게 그 태도들이 표현된다. 그러면 당신 안에서 활동하시는 하느님 현존의 표현으로서, 자비와 사랑이 당신을 통해 드러난다. 그 자비와 사랑은 평범하고, 고유하고, 눈부시고, 숨겨진 것들을 위한 보다 더 개방적인 전달 수단이 된다. 하느님의 신비는 고독을 통해 삶으로 이어진다. 감사하게도, 여성성에 의해 활기를 띠고, 삼위일체 안에서 기쁨으로 빛나면서, 모든 현시적인 생명과 분리할 수 없음을 나는 성령과의 만남을 통해 배웠다.

계속되는 하느님 성령의 움직임에 저항하기는 어렵다. 하느님 현존과 활동에 동의하는 능동적 관상 태도와 내 안에서 그리고 모든 삶 안에서 작용하시는 하느님 현존에 동의하는 수용적 태도를 수행하면,

당신은 큰 자유 속으로 들어가게 된다. 하느님은 당신과 만물 안에서 하느님 자신을 발견하고, 당신은 기도와 삶의 모든 것 안에서 관상하는 사람이 된다.

성찰 예문

잠시 멈추고 침묵 속에서 다음을 숙고해 보자.
- 당신은 하느님께 어떻게 말씀드리고, 또는 어떻게 '예'라고 동의하는가?
- 당신은 언제 하느님이 당신 안에서 동의하시는 것을 알았는가?

10장

마음을 여는 것과 알아차림

관상기도 수행을 통해 당신 안에 계시는 신적 본성에 더 일치하도록 하느님은 당신을 어떻게 도와주시는가? 향심기도는 어떻게 관상으로 더 깊이 들어가는가? 당신은 어떻게 내적 장애물인 노력·애씀·산만함·정서적 혼란을 넘어 하느님 은총과 선물로 나아갈 수 있는가? 이 질문들에 대한 답은 장애물을 넘어서는 데 있는 것이 아니라, 그 장애물 가운데에서 하느님을 찾고 하느님 안에서 그 장애물을 알아 가는 데 있다. 관상 수행에서 이 장애물들은 당신 활동이 하느님과 분리되어 있을 때만 문제가 되고, 더 정확하게는 하느님이 당신 수행과 당신에게서 분리되어 있다고 느낄 때만 문제가 된다. 히포의 아우구스티누스는 하느님은 우리 자신보다 우리에게 더 가까이 계신다고 했다. 관상기도는 가까이 계신 하느님께 당신의 마음을 '열게' 하고, 하느님께서 가까이 계심을 '알아차리게' 한다. 하느님은 당신 자신과 삶에서 그리고 다른 사람들에게서 당신을 가로막는 내적인 장애물을 넘어서, 그 사이에 그리고 바로 그 아래 계신다.

'마음을 여는 것'은 향심기도가 깊어져 관상이 되게 하는 능동적인 관상 태도다. 이것과 짝을 이루는 것이 '알아차림'이라는 관상 태도다. 더 나아가 이 책에 묘사된, 좀 더 섬세한 나머지 관상 태도들은 마음을 여는 것과 알아차림이라는 기초 위에 세워져 훨씬 더 넓은 수용성이 생긴다.

마음을 '연다는 것'은 '묶인 것을 푸는 것이고, 접은 것을 펴는 것이며, 드러내는 것이고, 받아들이는 것'을 의미한다. 관상은 하느님의 실재實在를 받아들이는 것이다. '알아차림'은 '의식하고, 인정하며, 깨닫는 것'을 의미한다. 하느님이라는 실재에 마음을 열 때, 당신은 이미 거기에 항상 있었던 것이지만, 미처 의식하지 못했던 어떤 것을 **알아차린다**. 실재가 갑자기 드러난다. 당신은 분명하게 **보기** 시작한다. 아마 처음으로 분명하게 볼 것이다. 관상은 하나의 선물에 그저 단순히 당신 마음을 여는 것이다. 하느님은 끊임없이 자신을 내어 주시는 현존이시고 언제나 베풀어지는 은총으로서, 우리가 모든 것 안에서 언제나 알아차리도록 초대하신다. 향심기도 수행에서 마음을 여는 것과 알아차림이라는 관상 태도가 스며들수록, 관상 수행 중에 하는 활동들이 어떻게 하느님에게서 나와 하느님께로 돌아가는지 깨닫게 된다.

이런 관상 태도가 어떤 모습일지, 한 사람의 인격으로 명백히 나타날 때 어떤 모습일지 당신은 궁금할 수도 있다. 성령은 때때로 하느님 자신의 어떤 본성을 드러내기 위해 사람들을 통해 일하신다. 인생의 사건들, 심지어 하루 중 가장 평범한 순간조차 은총을 받기 위해 당신 마음을 여는 것이다. 나는 삶에서 마음을 여는 것과 알아차림이라는 관상 태도를 생생히 표현하는 몇 가지 이야기를 나누고 싶다.

열려 있음의 상징(Icon)

나는 처음으로 뉴멕시코 북부에 있는 라마 재단에서 2주간 집중 피정을 하면서 토마스 키팅 신부와 긴 시간을 보냈다. 이 피정 센터와 다종교 공동체는 리오그란테 계곡의 비탈진 암석 대지와 협곡을 내려다보는 상그레 데 크리스토산맥 서쪽 경사면에 자리 잡고 있었다. 토마스 신부의 그리스도교 관상 여정 강의를 듣기 위해 전국에서 열두 명이 모였다. 물론 우리는 강의뿐 아니라 향심기도 수행에 많은 시간을 할애했다.

피정이 시작되자, 토마스 신부는 활짝 웃으며 품위 있는 환대로 우리를 맞이했다. 피정이 진행되면서, 우리는 토마스의 몸에 밴 인내와 그 관대한 인품에 깊은 인상을 받았다. 우리 모두에 대한 토마스의 반응은 매우 수용적이었다. 하지만 토마스 신부에게는 단순한 인내 그 이상의 것이 있었다. 토마스는 우리 기도에 대한 경험과 생각, 그의 가르침과 맥이 통하는 우리 각자의 방식과 각자가 직면한 장애물에 깊이 귀 기울였다. 그런 깊은 경청을 통해, 토마스는 우리 각자의 개성에 대해 어느 정도 알았다. 토마스 신부는 바로 자신의 존재 깊은 곳에서부터 모든 것에 열려 있었다. 그리스도 안에서 마음의 중심을 잃지 않는 태도로 우리가 살아온 이야기와 영적 갈등들과 기도하려는 우리의 노력에 마음을 열었다. 그렇게 함으로써 토마스는 우리를 받아들였다.

피정이 계속되면서, 나는 토마스 신부의 마음과 영이 마치 산 위에서 우리를 에워싸고 있는 하늘 같음을 보았다. 광활한 하늘에는 구름이 피어오르다가 사라졌다. 해와 달과 별들이 매일 그 하늘을 지나갔다. 이따금 번개가 치고, 비도 내렸다가 그치곤 했다. 하지만 끝없이 펼쳐진 하늘은 모든 것에 열려 있는 채, 모든 것을 받아들이고 모든 것이 지나가게 하면서 그냥 그대로 있을 뿐이었다. 토마스 신부의 영혼이 그와 같았다. 관상에 대한 수십 년에 걸친 그의 헌신은 자신이 가진 선물을 통해, 하느님 본성의 어떤 것을 경험할 수 있는 분위기를 불러일으켰다. 하느님의 본성은 토마스를 통해, 그의 천부적인 은사를 통해, 그의 인성을 통해 드러났다. 토마스 신부의 인품과 뉴멕시코 사막의 하늘이 빚어내는 분위기 속에서, 나는 훨씬 더 깊이 기도할 수 있다는 것을 알게 되었다.

열린 두 손

관상은 부활하신 그리스도의 생명에 당신을 눈뜨게 한다. 그리스도는 생각의 대상이 아니라, 당신 안에, 당신을 넘어, 당신을 감싸안는 항상 실존하는 실재이시다. 이러한 형태의 기도는 하느님 존재 안에 깊이 잠기는 것이다. 토마스 키팅은 다음과 같이 말한다.

> 성 토마스 아퀴나스는, 하느님은 절대적 존재이시기에 존재하는 모든 것에 현존하신다고 가르쳤다. 하느님이 모든 곳에 현존하시면, 어떤 상황에서도 우리를 하느님에게서 결코 분리할 수 없다는 결론에 이르게 된다. 우리가 어떻게 느끼고 생각하든, 사실상 우리가 아무리 노력한다 해도 결코 우리는

하느님에게서 떨어질 수 없다.[1]

그 안에 모든 것을 품고 있는 사막의 하늘처럼, 오랫동안 관상을 수행한 사람의 마음처럼 하느님은 열려 있으며 수용적인 모든 것의 바탕이시다. 하느님은 열려 있는 채로 모든 생명과 모든 죽음, 모든 기쁨, 모든 고통, 그리고 거룩하고 신성하게 보이는 모든 것과 유한하고 인간적으로 보이는 모든 것, 즉 모든 것을 모두 받아들이는 바탕이시다.

마음을 여는 것은 하느님과의 관계를 위한 근본적인 관상 태도다. 당신은 이미 지금 항상 여기 계시는, 내재하시는 하느님 현존과 생명의 선물에 열려 있다. 어떻게 이 일을 할 것인지는, 당신에게 끌리는 구체적 관상 수행에 달려 있다. 그리스도교 전통 안에 있는 모든 관상 수행은 항상 현존하시는 하느님 생명의 선물에 열려 있는 태도를 형성한다. 향심기도의 기본 지침은 하느님께 자신을 여는 과정으로 시작한다. 그리고 하나의 생각에 사로잡혀 있음을 알아차릴 때, 당신이 선택한 거룩한 상징으로 부드럽게 돌아가는 수행은 당신이 마음을 여는 길이다.

당신이 손을 벌려야 누군가 주는 선물을 받을 수 있다. 하느님은 많은 선물을 주신다. 믿음·사랑·다른 사람을 섬기는 힘·기도하는 힘도 주신다. 인생은 그 자체가 선물이다. 하지만 모든 것 중에서 가장 위대한 선물은 하느님이시다. 관상 수행은 삶과 현재의 순간에 '열려 있는 손과 같은 마음가짐'을 길러 주어, 당신이 상상할 수 있는 최고의 선물을 포함하여, 하느님께서 당신에게 쏟아부어 주시는 모든 좋은 선물을 받을 수 있다. 그 선물은 내재하시는 하느님 현존을 비롯하여 당신이 지향하는, 그리고 관상 여정이 진보함에 따라 새롭게 지향하는 영원한 선물이다.

    삶 안에서는 특별한 선물들이 오고 간다. 당신은 또한 대처하기 힘든 일에도 마음을 열도록 초대받았다. 당신이 영적 어두움 속에 있는 동안, 당신 안에서 활동하시는 심오한 하느님 현존 외에는 다른 어떤 특별한 영적 체험이나 가시적 선물을 추구하지 않도록 도전받는다. 최고의 영적 선물인 하느님을 받아들이는 것에 당신 마음을 맞춤으로써, 당신은 관상 여정에 확고하게 뿌리내리게 되고 모든 것을 선물로 받아들일 수 있을 만큼 활짝 열려 있게 된다. 두 손을 펴고 있는 모습은 영적 여정에 매우 적합한 이미지다. 두 손을 편 채 모든 것을 자유롭게 받을 수 있다. 열린 손으로 모든 것을 기꺼이 놓아 버리기도 한다. 모든 것에 열려 있고, 모든 것을 놓아 버림으로써, 당신은 하느님이라는 최고의 선물을 받는다. 하느님은 삶의 모든 것이 비롯되고, 죽을 때는 모든 것이 돌아가는 숨겨진 바탕이시다.

삶의 모든 것 안에서 하느님을 알아차림

뉴멕시코에서 토마스 신부와 함께했던 2주간의 피정 경험은 '마음을 여는' 수행이었다. 관상 피정의 특별한 조건인 침묵・집중적인 관상 수행・공동체의 지원・영적 가르침들은 모두 받아들임을 촉진하기 위해 고안된 것이다. 그것은 효과적이었다. 뉴멕시코 북부의 광활한 곳에서 보낸 그 2주 동안, 나는 아주 깊이 하느님께 나 자신을 열었다. 이제 나의 삶은 결코 이전과 같지 않았다. 사막 하늘의 광활함과 토마스 신부의 존재가 나에게 엄청난 선물이었다.

캘리포니아에 있는 집으로 돌아왔을 때, 그 피정의 특별한 조건을 갈망하는 나 자신을 발견했다. 내 작은 아파트의 단조로움과 소음과 도시 풍경의 어수선함, 그리고 내가 만나는 사람들은 나를 지지하기보다 나를 지치게 했다. 내가 피정에서 발견하고 수행한 것에 대해, 모든 것이 내 힘과 마음을 차단하는 것처럼 보였다. 피정에서 돌아와 직장에 복귀한 첫날, 아파트를 나서면서 나는 마음이 답답하면서 위축되었다. 콘크리트 빌딩 사이로 보이는 하늘은 잿빛이었고, 매연으로 자욱했다. 나의 존재가 힘겨움으로 짓눌렸다.

집에 돌아와 그렇게 이틀이 지나고 일터를 향해 길을 걷고 있을 때, 갑자기 구름 낀 하늘을 뚫고 나오는 한 줄기 빛을 보았다. 나는 조용히 멈춰 서서 그저 숨을 쉬었다. 그저 내 안에 이미 존재하며 숨 쉬고 있는 나 자신의 숨을 경험하자, 거리는 어떤 빛나는 영적 존재와 함께 내면에서 환하게 빛나기 시작했다. 나를 짓누르던 중압감이 사라졌다. 자유가 찾아왔다. 그 짧은 순간, 피정에서 길러진 내 안의 아주 깊은 곳에 있는 무엇이 터져 나오면서, 일상의 모든 것(소음·지지받지 못하는 느낌·생기 없음)이 **하느님 안에** 있다는 것을 즉시 '알아차릴' 수 있었다. 내 호흡이 피정할 때뿐 아니라 도시 생활에서도 언제나 나와 함께 한다는 사실을 깨달으면서, 내 마음과 가슴은 모든 것을 품을 수 있을 정도로 깊은 차원에서 활짝 열렸다. 그 순간, 하느님을 받아들이기 위해 특별한 조건이 필요하지 않았다. 하지만 동시에, 집중 피정 수행을 통해 내 안에 본질적인 어떤 것이 자리 잡았다는 사실도 깨달았다. 나에게는 피정이 필요했지만, 피정의 목적은 내가 일상생활에서 하느님을 발견하도록 돕는 것이었다. 이 섬광 같은 '알아차림' 속에서, 나는 삶의 모든 것이 하느님 안에 있음을 이해할 수 있었다.

나는 T. S. 엘리엇의 관상 시 중 하나인 「리틀 기딩」(Little Gidding)에서 널리 알려진 한 구절이 생각났다.

우리는 탐험을 멈추지 않으리라.
그러면 우리의 모든 탐험의 끝에
우리가 출발했던 곳에 도착할 것이며,
처음으로 그 장소를 알게 되리라.[2]

그곳 우중충한 잿빛 아침 칙칙한 그 도시의 거리에서, 나의 호흡을 알아차린 것처럼, 나는 모든 것이 이미 하느님 안에 있음을 깨달았다. 관상의 개방성을 불러일으키는 특별한 상태든, 관상과 아주 분리된 것처럼 보이는 다른 모든 것이든 모두 다 하느님 안에 있음을 깨달았다. 은총과 일상의 삶은 분리되지 않았고, 그것을 받아들이기 위해 특별한 건 아무것도 없었다. 모든 것은 이미 하느님 안에 있었다.

마음을 여는 능동적 태도에서, 보다 수용적인 알아차림의 태도로

하느님이 주시는 선물과 최상의 선물이신 하느님 현존에, 당신의 손과 마음과 가슴을 여는 수행을 능동적으로 할 수 있다. 하지만 두 손을 벌리는 행위는, 부족한 무언가를 얻기 위해 공간을 만드는 움직임이라는 점에 주목하라. 당신이 놓아 버리기 위해 어떤 것을 하면, 갖고 있지 않은 무엇을 받는다. 한동안 관상의 길에 있었다면, 기도 중에 일어난 어떤 일을 말로 설명하기에는 마음을 여는 일이 너무 능동적인 태도임을 알 수 있다. **가장 깊은 관상적 진실은 이미 은총이 주어졌다는 것이다.** 하느님은 이미 여기 계신다. 당신에게 주어진 은총의 삶이 이미 여기에 있음을 알아차리기만 하면 된다. 하느님의 증여는 모든 만물 안에 계속되고 있다. 그 증여를 알아차리는 것은, 당신의 호흡을 단순히 인식하는 방식과 같다. 당신의 호흡은 항상 여기에 있다. 그렇지 않으면 당신은 살아 있지 못할 것이다. 그 숨은 태어날 때 당신에게 주어졌다. 그때 숨을 받아서, 그 이후로 지금까지 그 숨이 당신의 삶을 지탱해 왔다. 하지만 보통 당신은 숨 쉬고 있음을 의식하지 못한다. 당신이 숨을 쉬고 있다는 사실을 단순히 알아차릴 때, 삶의 이 순간, 지금이라는 선물을 받아들인다.

'알아차림'은 더욱 수용적인 관상 태도이며, '마음을 여는' 능동적인 태도의 파트너다. '마음을 여는 것'과 '알아차림'은 보통 함께 간다. 하느님께 마음을 여는 수행은, 하느님께서 모든 것 안에서 하느님 자신을 알아차릴 수 있는 공간을 만든다. 때때로 당신은 삶에서 일어난 사건들에 의해 마음이 열리고, 항상 여기에 있는 하느님 선물을 단순히 깨닫는다.

고요히 있음

그리스도교 관상 수행은 "너희는 멈추고 내가 하느님임을 알아라"

(시편 46,11)는 하느님의 초대에 대한 응답이다. 당신의 마음을 고요하고 조용하게 하여 "모든 이해력을 초월하는 하느님의 평화"(필리 4,7)를 직관해야 한다. 관상으로 하느님을 안다는 것은 어떤 특정한 개념이나 생각에 대해서는 무지하다는 것이다. 왜냐하면, 당신은 알려지는 자이기 때문이다. 관상 중에 하느님은 생각의 객체라기보다, 당신을 사랑하는 주체다. 이 사랑은 감상적이지 않고 달콤하지도 않으며 변화시킨다. 그 사랑은 마치 정화의 불꽃 같아서, 기도 안에서 뭔가 이루어 스스로 만족하는 노력을 불태워 버리고, 더 깊은 관상 차원에서는, 마음을 열기 위한 모든 노력조차 불태운다. 관상이 깊어진다는 것은 무엇을 행함이 아니라 단순히 존재하는 것이다. 즉, 당신 안에서 하느님 현존과 활동에 동의하며 그저 존재하는 것이다.

하느님을 아는 데 필요한 고요함은, 무엇보다 하느님을 알기 위한 당신의 노력을 멈추는 것임을 깨닫는 게 매우 중요하다. 당신은 생각이 문제라고 자꾸만 생각함으로써 기도 중에 스스로 장애물을 만든다. 실제로 방해가 되는 것은 성취하려는 무의식적인 태도다. 생각에 대해 생각하는 것은, 특히 생각이 걱정과 노력으로 가득 차 있을 때 피상적인 기도에 머무르게 한다. 관상은 하느님을 찾기 위해 어디에도 갈 필요가 없다는 신뢰와 믿음을 깊게 하는 것이다. 하느님 사랑과 현존 그리고 하느님 존재라는 선물을 단순히 알아차리는 것이다. '마음을 여는' 것의 근본적 특성은, 움직이지 않고 고요히 무지의 믿음 가운데서, 하느님을 찾고자 하는 노력을 조용히 멈춤으로써, 지금 당신이 내면에서 깨어나고 있음을 알아차리는 것이다.

따라서 '가만히 앉아 있음'은 상징적으로나 문자적으로나 관상 수행에 필수적인 자세다. 육체적으로 그리고 영적으로 움직이지 않고 그대로 머물러 있으면, 당신은 하느님 신비에 대해 수용적인 상태에 있게 된다. 자신의 경험을 생각해 보라. 힘든 기도 시간이 끝날 때까지 가만히 앉아 있었던 때를 기억해 보라. 보이지 않는 하느님 신비에 있는 그대로 동의하면서 그냥 가만히 앉아 있으면, 아주 강한 정서와 극도로 공허한 메마름과 엉뚱한 생각들이 몰려온다. 단지 앉아 있으려는 지향으로 당신 마음속에 있는 생각들이 반드시 사라지는 것은 아니다. 엉뚱한 생각들이 계속될 수도 있다. 그러나 당신이 가만히 앉아서 하느님을 기다릴 때, 당신 의식이 깊어진다. 생각이 마음의 표면에 남아 있어도, 당신은 그 생각들과 당신을 동일시하지 않는다. 오직 고요히 앉아 있는 것만으로도 성취를 위한 당신의 모든 이원적인 노력, 심지어 마음을 열려는 노력조차도 하느님 은총 속에 사라진다.

무릎 꿇음

뉴멕시코에서 토마스 신부와 2주 동안 피정을 하고 있던 어느 날 아침, 나는 몸이 좋지 않음을 알게 되었다. 배탈이 났고 위경련이 일어났다. 나는 벽돌로 지은 나의 방 밖을 내다보며 지나가던 사람을 불러 세웠다. 아파서 공동체 모임에 참석하지 못하겠다고 토마스 신부에게 전해 달라 부탁했다. 쉬려고 이불을 덮고 편안히 누웠다. 한 시간 후, 문을 두드리는 소리에 문을 열자 키가 190센티미터 넘는 장신의 토마스 신부가 작은 문 앞에서 몸을 구부려 나에게 안부를 물었다. 토마스 신부는 마치 요양 중인 호빗을 방문한 것처럼 보였다. 그는 자기 방에서 동종요법 치료제를 가져다주겠다고 했다. 토마스는 자상하고 친절했다. 약을 가지고 돌아온 토마스는 하느님께 도움을 청하는 기도를 하라고 제안했고, 나를 위해 기도하겠다고 말했다. 마치 하느님이 손을 내민 것 같았다. 인간적 어려움에 부닥쳐 아픈 나를 치료하기 위해 토마스 신부를 통해 어루만져 주는 것 같았다. 나는 약을 먹고 침대로 가서 하느님께 도움을 청했다. 내가 그리스도께 승복했을 때, 나의 기도는 고통 그 자체에서 나오는 것 같았다. 마침내 잠이 들었고 잠에서 깨어났을 때는 기분이 한결 좋아져서, 오후 향심기도 시간, 그룹에 다시 합류했다.

이사야 예언자가 말했다. "주님께서는 너희에게 자비를 베푸시려고 기다리시며 너희를 가엾이 여기시려고 일어서신다. … 네가 부르짖으면 그분께서 반드시 너희에게 자비를 베푸시고 들으시는 대로 너희에게 응답하시리라"(이사 30,18-19). 하느님은 존재론적으로 당신 존재의 바탕에 항상 현존하실 뿐 아니라, 고통과 시련 가운데 있는 우리의 인간적인 필요에도 현존하신다. 당신의 관상 수행에서 또 하나의 심화 과정이 전개되는 데 필요한 것은, 하느님께로 향하는 것이 전부다. 감사와 청원과 찬양 같은 관계적인 기도의 응답은 당신을 헌신과 승복으로 인도한다. 이것을 작가 앤 라모트는 더 간단히 '감사합니다', '도와주세요', '와우'라고 말한다. 헌신과 승복은 영적인 길에서 필수 불가결하다. 관상 수행은 당신 안에서 직접 함양한 근본적 개방성을 크게 증대시킨다.

감사 · 청원 · 찬양과 같은 보다 관계적인 형태의 기도는, 마치 하느님이 무관심하거나 태만하거나 방심하고 있어서 하느님을 변화시키거나 설득하기 위한 것이 아니다. 하느님은 하느님에게 도움을 청하는 당신의 외침을 들을 필요가 없다. 이런 관계적인 형태의 기도는 바로 당신을 변화시키기 위한 것이다. 감사와 청원과 찬양은 당신 인성 안에서 하느님께 더 마음을 열게 함으로써 당신을 변화시킨다. 그저 고요히 앉아 있는 것만으로도, 하느님이 하느님이심을 아는 것만으로도 당신 안에 이미 형상화된 신적 본성을 더 잘 받아들일 수 있다. 기쁨 속에서 평범한 삶 속에서 고통 속에서 인간 본성을 깨닫게 될 때, 당신은 하느님 신비 속으로 더 깊이 초대된다. 당신의 인간 조건을 통해 하느님과 관계를 맺는 것이 절대적으로 필요하다. 우리 인간 삶 안으로 신적 생명이 들어오기 위해서는 승복이 필요하다.

사실, 관상에서 당신이 마음을 연 상태로 고요히 앉아 있는 것만으로는 결코 하느님 안에서 변화되지 않을 것이다. 켄 윌버의 말처럼, 승복할 때 나타나는 하느님의 타자성은 우리의 어떤 편협한 자만심도 약화시킨다. 무릎을 꿇는다는 것은, 절대적 타자에게 승복하는 멋진 상징이다. 트라피스트 관상 수도원에서 전례를 시작하는 가장 위대한 성가는 하느님께 승복을 선언하는 내용이다.

오 하느님, 저를 구하소서.
오 주님, 어서 오시어 저를 도우소서.
영광이 성부와 성자와 성령께
처음과 같이 이제와 항상 영원히, 아멘.

이 기도문으로 나-너의 관계는, 직선적인 시간을 초월하여 영원하신 하느님의 삼위일체 신비 속으로 들어가는 하나의 실체로서 도움을 간구한다. 타자가 되기에는 당신과 너무 가까운 하느님의 타자성은, 영원한 하느님의 신비에 연결된다. 바로 지금 여기에서 연결된다.

열린 두 손과 가만히 앉아 있는 관상의 두 이미지는 무릎을 꿇고 있는 세 번째 이미지로 보완된다. 비유적으로나 문자 그대로나, 당신은 하느님 앞에 무릎 꿇은 적이 있는가? 인간의 취약성과 궁핍함을 온전히 인정하면서, 당신은 하느님께 승복한 적이 있는가? 만약 그렇다면 당신의 영성은 존재하는 것과 활동하는 것 그리고 신적인 것과 인간적인 것을 분리할 수 없는 육화적인 것에 닿아 있다. 관상 태도는 매우 관계적인 방식으로, 하느님의 충만함에 당신을 열어 놓는다. 토마스 신부가 나에게 도움을 준 것처럼 하느님 현존을 드러내는 상징으로 다가오는 사람들과 평범한 삶의 경험에서 승복의 가르침에 마음을 여는 방법을 배우는 것은 놀라운 은총이다.

성찰 예문

잠시 멈추고 침묵 속에서 다음을 숙고해 보자.
- 당신은 관상의 삶에서 열려 있음의 이미지, 즉 열린 손, 가만히 앉아 있음, 무릎 꿇음 중 어떤 이미지로 초대받았는가?
- 이 초대에 더 잘 응답할 방법은 무엇인가?

11장

하느님 안에서의 단순성과 깨어남

하느님께는 아주 단순한 무엇이 있다. 터져 나오는 아이의 웃음처럼 단순하고 자연스러우며 꾸밈없는 어떤 것이 있다. 당신 앞에 넘어진 사람을 도우려고 즉각적이고 직접적으로 행동할 때처럼 단순한 어떤 것이 있다. 아침 햇살을 받으며 문득 침대에서 깨어나는 것처럼 단순하다. 시간의 평범함 속에 당신 삶이라는 선물이 존재하듯이, 시간의 모든 순간처럼 하느님은 단순하다. 지금이라는 이 순간처럼 말이다.

단순한 관상 수행을 하면서 관상의 단순함에 머무르는 것은, 하느님의 단순성에 깨어 있게 한다. 향심기도를 통해 마음의 활동을 단순화하면, 그 활동이 여럿에서 하나로 줄어든다. 관상 속에서 진리를 발견하고, 하느님을 만나고, 삶의 의미가 무엇인지 찾고자 하는 당신의 많은 생각과 계획은 진리 그 자체, 삶 그 자체, 하느님 그 자체로 단순화된다. 투명하고 즉각적이며 꾸밈없는 삶의 순간에 하느님은 그냥 그대로 계신다.

하느님 안에서 경험한 삶은 당신을 통해 빛나는, 순수한 투명함을 드러낸다. 관상가는 마치 아침의 환한 빛으로 악몽에서 깨어나기라도 하듯이, 늘 현존하시는 하느님 생명에 단순하게 깨어 있음으로써 삶의 복잡성에 대응한다. 늘 현존하시는 하느님 생명 속에 깨어 있음은 당신이 할 수 있는 가장 단순한 일이다. 다른 행동들은 복잡한 전략과 계획을 세워 노력해야 하지만, 하느님 안에서 깨어 있음은 단순하다.

하느님 안에 있는 하나 됨에서 자유와 생명, 창조성과 통찰력 그리고 좀 더 쉽게 사랑하고 봉사할 힘이 나온다. 그리고 이런 단일성은 분리된 자아 감각이 지닌 자아 성찰이나 복잡한 의도, 숨겨진 의도와는 아무 관계가 없다. 하느님 안에 있는 이러한 하나 됨에서 삶의 풍부한 다양성이 태어난다. 당신은 이 다양성을 하느님 안에 있는 그것들의 근원과는 별개로, 삶에서 일어나는 일 그것 자체로만 추구하는 경우가 너무 많다. 단순함과 깨어 있음이라는 관상 태도는, 당신만의 방식으로 삶의 다양성을 찾고 고수하려는 복잡한 투쟁에서 당신을 벗어나게 한다. 단순성은 만물이 비롯된 참된 근원으로 당신을 이끌고, 그 근원에서 만물이 생겨난다. 생명의 근원에서 살아가면, 만물이 생겨난다. 당신이 생명의 근원에서 살면, 삶의 모든 것이 단순하다. 그것이 단순성이다. 당신이 해야 할 일은 계속해서 이 진실에 단순히 깨어 있는 것이다.

이 기도를 복잡하게 만들지 마라

젊었을 때, 나는 관상 피정을 하는 작은 공동체에서 10년 동안 살았다. 이 시간 동안, 함께 일한 마리아 프로조프스키와 나는 이 작은 공동체의 중심이었다. 다른 사람들은 1년이나 2년, 또는 3년 동안 거주하며 교육을 받고 수행했다. 우리는 최대 25명까지 모여 관상 피정을 했다. 마리아는 가정을 꾸리면서 작은 사업체도 운영했다. 이제 마리아는 할머니가 되었다. 깊은 관상을 하던 마리아는 피정자들에게 지혜의 스승과 같은 존재였다.

3~4세기 이집트와 시리아 광야에 살았던 그리스도교의 암마와 압바처럼 마리아는 다른 사람들의 말을 경청하고 하느님 안에서 살아가는 사람으로서, 자신의 중심에서 나온 간결한 지혜의 말씀을 사람들에게 전하며 가르침을 주었다. 마리아의 소통 방식은 순간적인 단순함에서 비롯되었고, 매우 솔직하고 직설적이었다. 마리아는 그 사람이 지닌 갈등의 중심을 향해 마치 화살을 쏘는 것 같은 충고의 말을 해 주었다. 그리고 상대방이 마음을 열고 마리아와 그 사람 사이에 하느님께 뿌리를 둔 신뢰 관계를 맺고 있다면, 그 화살은 상대방의 마음을 꿰뚫고 그의 이해력을 넓혀서 관상의 길로 나아갈 수 있도록 도와주었다.

한번은 주말 향심기도 피정에서, 마리아가 그룹 토론을 이끌고 있었다. 피정에 참여한 한 남자가 털어놓기를, 향심기도를 하려고 앉으면 수많은 생각이 쏟아져 실망스럽다고 했다. 그러면서 거룩한 단어가 도움이 되지 않으니, 거룩한 단어를 더 길게 늘려서 거룩한 문장으로 기도해도 되는지 물었다.

그때 마리아가 그에게 말했다. "이 기도를 복잡하게 만들지 마세요. 거룩한 단어와 함께 그저 단순해지세요. 그러면 당신의 기도가 거룩해질 겁니다." 그 남자는 마리아의 솔직한 태도에 놀란 듯 조용히 그녀의 조언을 따랐다.

그다음 그룹 모임에서, 그 남자는 향심기도 동안 거룩한 단어를 바꾸지 않고 그대로 썼다고 말했다. 하지만 그는 여전히 확신하지 못하는 눈치였다. 마리아가 물었다. "진짜 문제가 무엇이죠?" 그는 잠시 멈칫하더니 자기가 지루해하고 있음을 인정하며, 마음의 갈피를 잡지 못하고 있었다. 그는 향심기도가 자신에게 맞지 않는다고 생각했다. 그런 그가 오로지 그리스도만 생각할 수 있었을까?

마리아가 그에게 말했다. "당신 마음이 그리스도 안에 깨어 있도록 하세요, 그러면 당신은 거룩해질 거예요." 그 남자는 다시 한번 놀란 것처럼 보였다.

우리는 또 한 차례 향심기도 시간을 가졌다. 다음 그룹 대화에서, 그 남자는 자신이 경험한 것을 보고했다. 기도가 시작되었을 때, 자신 안에 생각이 참으로 많다는 것을 알게 되었다고 했다. 그는 중간에 지루함을 느꼈고, 마음도 매우 불안했다. 그러나 이번에는 그 지루함에 저항하지 않고, 단순히 거룩한 단어로 돌아갔다. 기도 시간이 끝날 무렵 자신이 더 안정되었으며, 거룩한 단어와 함께하는 게 조금 더 편안해졌음을 알게 되었다. 그리고 단순히 거룩한 단어로 돌아가는 것이 자신에게 좀 더 편안하다는 사실을 알게 되었다.

그 후 몇 년 동안, 이 남성은 피정을 위해 센터를 여러 번 방문했고, 열정적으로 관상하는 수행자가 되었다. 그는 향심기도에서 단순함이라는 관상 태도를 수행했다. 그의 수행이 발전함에 따라 관상 속에서 깨어 있는, 더 수용적인 태도를 배웠다. 시간이 지나자, 하느님 안에서 깨어 있는 그의 경험이 기도 중의 활동에 점점 더 영향을 미쳤다. 향심기도에서의 단순함과 관상에서의 깨어 있음이 그의 수행 중에 덜 구분되었다.

이 남성은 관상 수행을 하는 동안 떠오르는 수많은 생각에 실망했다. 그는 거룩한 단어를 더 길게 하고 싶었고, 읊조릴 수 있는 문장으로 만들고 싶었다. 마리아는 그에게 "이 기도를 복잡하게 만들지 마세요"라고 직접적인 조언을 했다. 향심기도를 복잡하게 만들지 않음으로써 단순함이라는 토대에 뿌리를 내린다. 마리아가 말했다. "단어를 간단하게 하세요. 그러면 당신의 기도는 거룩해질 거예요." 단순함은 관상의 신성함으로 들어가는 것이다. 단순함이라는 태도는 관상이 향심기도 수행에 스며들도록 돕는다. 이러한 형태의 기도를 다른 활동이나 다른 생각으로 복잡하게 만드는 것은, 그것이 하느님에 관한 생각일지라도 무익하다.

14세기 그리스도교 영성의 고전인 『무지의 구름』에서 익명의 저자는 이렇게 썼다. "따라서 나는 내가 생각할 수 있는 모든 것을 잠시 보류하고, 내가 생각할 수 없는 것을 내 사랑을 위해 선택할 것이다! 왜 그런가? 하느님은 사랑해야 마땅하지만 생각할 대상은 아니기 때문이다."[1]

그런 다음 본문은 사랑을 위해 생각할 수 없는 것을 선택하는 수행을 알려 준다.

하느님을 향한 순수한 지향만으로, 그리고 그 자신만으로 온전히 충분하다. 만약 당신이 지향을 더 쉽게 유지하기 위해,

이 지향을 한 단어로 요약하기를 원한다면, 그렇게 하기 위해서는 짧은 단어, 가능하면 한 음절의 단어를 선택하라. … 그리고 이 단어를 당신 가슴속에 단단히 새겨 두어라. 그러면 무슨 일이 있어도 항상 거기에 있게 될 것이다. … 그래서 설사 당신이 찾고 있는 것이 무엇인지 생각하고 싶더라도, 그 한 단어가 충분한 대답이 될 것이다…[2]

향심기도에서 거룩한 단어는 짧고 단순하며 단수를 의미한다. 그리스도교 영성에서 이에 대한 전문 용어는 '한 단어 기도'라고 한다. 모노 *mono*는 하나, 로고스*logos*는 말씀을 뜻한다. 단순한 내용과 함께, 당신은 다른 곤란한 문제 없이 거룩한 단어로 돌아갈 뿐이다. 성경에서 이사야는 이렇게 말한다. "회개와 안정으로 너희가 구원을 받고 평온과 신뢰 속에 너희의 힘이 있다"(이사 30,15).

단순히 되돌아가 쉼으로써, 당신은 많은 생각과 복잡한 마음에서 벗어난다. 동의함으로써 지향에 생명을 불어넣고, 지적이고 이성적인 마음이 그리스도의 마음 안에서 점차 깨어날 수 있도록 만드는 것은 바로 거룩한 단어로 돌아가는 단순성이다.

하느님의 단순성

관상 수행 안에서 당신이 더 단순해질수록 하느님 본성에 더 많이 참여하게 된다. 마리아가 이야기 속 남자에게 말한 것처럼 '당신 마음이 그리스도 안에 깨어 있도록 하라, 그러면 당신은 거룩해질 것이다'. 하느님의 단순성에 기반을 두면, 당신은 산만한 생각과 감정 이상의 존재임을 알게 된다. 당신은 하느님 모습으로 하느님을 닮게 창조되었다. 만약 당신이 한동안 관상 생활을 수행해 왔다면, 자신의 변화에 대한 경험을 숙고해 보라. 당신의 지능이 반드시 향상되는 것은 아니다. 오히려 관상이 일으키는 변화는 그리스도의 마음이 당신 안에서 점점 되살아나면서 삶에서 열매를 맺고, 더 큰 연민과 자유로 나타난다. 당신 안에서 하느님 생명의 열매들은 어떤 가식이나 꾸밈없이, 자연스럽고, 애쓰지 않고, 분명하고, 깨끗하고, 직접적인 방법으로 나타난다. 사전을 찾아보면 이 형용사들이 단순함과 동의어임을 알게 될 것이다! 자유는 하느님의 단순성에서 발견된다.

중세 그리스도교의 위대한 관상가인 마이스터 에크하르트는 하느님은 그분의 단순성에서 무한하시고 그분의 무한하심에서 단순하다고 말했다.[3] 당신이 서 있는 단순한 땅, 당신을 항상 지탱해 주는 땅처럼 하느님은 항상 여기에 계신다. 그것을 생각하면서 그것을 찾으려면 무엇을 해야 할까? 그리스도의 마음을 받아들이는 데 복잡한 것은 아무것도 없다. 알 수 없는 믿음의 단순한 동의를 수용하고, 다른 생각을 놓아 버리는 지향을 수행하는 것으로 시작하라. 이 동의가 깊어지면, 자기 생각에 관한 생각을 놓아 버리면서 변화된다. 그리고 궁극적으로, 당신이 이미 견고한 기반 위에 서 있음을, 바로 지금 바로 여기서 단순히 알아차려라. 그리스도의 생명이 지금 여기에서 이미 주어졌다. 악몽에서 깨어나라. 하느님과 다른 사람들과 모든 창조물에서 분리되어 있다는 악몽 같은 착각에서 깨어나듯이, 그리스도의 생명 안에서 그저 깨어나라.

예수님이 말씀하셨다. "여러분이 마음을 돌이켜서 어린이들처럼 되지 않으면 결코 하늘나라에 들어가지 못할 것입니다"(마태 18,3). 어린아이들은, 마음과 존재가 아주 단순하다. 생명은 당신이 그것을 얻기 위해 노력할 필요 없이 이미 주어진 것이다. 당신은 당신이라는 존재 차원에서 하느님과 관계를 맺고 있다. 이 관계에서 당신은 단지 하느님 안에 존재하는 것 외에는 아무것도 할 필요가 없다. 당신을 감싸고 있는 신성한 생명과 사랑을 받기만 하면 된다. 시간이 지남에 따라, 당신이 점점 이 사랑에 자신을 더 내어 드림에 따라, 옳고 그름에 대한 자신의 어떤 감각도 하느님의 단순성과 현재의 순간 그 자체 속으로 사라진다. 당신이 이것이 일어나도록 내버려둘 때, 모든 것이 거룩해진다. 그 이유는 모든 것이 특별하기 때문이 아니라, 그것이 평범하기 때문이다. 그것이 특별하지 않기 때문이라는 것이 정확한 표현이다! 그것은 단순히 존재하기 때문에 거룩하다.

새로운 인식 방법에 깨어 있음

『무지의 구름』에서 익명의 저자는 두 개의 구름 이미지를 사용하여, 기도에서 두 가지 공통된 발전에 관해 썼다. 거룩한 단어로 돌아가는 단순함은, 하나의 '구름'을 향해 당신 마음을 여는 데 도움이 된다. 구름 속에서 당신은 구별 없이 모든 생각을, '창조된 세계' 전체에 대한 모든 생각을 망각하는 것이다. "한마디로, 만물이 망각의 구름 아래 숨겨져야 한다."[4]

향심기도에서, 단순히 거룩한 상징으로 돌아가서 다른 모든 생각을 잊어버릴 때, 고전적인 이 책의 제목에서 언급된 더 중요한 두 번째 구름에 다가간다. 생각과 '창조물'(사람, 장소, 사물, 그리고 그들에 대한 당신의 생각들)에 관해 망각의 구름 속에 살기로 할 때, 당신은 하느님과의 관계에 있어 두 번째 구름, 즉 지적인 앎의 방식에서는 어둡고 모호한 구름 속에서 살게 된다.

> 어두움이란 앎이 부족하다는 것을 의미한다. 당신이 모르거나 과거에 잊어버렸을지도 모르는 것은 무엇이든 당신에게 '어두움'이라고 말할 수 있다. 당신 내면의 눈으로 그것을 볼 수 없기 때문이다. 이런 이유로 그것을 '구름', 물론 하늘의 구름이 아니라, 당신과 하느님 사이에 가로놓인 '알지 못하는' 무지의 구름이라고 부른다.[5]

첫 번째 구름은 당신의 생각(thoughts)과 관련이 있고, 두 번째 구름은 당신의 생각하는 행위(thinking)와 관련이 있다. 거룩한 단어로 단순해질 때, 망각의 구름 속에서 생각과 새로운 관계를 발전시키고, 쉼 없이 움직이는 지적인 정신이 단순해짐에 따라 무지의 구름 속에서 하느님과 새로운 관계로 발전한다. 무지의 구름 속에서 깨어남은 새로운 형태의 인지를 끌어낸다. 그 인지는 하느님을 이해하는 데 있어, 당신이 생각하는 개념이 아니라 하느님을 직접 경험함으로써 감지하는 살아 있는 믿음이다. 이 인지는 새롭고 더 깊은 믿음의 형태로 빛나고 있다. 이것이 관상이다. 그것은 복잡한 전략에 의해서가 아니라, 마치 하느님과 분리되었다는 악몽에서 깨어나듯이 단순히 깨어남으로써 이루어진다. 예수님은 말씀하셨다. "내가 여러분에게 하는 이 말은 모든 사람에게 하는 말입니다. 깨어 있으시오"(마르 13,37).

맑은 겨울 하늘에 뻗어 있는 나뭇가지들의 윤곽, 수도원 회랑의 깔끔한 선들, 나중에야 하나의 개념으로 구체화하는 실재에 대한 직접적인 통찰 등, 하느님이 모든 것의 근원이시기 때문에 모든 생명은 중재 없이, 직접적인 지식의 단순성에 근거한다. 이러한 형태의 더 깊은 인식으로 깨어나기 위해서는, 그리스도의 마음 안에서 당신의 관상적 단순성이 더 깊어져야 한다. 향심기도가 관상으로 깊어지는 것은 믿음이 깊어지는 것이다. 믿음은 단순히 하느님께 동의함으로써 생기는 것이다. 성경에서 바오로가 "정신을 다시 새롭게 하여 여러분의 모습을 바꾸시오"(로마 12,2)라고 말할 때, 이러한 인식과 믿음의 형태를 가리키고 있다.

망각과 무지는 향심기도가 관상으로 깊어질 때 나타나는 새로운 인식을 가리키는 부정적 이미지다. 단순함과 새롭게 함은 망각과 무지에 대한 긍정적인 이미지다.

당신이 관상 수행과 신앙에 있어 변화의 긍정적 이미지를 선호하는지 부정적 이미지를 선호하는지는 중요하지 않다. 향심기도에서 당신의 지적인 사고가 혼란스럽고 지루할 때, 그저 혼란함 속에서 당신의 거룩한 상징으로 돌아가라. 생각과 사고 과정에 의존하는 태도를 버려라. 그러면 하느님은 낡은 인식 방식과 관련된 사고 작용 너머에 있는, 생각하는 사람을 변화시킬 것이다. 당신 안에서 자신의 정신 활동 차원이 새로워지고 있음을 믿어라. 당신의 사고 작용은 그리스도의 마음 안에서 변화되고 있다. 신적 현존은 영적 여정이 불안할 때 당신 안에서 활동한다. 단순함과 함께 불안함은 관상의 더 깊은 변화로 들어가는 문이 된다. 향심기도 중에 복잡한 전략을 생각하는 일에 말려들지 마라. 단순함을 유지하고 관상 가운데 그리스도 안에서 깨어나라.

삶의 단순함

관상 수행에서, 단순한 태도로 활동하는 것은 마음의 수많은 생각을 하나의 생각으로, 즉 하느님 현존과 활동에 동의하는 하나의 지향으로 단순화하는 데 도움이 된다. 실제로 기도 수행 중의 활동이 관상의 선물과 결합할 때, 하느님의 단순성을 받아들인다. 당신은 당신을 둘러싸고 있는 세상을 향해 하느님께서 침묵 중에 말씀하신 바로 그 거룩한 단어가 점차 되어 간다.

이 역동성은 예수님을 만난 마리아와 마르타 자매에 대한 성경 이야기에서 상징적으로 나타난다. 마리아는 예수님 발치에 앉아 말씀을 듣고 있고, 마르타는 예수님을 위해 식사를 준비하며 이런저런 세부적인 일과 활동에 열중한 가운데 산만하다. 마르타는 동생의 행동에 대해 예수님께 불평을 늘어놓으며, 자신이 몹시 분주하니 마리아에게 도와주도록 말해 달라고 했다. 그러나 예수님은 이렇게 말씀하셨다. "마르타, 마르타, 당신은 많은 일 때문에 걱정하며 부산을 떨지만 필요한 것은 한 가지뿐입니다. 사실 마리아는 그 좋은 몫을 택했고 그것을 빼앗기지 않을 것입니다"(루카 10,41-42).

수 세기에 걸쳐, 영적 스승들은 관상 생활의 가치를 설명하기 위해 이 이야기를 언급해 왔다. 마르타는 활동적인 삶을, 마리아는 관상적 삶을 나타낸다. 마리아가 한 유일한 행동은 단순히 **하느님의 말씀**이신 그분의 현존에 그저 주의를 기울이며 예수님 말씀을 경청하는 것이다. 예수님은 이 단순한 행동이 필요한 유일한 것이라고 말씀하신다. 마르타의 분주한 활동보다 더 나은 삶의 좋은 몫이라고 말씀하신다. 마리아의 기도하는 자세에서 관상의 단순함이라는 가치를 확언하신 것이다.

그러나 그 이야기에는 더 많은 것이 있다. 마리아와 마르타는 당신 본성의 두 가지 중요한 부분을 보여 준다. 당신은 관상적이기도 하고 활동적이기도 하다. 더 큰 영적 과제는 내재하시는 그리스도의 현존과 관계 맺는 마리아의 관상 태도를 발견하고, 관상 수행의 단순함을 활동적인 삶에 통합하는 것이다. 이것은 당신의 활동적인 마음에 신적인 현존을 통합하는 것을 의미한다. 당신의 내적인 삶과 외적인 삶 모두에서, 마리아의 단순성을 마르타의 활동 속으로 가져와야 한다. 아빌라의 데레사는 이렇게 말했다. "그러니 너희는 기쁨을 얻기 위해서가 아니라 섬길 힘을 얻기 위해 기도에 전념해야 한다. 마리아와 마르타는 반드시 결합해야 한다."[6]

기도할 때 복잡한 생각과 지루함을 경험하면서도, 단순함이라는 관심 태도를 수행하다 보면 활동적인 삶 속에서도 더 큰 단순함을 실현하는 데 도움이 된다. 이것은 컴퓨터 작업을 시작할 때, 내가 책상 앞에서 현재라는 평범한 순간에 단순히 안착할 수 있음을 의미한다. 다른 활동으로 조바심을 내며 정신을 산만하게 하기보다, 하느님 안에서 평범한 순간에 더 감사하고 컴퓨터가 준비되면 작업에 집중한다. 그것은 나의 많은 말과 위대한 통찰력으로 할 수 있는 내 능력을 넘어서, 그리스도의 마음이 그 사람의 마음에 닿도록 더 주의 깊은 경청으로 다른 사람에게 현존하는 것을 의미한다. 그것은 지적인 생각을 하고 있을 때도 좀 더 직관적인 마음으로 행동하는 것을 의미한다. 그것은 잘못을 저지르거나 기도의 열매가 삶 속에 나타나지 않을 때도, 나 자신과 다른 사람을 있는 그대로 더 넓은 포용력으로 받아들이는 것을 의미한다. 삶에서 기도의 효과는 근본적으로 관상의 단순함이라는 열매다.

삶에서 관상의 단순함이란 더 큰 자유와 자비를 의미한다. 정직하고, 자연스러우며, 애쓰지 않는 것은 당신을 통해 활동하시는 하느님의 단순성이 맺는 열매다. 단순함은 무엇보다 향심기도의 열매로 나타나는 선물이지만, 당신 행동을 통해서도 단순함을 알아차릴 수 있다. 선물로 오는 내면의 단순함을 어렴풋이 알아차리면 당신은 훨씬 더 단순하게 살아갈 수 있다. 생태 위기의 세계에서 소비를 줄이는 것은 다른 사람과 모든 피조물에 대한 자비의 표현이다. 차를 덜 몰고 좀 더 소박하게 먹고 에너지를 절약하는 것은, 주님의 기도를 드리는 것만큼 가치 있는 기도 지향이며 행동이다. 단순함이라는 관상적 태도를 수행하면 "단순히 살아라! 그럼으로써 다른 사람들도 단순히 살게 하라"라는 격언을 실천하는 데 도움이 된다. 당신 안에 선물로 주어진 하느님 생명에 깨어 있어라. 이것이야말로 세상에서 자신을 통해 하느님 생명을 궁극적으로 표현하는 유일한 일이다.

성찰 예문

잠시 멈추고 침묵 속에서 다음을 숙고해 보자.
- 향심기도를 심화하는 데, 단순함이 어떻게 도움이 되는가?
- 당신은 기도 안에서 하느님께 어떻게 깨어 있는가?

12장

부드러움과 노력하지 않음

관상에서 행함(doing)과 존재함(being) 사이에는 미묘한 균형이 있다. 당신의 활동, 당신의 노력, 당신의 헌신을 포함하여 당신과 관련된 모든 것을 관상의 길로 가져온다. 그러나 지나치게 애쓰는 행동들은 하느님에 대한 수용성을 방해한다. 그러한 애씀은 흔히 부정적 영향을 미친다. 인간적인 노력 자체는 하느님 은총 안에서 발견할 수 있지만, 당신 자신과 분리된 목적지를 향해 애쓸 때 당신 내면의 가장 깊은 본성은 배제된다. 당신의 가장 깊은 본성은 관상의 길을 통해 하느님의 영원한 내적 현존 안에서 발견되는 것이다.

 부드러운 행위는 하느님을 찾으려는 애씀에서 당신을 벗어나게 한다. 부드러움은 향심기도를 심화하기 위해 반드시 필요하다. 당신 안에서 관상이 깨어날 때, 향심기도에서 당신 활동은 점점 더 섬세해진다. 사실, 하느님을 발견하기 위해 무언가를 성취하거나, 더 깊은 곳을 찾거나, 지금 있는 곳이 아닌 다른 곳으로 가야 한다는 느낌은 착각이다. 하느님 증여의 본성에서 나오는 지속적인 선물처럼 관상이 노력 없이 당신에게 오게 하라. 내리는 눈처럼 관상은 노력하지 않는다. 잇달아 불어오는 미풍처럼 관상은 노력하지 않는다. 햇살에 꽃잎이 열리는 것처럼 관상은 노력하지 않는다. 노력하지 않는 수용적인 태도 안에서는 가야 할 곳도, 깊어져야 할 것도 없고, 부드러워지려고 할 필요도 없다. 깊은 관상이란, 노력 없이 하느님 안에 그냥 있는 것이다.

당신 안에 있는 그리스도의 생명은 부드러움 그 자체다. 관상은 그리스도의 온유한 생명이 당신 자신의 생명이 되게 한다. 당신은 관상 수행에서 자신의 노력이 사라지도록 놔두는 데, 하느님의 부드러움이라는 눈부신 빛 속에서 자신의 노력이 사라지도록 놔두는 데 점차 끌리는 것을 깨닫게 된다. 노력을 놓아 버려라. 노력하지 않으려는 노력도 놓아 버려라. 마음 편하게 끊임없이 놓아 버리면서 당신 안에 있는 보이지 않는 그리스도의 온유한 본성 안에서 편히 쉬어라.

서서히 관상에 빠져들면, 그리스도의 부드러움이 당신을 감싼다. 관상이 더 깊어질수록, 노력하지 않는 태도가 당신 활동에 점점 영향을 주고, 당신 활동에 더 큰 수용성을 불어넣는다. 당신은 애써 노력하거나, 부드러워짐을 느끼는 경험을 넘어 하느님 본성 안에, 하느님 은총 안에 산다. 이 깊은 관상 차원에서 하느님 현존은 당신 노력을 포함한 모든 것을 품으시며 아무것도 배제하지 않으신다. 하느님의 신비는 부드러움조차 뛰어넘는 부드러움이다. 깊은 관상 속에서 당신이 할 수 있는 유일한 응답은 단지 노력하지 않고 하느님의 내적 생명의 선물 안에 머무는 것이다. 그러면 하느님의 내적 생명이 모든 생명을 품고 있음을 깨닫게 된다. 하느님 안에는 애씀이란 없다. 모든 것이 이미 이루어졌다. 당신이 하느님과의 합일에 다가갈수록 관상 안에서 더 애쓰지 않는 상태로 이끌린다.

그리스도의 부드러움이 당신 기도의 원천이 됨으로써, 부드러움은 당신 기도와 행동 안에서 당신을 통해 흘러나온다. 일상의 삶에서 분주함을 더 쉽게 헤쳐 나가는 이치를 당신은 점차 터득한다. 삶에서 덜 애쓸수록, 신적 사랑과 자비 행위는 내재하시는 하느님 현존의 표지로서 당신을 통해 자발적으로 그리고 쉽게 나타날 것이다. 관상의 부드러움 속에서 당신은 하느님 생명과 활동에 조화롭게 행동하는 법을 배운다. 당신이 하느님 현존과 활동에 동의함으로써 당신 자신의 활동을 포함한 모든 것이 하느님 부드러움에서 비롯한다는 사실을 깨닫게 된다. 하느님 현존은 당신 안에서 당신을 통해 활동하신다.

부드러움은 향심기도의 핵심이다. 1980년대 초, 향심기도를 가르치기 시작하던 초기 몇 년 동안 우리는 '부드럽게 거룩한 단어로 돌아가라'는 지침을 사람들에게 주었다. 그런 다음 몇 년 동안 향심기도를 가르치는 경험이 쌓이면서 그 지침은 다음과 같이 수정되었다. '아주 부드럽게 거룩한 단어로 돌아가라.' 이처럼 수정한 이유는 우리가 처음 몇 년 동안 부드러움을 강조하는 것이 얼마나 중요한지 알았기 때문이다. '아주'라는 말을 덧붙인 것은 우리가 모두 반복해서 귀 기울여야 하고, 강조해야 할 태도이기 때문이다. 이것은 우리가 부드럽게, 더 부드럽게 관상 수행을 해야 한다는 것이다. 부드러움으로 향심기도를 수행하면, 관상기도에서 애쓰지 않게 되고, 이는 결국 거룩한 단어로 더욱 부드럽게 돌아가게 한다.

집으로 돌아가는 사랑

중세의 뛰어난 관상가 얀 반 뤼스브룩은 관상 수행을 통해 우리가 어떻게 움직여야 하는지에 대해 멋진 말을 남겼다. 곧, 우리가 은총과 **집으로 돌아가는 사랑**을 통해 하느님과의 합일을 생생히 깨닫는다고 말했다.[1]

집으로 돌아가는 사랑, 아주 풍부한 이미지다. 당신은 집에서 멀리 떨어진 곳으로 여행을 가 본 적이 있는가? 집을 떠나 먼 여행을 할 때는 자동차를 언제 어디로 돌려야 하는지 정확히 알고 있어야 한다. 그리고 정신을 바짝 차리고 집중해서 운전하며, 표지판이나 이정표에 주의를 기울여야 한다. 그런 노력 없이는 길을 잃을 것이다. 하지만 집에 가까워지면 어떻게 될까? 지도나 지피에스 GPS조차 필요하지 않다. 당신이 집 근처에 다가올수록, 계획하지 않아도 노력하지 않아도 어딘가에 도착하려 하지 않아도 길을 기억한다. 당신은 아주 편하게 무리 없이 차를 돌려 어느덧 진입로에 들어서 있다. 그리고 당신은 집에 와 있다.

이것이 관상의 길이다. 우리의 참된 집이신 하느님께서는 언제나 어디에서나 현존하신다. 관상 중에 애쓰지 않으면서 이러한 현존의 은총에 단지 '네'라고 대답한다. 관상이란 단순히 동의하는 것이며, 단순하게 받아들이는 것이고, 단순히 하느님 안에 부드러움 안에 **집으로 돌아가는 사랑** 안에 있는 것이다.

향심기도를 수행할 때 아주 부드럽게 거룩한 상징으로 돌아감으로써, 관상이 애쓰지 않고 자연스럽게 집으로 향하게 하는 바탕을 제공한다. 어떤 의미에서 관상에서 애쓰지 않는 건 매우 쉬운 일이다. 그러나 이는 당신이 거듭 반복해서 배워야만 하는 일로, 아마 오랜 시간이 걸릴 것이다. 그러므로 집으로 향하는 움직임은 자기 주도적인 노력이 아니라 사랑의 움직임이라는 사실을 기억하는 것이 좋다. 사랑이신 하느님의 모습으로 창조된 당신 존재의 가장 깊은 부분은, 애쓰지 않고서도 당신을 집으로 데려다줄 것이다.

'애쓰는 단어'를 놓아 버리기

관상 수행을 하면서 걱정하고 좌절하고 긴장하는 사람을 볼 때, 나는 그 사람에게 기도에서 이완의 중요성을 상기시키곤 한다. 어느 땐가 향심기도를 하고 있던 한 학생이 자신의 기도를 한동안 불편해하면서, 거룩한 단어를 바꾸면 더 편할 것 같다고 생각했다. 나는 그에게 거룩한 단어가 아니라 '애쓰는 단어'를 사용하고 있다고 말해 주었다. 그 말은 그를 웃게 만들었고 다소 긴장을 푸는 데 도움이 되었다. 나는 그에게 거룩한 단어를 바꾸는 대신 거룩한 단어를 좀 더 부드럽게 대하라고 권유했고, 그는 좌절감을 덜 느끼며 거룩한 단어로 돌아갈 수 있었다.

향심기도를 하다가 보면 지나치게 노력하기 십상이다. 그렇게 할 때, 당신의 거룩한 단어는 '애쓰는 단어'가 된다. 너무 열심히 애쓸 때는 신체 증상으로 긴장과 두통이 따르고, 심리적 증상으로 조바심과 좌절이 따르며, 영적 증상으로는 절망을 수반한다. 하느님 안에서 이미 여기에 있고, 이미 당신에게 주어진 바로 그 순간 너머의 것을 찾게 된다. 당신이 이미 가진 어떤 것, 또는 오히려 이미 당신을 소유한 어떤 존재를 당신이 찾고 바랄 때, 기도 안으로 긴장·좌절·절망이 들어온다.

당신은 부드러워지려고 지나치게 애를 쓴다. 그런 다음 노력하지 않으려고 노력한다. 당신은 애씀과 싸운다. 허무함이 찾아오고 아마도 자신을 고립시키는 자기 노력에 갇혀 있다는 느낌이 들 것이다. 부드러운 움직임이 관상 수행을 심화하는 데 도움이 된다는 것을 배운 후, 당신의 애씀이 특히 더 좌절감을 느끼게 할 수도 있다. 희망이 없다고 느낄지도 모른다. 당신은 초보자로서 이러한 상황을 경험할 수 있고, 또 오랜 시간 수행한 후에 경험할 수도 있다. 부드러워지려고 하는 노력조차 잘 안 될 때 당신은 무엇을 할 수 있는가?

하느님 본성은 이미 당신 안에 있다. 하느님 사랑은 무상으로 노력 없이 주어졌다. 하느님 사랑을 받기 위해 노력할 것도 없고, 이 본성에 깨어나기 위해 애쓸 필요도 없다. 이미 주어졌고, 이미 여기에 있는 선물로서, 그것에 다만 편하게, 부드럽게 '예'라고 응답하라. 그것이 관상 수행의 본질이다. 그것이 관상의 은총을 받아들이기 위해 당신이 할 수 있는 일이다. 당신은 하느님의 온유함이 당신 안에서 깨어나는 것을 경험으로 깨달을 때까지, 오직 부드러운 움직임 안에서 수행해야 한다. 그러면 관상의 은총을 노력하지 않고 받아들이게 될 것이다. 그때 당신은 점점 더 노력하지 않고 그 안에서 살 수 있다. 시간이 지남에 따라 향심기도의 수행과 관상의 수용적 태도 가운데 부드러움과 노력하지 않음이 잘 섞일 것이다.

"수고하고 짐을 진 여러분은 모두 내게로 오시오"

당신이 관상 수행에 더 깊이 들어갈수록 그리스도께 승복하는 법을 배우게 된다. 그리스도의 본성 자체는 온유다. 예수님이 말씀하셨다. "수고하고 짐을 진 여러분은 모두 내게로 오시오. 그러면 내가 여러분을 쉬게 하겠습니다. 여러분은 내 멍에를 메고 나에게서 배우시오. 나는 온유하고 마음이 겸손하기 때문입니다. 그러니 여러분의 영혼이 안식을 얻을 것입니다. 사실 내 멍에는 편하고 내 짐은 가볍습니다"(마태 11,28-30).

향심기도의 수행에서 관상이라는 더 큰 은총으로 움직이는 것은, 거룩한 상징으로 부드럽게 돌아가는 활동에서 기도의 참된 원천이신 그리스도의 온유한 현존을 애쓰지 않고 받아들이는, 더 심오한 활동으로 움직이는 것이다. 당신이 걱정과 무거운 짐과 노력을 내려놓고 하느님에게서 배울수록, 신적 생명의 참된 본성을 깨닫게 된다. 관상 수행을 통해 그리스도가 당신의 기도와 삶에서 진정한 근원이며 동인動因이요 활동소活動素임을 깨닫게 된다. 기도 안에서 당신 안에 계신 그리스도 현존의 은총에 승복하고, 하느님 안에서 당신의 참된 정체성과 참된 자유를 발견할수록 당신은 노력과 분리된 자아 감각에서 벗어나게 된다.

기도 안에서 당신이 하느님께 점점 더 승복할수록, 그리스도의 온유함이 실제로 당신 수행의 근원이 될 것이다. 이원적인 애씀이 사라진다. 당신은 더 이상 하느님을 찾으려고 노력하지 않음을 알게 된다. 그리고 더는 하느님과 이원적인 관계 속에 있지 않을 것이다.

애쓰지 않는 하느님의 본성이 당신 안에서 활동하신다

관상에서 거룩한 상징과 그리스도는 수행의 객체가 아니다. 관상이 애쓰지 않고 이루어질 때, 성령의 부드럽고 미세한 움직임으로, 그리스도는 자신의 근원인 하느님 아버지, 아빠에 깨어나고 있는 당신 안에 계신 주체다. 관상 안에서 성부, 성자, 성령의 삼위일체인 내적 생명이 당신 안에 활성화된다. 삼위일체인 내적 생명은 점차 당신의 기도와 삶, 그리고 다른 사람들을 위한 봉사로 나타나게 되고, 당신 안에 숨겨진 무의식의 존재론적 실재에서 의식적인 경험으로 깨어난다.

아버지와 아들 사이의 성령의 움직임은 궁극적으로 두 분 사이에 어떤 거리나 분리가 없어서 감지할 수 없다. 예수님이 말씀하셨다. "나와 아버지는 하나입니다"(요한 10,30).

삼위일체에는 이원론이 존재하지 않으며, 하느님의 내적 생명 안에는 어딘가에 도달하려는 노력도 없다. 삼위일체는 영원하므로, 분리나 거리감이나 애씀이 지배하는 직선적 시간에서는 작동하지 않는다. 관상에서 이 삼위일체적 생명이 시간을 뚫고 들어와 당신의 모든 이원적인 갈등을 덮어 버릴 때, 당신은 노력하지 않고 열린 자각 안에서 쉬게 된다. 진리를 찾기 위한 모든 부질없는 노력이 영원하신 하느님 현존의 생명 속에 사라져 버린다.

노력하지 않음은 관상 수행에서 배우는 매우 섬세한 활동이다. 그것은 당신 안에 있는 하느님 본성의 일부기 때문에 당신은 그것을 알게 된다. 관상이 당신 안에서 활성화됨으로써, 노력하지 않는 하느님 본성이 당신 안에서 작동한다. 따라서 노력하지 않는 관상의 수용적인 태도에서, 당신이 하는 일과 하느님이 당신 안에서 하는 일이 조화를 이루고 사랑 안에서 하나로 합쳐진다.

하느님 현존은 언제나 당신 안에서 활동하고 계시지만 그것은 매우 부드러운 활동이다. 하느님의 온유함은 당신이 경험한 부드러움을 넘어선 부드러움이다. 당신이 해야 할 일은 오로지 당신 존재의 근원으로서 당신 안에서 활동하시는 하느님 현존에 깨어 있는 것이다. 시간이 지남에 따라, 어떤 인식의 대상에도 집착하거나 저항하지 않으면서 노력하지 않고 수행하는 방법을 배운다. 이때 당신은 과거에 대한 기억이나 미래에 대한 걱정, 그리고 온갖 생각·느낌·감각·이미지·지각 같은 인식의 대상에 집착하거나 그것에 저항하지 않는다. 심지어 하느님에 대해서도 마찬가지다. 당신에게 스며든 삼위일체적 하느님 생명이라는 항상 현존하는 은총에 깨어 있어라. 부드러우면서 노력하지 않는 관상 태도 안에서 수행은 자연스럽게 깊어진다. 당신의 거룩한 상징으로 아주 부드럽게 돌아가면, 당신의 분리된 자아 감각은 그리스도의 온유한 현존에 승복한다. 그때 그리스도의 현존은 자신의 근원인 아빠를 향해 성령 안에서 깨어난다. 이것은 당신 안에 계신 하느님과 관계 맺는 섬세한 경험이지, 하느님을 찾으려고 노력하는 이원적 활동이 아니다.

삶 속에서, 기쁨과 고통 가운데서 부드러움을 유지함

부드러우면서도 애쓰지 않는 관상 태도가 삶에서 드러나기 시작할 때 어떻게 보일까? 그것은 온유하면서도 평온한 모습일 것으로 생각할 수 있으며, 실제로 그럴 수 있다.

그러나 그리스도 안에서의 변화는 거룩함이라는 한 가지 이미지만을 만들어 내지는 않는다. 성령은 인간의 고유함을 파괴하지 않는다. 관상 태도로 삶을 사는 것이 반드시 부드럽게 말하고 천천히 움직이는 것을 의미하지는 않는다. 온유함과 애쓰지 않는 내적 태도는 다양한 사람들 안에서 다양한 행동으로 나타날 수 있다.

마리아 므로조브스키는 내가 살았던 피정 공동체의 영적 어머니였는데, 활기차고 정열이 넘치면서 분주하고 열렬한 활동가였다. 종종 마리아가 외부 강의를 마치고 집으로 돌아올 때면, 복도를 쿵쾅거리며 걸어 다니는 하이힐 소리가 들리고는 했다. 그러나 마리아는 내적 갈등에 휘말리는 일이 거의 없었기 때문에 나에게 관상적 부드러움의 상징이었다. 마리아는 관상 수행을 통해 이루어 낸 내적 신뢰 안에서 행동했다. 한번은 우리가 피정을 인도하고 있을 때, 마리아가 25인분의 라자냐를 만들고 있었다. 그런데 점심시간 전에 라자냐를 데울 준비를 하다가 오븐이 작동하지 않는 것을 알게 되었다. 나는 조금 걱정이 되기도 했지만, 마리아는 걱정하지 않고 잠시 기도 시간을 갖는 것 같았다. 그런 다음 이웃에게 전화를 걸고 서둘러 라자냐 쟁반을 가져갔다가 식사 시간보다 15분 늦게 따끈따끈한 라자냐를 가져왔다. 나중에 그녀가 말하길, 자신도 걱정이 되었지만 걱정에 사로잡혀 스스로 어떤 해결책을 찾으려고 애쓰기보다 하느님께 의지했다고 말했다. 마리아는 관상 수행에서 부드러움으로 반응하는 수행을 통해, 하느님께서 내면의 공간을 만드시도록 하여 활동 중에 잠시 기도할 수 있었고, 어쩌면 좌절할 수도 있는 문제를 좀 더 쉽게 실질적으로 해결할 수 있었다. 마리아의 내적 관상의 부드러움은 그녀가 하느님과 점점 더 합일하고 있음을 보여 주었다. 프란치스코 살레시오는 말했다. "슬픔과 고뇌 속에서도 온유함을 유지할 수 있는 사람, 많은 일과 분주함 속에서도 평화를 유지할 수 있는 사람, 그런 사람은 거의 완전하다고 할 수 있다."2

온유한 태도로 사는 사람이 거의 완전하다면, 완전함이란 무엇인가? 우리 사회에서는 완전함을 종종 자기 판단·노력·갈등이 없어야 하는 것으로 본다. 그러나 나는 완전함의 개념을 자신의 불완전함을 부드럽게 대하는 것이라고 제안한다. 기도와 삶에서 불완전함은 하나의 은총이다. 왜냐하면, 불완전함은 당신이 인간임을 깨닫고 하느님께 의지하도록 하기 때문이다. 내 친구 마리아는 완벽하지 않았다. 때때로 자신의 영적 수행을 잊어버리기도 하고, 다른 모든 사람과 마찬가지로 화를 내기도 해서 함께 살기 힘들었다. 하지만 하느님 사랑을 신뢰하고 자신의 불완전함과 인간성을 하느님께 내어 드릴 때, 하느님은 크게 힘들지 않은 상태로 당신을 이끄신다. 하느님은 당신의 솔직한 겸손을 통해 당신에게 오시며 다른 사람들에게도 오신다.

부드러움이 당신 기도에서 살아날수록, 하느님의 생명·사랑·연민이 당신의 행동에 나타난다. 부드러움이 당신 행동에서 나타날수록 단순하게 그리고 눈에 띄지 않게 당신을 통해 하느님 생명이 세상에 스며들 것이다. 하느님 생명은 당신 존재의 바탕으로서, 초월적 현존만은 아니다. 하느님 생명은 역동적인 사랑의 활동을 수반하기에, 이 초월적인 하느님 현존에서 인간 삶의 모든 곳으로 흘러나온다. 당신은 기도 안에서, 세상에서, 당신의 활동으로, 당신에게 주어진 하느님 생명을 나누게 되어 있다. 그러나 무엇보다도 당신이 있는 곳에서 하느님 생명을 나누어야 한다. 관상 수행에 충실할 때, 당신 안에 있는 그리고 당신 가운데 있는 하느님 나라가 생명으로 탄생한다. 다른 사람을 섬기는 당신의 단순한 행동이 점점 더 노력하지 않는 신적 생명의 표현이 될 때, 하느님 나라는 당신 주변의 세상에 세워진다.

성찰 예문

잠시 멈추고 침묵 속에서 다음을 숙고해 보자.
- 부드러움이 어떻게 향심기도가 깊어지는 데 도움이 되는가?
- 당신은 기도할 때 어떻게 노력하지 않을 수 있는가?
- 향심기도와 관상 생활을 심화하기 위해, 부드러움과 노력하지 않음을 묘사하는 또 다른 태도나 이미지, 또는 문구는 무엇인가?

13장

놓아 버림과 내버려둠

놓아 버림은 향심기도의 핵심이다. 놓아 버릴수록 당신은 하느님께 마음을 열고, 다른 사람들에게 마음을 열고, 실제 삶으로 그 영역을 넓혀 간다. 놓아 버림은 자아에 대한 집착과 강박적인 마음의 덫과 아집의 습관에서 당신을 자유롭게 해 준다. 놓아 버림이라는 능동적인 태도를 수행하면 관상의 길에 들어서게 된다. 당신 안에서 관상이 생생해질수록, 내버려두는 수용적인 태도를 더 많이 배우게 되고, 그러면 신적 생명이 점차 당신의 삶이 된다. 당신은 깊은 신뢰를 배우고 모든 것을 하느님 안에 있는 그대로 내버려둘수록 당신은 신적 생명 그 자체에 더욱 깊이 참여하게 된다. 향심기도가 깊어짐에 따라 존재 자체이신 하느님의 존재(God's Being) 안에 있음(being)으로써, 놓아 버림은 그대로 둠으로 대체된다. 모든 것이 하느님 안에 있는 그대로 존재한다는 것이 어떤 것인지 맛볼수록 당신은 더욱 쉽게 놓아 버릴 수 있다. 그리고 시간이 지남에 따라 관상 수행에서 놓아 버림과 내버려둠이 뒤섞인다. 당신이 행하는 것과 하느님이 당신 안에 존재하는 방식에는 별 차이가 없게 된다.

　　노력과 훈련은 영적인 삶에서 그 나름의 가치가 있다. 놓아 버림이라는 관상 태도는 당신이 취하는 능동적 활동이다. 하느님을 모든 생각·모든 감정·모든 것의 근원으로 알아차리기 위해서는, 모든 생각과 모든 감정과 모든 것에 대한 집착을 끊임없이 놓아 버리는 의도적이고 반복적인 활동이 필요하다. 그러나 어느 지점에 이르면 당신의 노력이 하느님 현존과 활동에 승복하게 된다. 이러한 승복은 그대로 둠이라는 수용적인 관상 태도를 수행할 때 생겨난다. 그대로 둠은 "모든 것이 잘 될 것이다. 모든 것이 잘 될 것이다. 그리고 모든 것이 잘 될 것이다"라고 노리치의 줄리안이 말한 것처럼, 아주 섬세한 믿음과 신뢰의 활동이다. 모든 것이 하느님 안에서 이루어진다. 놓아 버림이라는 관상적 태도를 수행할수록 당신은 당신 자신을 생각과 동일시하지 않게 되면서, 하느님이 누구신가에 대한 새로운 감각에 열리고, 새로운 수준의 자유를 경험하며, 자신에 대한 새로운 감각을 갖게 된다. 내버려둠이라는 관상적 태도는 이와 같은 하느님에 대한 새로운 감각, 이와 같은 새로운 자유, 이와 같은 자신이 누구인지에 대한 새로운 감각을 당신 삶으로 가져온다.

　　손을 펴기만 하면 쥐고 있던 돌멩이가 쉽게 떨어지듯이, 꽉 찬 먹구름이 비가 되어 땅에 떨어지듯이 관상이란 저절로 내면에서 일어난다. 중력과 마찬가지로 하느님 생명은 당신이 놓아 버리고 내버려 둘 때 깨닫게 되는, 보이지 않는 에너지다.

　　놓아 버림과 내버려둠이라는 관상적 태도는 사랑이신 하느님 본성을 향해 당신을 열어 주는데, 그것이 사랑이다. 사랑은 집착에서 당신을 해방하고, 자기 의지를 기꺼이 하는 마음으로 변화시키며, 놓아 버리려는 당신의 노력을 그리스도의 온유한 승복으로 순화한다. 하느님 사랑은 당신을 승복으로 초대한다. 사랑에 승복하는 것은 패배가 아니라 해방이다. 놓아 버림은 당신에게 승복을 일깨우고, 그대로 둠은 당신의 승복을 승복하도록 당신을 열어 준다. 하느님이 당신을 통해 삶 속에 생명을 흘려보내시듯, 당신은 세상에서 하느님 자비의 통로가 된다.

놓아 버리지 않는 원숭이

만약 당신의 거룩한 단어가 **'놓아 버려라'**라면, 향심기도를 하려고 자리에 앉을 때 당신 내면의 대화는 이렇게 들릴 수 있다. '나는 나의 거룩한 단어를 떠올린다. 놓아 버려, 놓아 버려, 놓아 버려 … 내 차가 언제 자동차 판매점에 도착할지 궁금하다. 놓아 버려, 놓아 버려, 놓아 버려 … 사운드 시스템은 훌륭하다. 놔, 놔, 놔 … 아빠의 검사 결과가 오늘 나온다. … 놔, 놔, 놔 … 놔 … 아빠가 내 곁에 없다면 어떻게 해야 할지 모르겠어. … 놔, 아빠가 없었다면 나는 누구일까? … 아악! 오, 이런 생각들! 나는 어떻게 이런 생각들을 놓아 버릴 수 있을까? … 오늘 기도가 물거품이 되는 건가? 아, 자유로울 수 없어! 어떻게 하지? … 놔 버릴 수 없어 … 난 이걸 잘하지 못해 … 어쨌든, 내 거룩한 단어는 무엇이었지? 오, 놓아 버려. 놔, 놔 … 놔 … 놔, 놔 … 놔 … .'

관상기도 수행에서 배워야 할 첫 번째는 당신 생각만으로 자신을 내려놓을 수 없다는 것이다. 놓아 버리겠다는 생각에 매달리는 것은 놓아 버리지 않는 것이다. 관상 수행에서 놓아 버림의 의미는 생각의 내용에 주의를 기울이지 않고, 대신 아주 부드럽게 하느님께 돌아가는 것이다. 향심기도에서 거룩한 상징을 부여하는 이유는 관상 수행 초기에는 거룩한 단어로 돌아가는 본질적인 태도를 확립하기 위한 것이고, 영적 여정을 계속하면서는 훈련·승복·초연한 태도를 강화하기 위한 것이다.

물론 향심기도를 시작하려고 앉으면 마음속에 있는 생각들을 즉시 더 잘 알아차리게 된다. 또한 삶에서 집착하는 것들, 즉 좋아하는 소유물, 사랑하는 사람, 자신의 자아에 대한 감각, 삶에서 당신 생각을 채우고 감정을 자극하는 것들을 더 잘 알아차리게 된다. 그리스도교 영성의 전통적인 언어로 표현하면 '피조물'은 보이지 않는 비밀스러운 근원에 뿌리를 두고 있어서 삶에서 만나는 것들이 세상에 있는 하느님의 표현에 불과하다는 것을 믿음으로 깨달을 수 있다. 존재하는 모든 것의 원천인 보이지 않는 창조주 하느님과의 관계를 발전시킨다 해도, 피조물은 여전히 생각과 감정을 자극한다. 이것은 이해할 수 있는 일이다. 하느님 없이는 세상의 좋은 것들이 더 쉽게 당신을 지배한다. 제럴드 메이는 이렇게 말한다. "성 아우구스티누스가 일찍이 말했다. … 하느님은 항상 우리에게 좋은 것을 주시려고 하지만, 우리의 손은 너무 가득 차서 그것들을 받아들일 수가 없다…"[1] 당신은 세상 것들에 집착하는 만큼 생각에 집착한다. 그러므로 향심기도에서 하느님께 동의함으로써 생각을 내려놓는 법을 배우는 것은, 하느님께 동의함으로써 세상 것들에 대한 집착을 놓아 버리는 방법을 배운다.

영어에서 집착(attachment)이란 말은 '움켜쥐다'(atachier)를 의미하는 고대 프랑스어에서 유래한다. 이는 '못으로 박힌다'라는 뜻이다. 사실 관상에서 생각 자체는 장애물이 아니다. 단지 당신이 움켜쥐고 있는 생각, 당신의 마음속에 남아 당신을 붙잡고 있는 생각만이 장애물이다. 명상의 세계에서 전해지는 유명한 비유가 이 굴레를 설명해 준다. 아프리카 특정 지역에서는 부족민들이 매우 간단하면서도 효과적인 덫으로 원숭이를 사냥한다. 사냥꾼들은 코코넛 껍질에 작은 구멍을 내어 속을 파내고 그 구멍에 사탕을 넣어 정글 바닥에 둔다. 원숭이는 달콤한 사탕 냄새를 맡고 코코넛을 찾아내어, 구멍에 손을 넣어 사탕을 꺼내려고 한다. 그러나 일단 미끼를 잡으면 원숭이의 꽉 쥔 주먹이 너무 커서 구멍으로 도무지 빠지지 않는다. 원숭이가 멀리까지 들고 가기에는 코코넛이 너무 무겁다. 원숭이가 미끼를 그냥 놓아 버리기만 하면 손을 빼낼 수 있다! 원숭이가 미끼를 놓으려고 하지 않기 때문에 이것은 완벽한 덫이 된다. 결국, 원숭이는 붙잡혀서 원숭이 스프의 재료가 된다.

    원숭이처럼, 당신이 생각들을 붙잡고 있으면 덫에 걸리게 된다. 당신의 생존이 이러한 생각에 얽매여 있다고 믿는 무엇인가가 당신 안에 있다. 당신은 생각을 놓아주는 방법을 모른다. 당신은 스스로 직접 놓아줄 수 없다. 생각을 버리려고 하면 생각에 더 단단히 묶일 뿐이다. 자기 의지로 생각을 놓을 수는 없다. 당신이 직접 그렇게 할 방법도 없다. 당신에게는 매개물이라는 우회적인 방법이 필요하다. 향심기도에는 하느님께 동의를 표현하는 거룩한 상징이 있다. 거룩한 상징으로 수행하면 더 쉽게 놓아 버릴 수 있다. 왜냐하면, 하느님에 대한 동의로 당신 존재의 또 다른 측면에 접근할 수 있기 때문이다.

그렇게 함으로써 당신은 생각을 더 쉽게 놓아 버릴 수 있다.

당신은 당신의 마음이 온갖 주의를 끄는 생각들로 얼마나 가득 차 있는지를 보며, 당신 손이 얼마나 가득 무언가를 움켜쥐고 있는지 알게 된다. 관상 수행에서 놓아 버리는 법을 배움으로써, 당신은 이 속박에서 자유로워진다. 향심기도에서 단순히 거룩한 상징으로 돌아갈 때, 당신 안에 계신 하느님께서 당신 주의를 끌고 있는 생각들을 놓아 버리게 하신다.

하느님 안에서 생각에 대한 집착에서 자유로워짐에 따라, 삶의 모든 것과 더 자유로운 관계를 갖게 된다. 당신은 하느님 안에서 세상 것들을 더 자유롭게 사랑하고, 그것을 하느님 안에서 놓아 버릴 수 있게 된다. 당신이 생명의 근원인 창조주와 살아 있는 관계에 있음으로써, 이 숨겨진 근원에서 생겨나는 피조물, 곧 세상 것들과 세상 사람들과 올바른 관계를 맺게 된다. 십자가의 요한은 우리가 '그들을 버림으로써', 즉 그들을 놓아 버림으로써 '피조물 안에서의 기쁨을' 더 많이 누리게 된다고 말했다. 이러한 자유는 당신을 통해 다른 사람들에게 사랑이 더 쉽게 흘러 들어가게 한다.

하느님 안에서 떠다니기

관상은 물 위에 떠 있는 것과 매우 흡사하다. 당신은 수영장에서 물에 뜨는 법을 배우기 위해 구명조끼를 사용할 수 있다. 당신은 구명조끼를 붙잡고 수영장 가장자리 벽에서 손을 뗄 수 있다. 발을 바닥에서 뗄 수도 있다. 당신은 여전히 수영장 벽에 닿아 있지만, 그것을 놓아 버릴 수 있다. 수영장 벽을 붙잡고 있을 필요가 없이, 놓아 버릴 수 있다. 예전처럼 벽을 붙잡을 필요는 없다. 당신은 물이 당신을 받쳐 준다고 느끼는 동시에 물이 어떤 느낌인지 감지한다. 물의 부력을 느낀다. 이런 식으로 구명조끼를 사용하면서도 당신은 보이지 않는 물의 속성을 더욱 신뢰하기 시작한다. 당신은 물속에 자신을 맡기고 있다. 수영장 벽이 있지만 더는 그 벽이 당신을 지탱하고 있지 않다. 다른 것이 떠받치고 있기 때문이다. 이제 당신은 물 위에 떠 있다.

관상 수행이 바로 이와 같다. 관상 수행을 통해 당신을 제한하는 벽과 같은 생각과 감정을 놓아 버리고, 마치 당신이 하느님 안에 떠 있는 것처럼 그대로 두는 법을 배운다. 향심기도의 거룩한 상징은 구명조끼와 같은 것으로, 당신 생각을 놓아 버리도록 도와주며, 하느님과 함께 더 깊은 생명의 물에 들어갈 수 있게 도와준다. 관상이 당신 안에서 생생해지면서, 모든 생각을 그냥 그대로 두는 법을 배우게 된다. 이는 당신의 거룩한 상징으로 아주 쉽게 돌아가거나, 또는 분명한 상징의 형태로 전혀 돌아가지 않음으로써 가능하다.

향심기도가 관상으로 깊어짐에 따라, 당신은 물에 뜨는 법을 배우기 위해 구명조끼를 사용하는 사람처럼 거룩한 상징을 사용한다. 당신은 생각에 사로잡힐 때, 거룩한 상징을 떠올리면서 그것으로 돌아간다. 그러나 기도가 발전함에 따라 당신은 거룩한 상징에 크게 신경 쓰지 않으면서 거룩한 상징으로 가볍게 돌아가는 방법도 배운다. 기도의 물속에서 거룩한 상징을 놓아 버리는 방법을 배우면서 당신의 기도는 더 발전한다. 그런 다음 내재하시는 하느님의 영 안에서 쉴 준비가 되었을 때 거룩한 상징을 완전히 놓아 버려라.

깊은 관상에서 당신은 모든 것을 하느님의 존재하심 안에 그냥 있게 한다. 모든 생각과 감정은 하느님의 존재 안에서 스스로 생겼다가 사라지는 것들이다. 모든 생각을 있는 그대로 두는 것은 매우 수용적이고 성숙한 관상 태도다. 성령의 물속에 그냥 있다는 믿음이 커지면, 당신을 거기에 이르게 한 것조차 놓아 버릴 수 있다. 깊은 관상 속에서 상징에 집착하는 것은, 상징이 아무리 거룩하다 할지라도 형태라는 보호 수단인 잘못된 수단을 간직하는 것이다. 당신이 그냥 그대로 두는 더욱 수용적인 태도로 이끌려 가고 있을 때, 거룩한 상징에 집착하는 것은 놓아 버리는 능동적 태도에만 있게 한다.

당신은 거룩한 상징을 어떻게 놓아 버렸는지 궁금할 것이다. 당신은 상징을 놓아 버리려고 노력할 수 없다. 당신은 상징이 그대로 당신 마음속에 있게 하고, 상징 그 자체를 정제하라. 그래서 거룩한 단어가 거룩한 속삭임이 되고, 거룩한 호흡이 당신 안에서 숨을 쉬고, 거룩한 바라봄이 내면의 섬세한 시선이 되고, 거룩한 무無가 모든 곳에서 모든 것이 되도록 하라. 그러면 하느님이 당신 안에서 그 상징을 놓아 버리신다. 내버려두는 당신 태도로 말미암아, 하느님은 당신 안에서 놓아 버리신다. 당신 활동은 당신 안에 있는 하느님 활동과 조화를 이룬다. 관상 수행의 섬세함은 하느님이 당신 안에서 언제 거룩한 상징을 놓아 버리시는지 감지하는 법을 배우는 데 있다. 그런 다음 그것을 내버려두고, 놓아 버림으로써 더 깊은 내면의 움직임과 협력한다. 관상 수행에서 배우는 것은 물에 뜨는 법을 배우는 것처럼 미묘하고 경험적이다. 관상적 수행 방법을 정확히 설명할 수 없듯이, 물에 떠다니는 방법도 정확히 설명할 수는 없다. 관상과 물 위에 떠 있는 것은 경험으로 알아야 이해되고, 수행해야만 배울 수 있다. 그러나 놓아 버리고 내버려두는 관상 태도를 알고 수행하면, 자신이 직접 경험으로 배우게 되는 것을 인식하는 데 도움이 된다.

내버려둠

향심기도 기본 지침에서 거룩한 상징을 놓아 버리는 것을 그렇게 많이 강조하고 있지는 않지만, 기도가 깊어짐에 따라 거룩한 상징을 놓아 버리고, 모든 것을 내버려두어야 한다. 토마스 키팅은 말한다.

> 향심기도를 처음 시작할 때 거룩한 단어로 끊임없이 돌아가지 않으면서 지향을 계속 유지하는 것은 어렵다. 그렇다고 거룩한 단어로 돌아가는 일을 계속 반복해야 한다는 것은 아니다. … 향심기도에서 거룩한 단어를 사용하는 것은 수용적 태도를 기르기 위해서다. 거룩한 단어 없이도 하느님을 향한 내적 움직임이 있으면 그것으로 충분하다.[2]

이런 내면의 수용적인 움직임을 촉진하는 태도가 바로 내버려둠이다.

거룩한 상징을 항상 되뇌면서 그것을 붙들고 있으면, 관상 수행을 올바르게 하고 있다고 일시적으로 느낄 수 있다. 그러나 생명을 부지하는 수단인 구명조끼처럼 항상 거룩한 상징을 붙잡고 있다면 잘못된 것이다. 그것은 당신의 경험 속에 관상이 생생히 살아나지 못하게 한다. 당신은 하느님께 충실하다고 느낄 수 있지만, 관상은 형태들과 상징, 심지어 거룩한 것조차 초월한다. 시편은 말한다. "내 영혼은 오직 하느님을 향해 말없이 기다리니"(시편 62,1). 거룩한 상징은 하느님에 대한 당신 동의의 표시일 뿐이다. 하느님께만 동의하기 위해 거룩한 상징을 놓아 버려야 한다. 상징이 필요할 때, 즉 당신이 생각에 붙잡힐 때만 거룩한 상징으로 돌아갈 뿐이다.

하느님 현존과 활동은 어떤 것인가? 당신이 지금 고요하고 평화롭고 따뜻한 바다에 떠 있다고 상상해 보라. 당신은 갈매기 우는 소리를 듣는다. 오후의 하늘은 넓고 맑다. 당신은 근심과 노력을 내려놓고 그저 물 위에 떠다니고 있다. 물속에서는 몸의 경계가 뚜렷하지 않게 느껴진다. 당신은 안전하게 물에 둘러싸여 있다고 느끼면서 주변에 있는 것과 서로 어우러지기 시작한다. 당신을 지지하고 양육하는 존재와 하나가 되어 자궁 안에 있는 것처럼 느낀다. 가야 할 곳도 없고, 할 일도 없다. 항상 존재하면서 감싸안아 주시는 사랑의 선물과 증여 안에 있는 것 외에는 할 일이 아무것도 없다.

그냥 있어라. 마음속 생각과 감정을 어떻게 하려고 하지 않으면서, 지나가는 물속의 잔물결이나 파도처럼 내버려두어라. 그리스도 신비 안으로 들어가는 것을 제외하고는 관상 중에 갈 곳이 없다. 이 신비 속에서 당신 자신에 대한 새로운 감각이 살아난다. 자신에 대한 이 새로운 감각은 이제 더는 스스로 존재하지 않지만, 하느님과 지속적인 관계 속에서 끊임없이 발견된다. 그대로 있는 것이야말로, 기도의 동반자이신 하느님 활동에 대한 훌륭한 응답이다. 왜냐하면, 당신을 관상 태도로 더 깊이 이끄시는 분은 하느님이시기 때문이다.

깊은 관상 중에 진정 누가 놓아 버리는가? 하느님과 당신의 가장 깊은 부분이다. 깊은 수행과 완전한 사랑의 은총으로, 하느님께서 당신 기도 속에 살아나신다. 그리스도께서 당신 안에 점점 더 살아나면서, 놓아 버리는 태도가 당신의 기도 생활에 점점 더 많이 스며들게 된다.

하느님은 사랑이시다

한 대목에서 성경은 하느님 본성을 매우 분명하게 밝힌다. 요한은 그의 편지에서 간단히 "하느님은 사랑이십니다"라고 말한다. 하느님이신 사랑은 감상적인 것이나 감정이 아니라, 생명 그 자체의 원천인 존재다. 요한은 계속해서 "하느님은 사랑이십니다. 사랑 안에 머무르는 사람은 하느님 안에 머물러 있고 하느님도 그 사람 안에 머물러 계십니다"(1요한 4,16)라고 말한다.

관상은 하느님을 사랑으로써 깨닫는 것이다. 사랑은 감각적 또는 감정적 차원에서 느낄 수 있지만, 더 중요한 것은 존재 자체의 근원으로 현존하는 사랑이다. 당신은 이 사랑을 느끼지 못하지만, 그 사랑에 깨어날 수 있다. 당신을 지지하는 그 보이지 않는 현존, 기도로 당신을 감싸는 사랑, 그것은 하느님이시다. 관상에서 사랑이신 하느님의 현존은 당신의 노력을 사랑으로 잠재우고 당신이 신뢰하도록 이끌며, 당신이 놓아 버리고 그대로 둘 수 있도록 이끈다. 거룩한 상징을 놓아 버리고 하느님 현존과 하나가 되어 물 위에 떠다니는 것은 사실 사랑의 행위다. 관상 중에 보이지 않는 하느님 신비와 관계를 맺게 하는 사랑이다. 때때로 하느님을 느끼거나 지각할 수 있지만, 이것은 감정이나 느껴지는 경험에 의존하는 사랑이 아니다. 놓아 버림과 그대로 둠의 관상 태도는, 본질적으로 **'사랑을 느끼는 행위'**가 아니라 **'사랑이 되는 행위'**다. 따라서 이런 종류의 사랑은 선물이다. 왜냐하면 그것은 하느님 존재의 선물이기 때문이다. 관상에서 놓아 버리는 것은, 사랑 그 자체이신 하느님 현존이 끌어당기는 사랑의 행위다.

향심기도가 깊어지는 과정에서 계속해서 놓아 버림에 따라, 당신은 자신의 제한적이고 표면적인 자아와 자기 의지에 의한 조건화된 감각을 잃게 된다. 예수님이 말씀하신 것처럼 "사실 제 목숨을 구하려는 사람은 목숨을 잃을 것이요, 나 때문에 제 목숨을 잃는 사람은 목숨을 얻을 것"(마태 16,25)이다. 예수님의 삶은 사랑의 삶, 놓아 버림과 그대로 둠의 삶이었다.

슬퍼하는 사람은 복이 있다

놓아 버림과 내버려둠의 관상 태도는 자연스럽게 삶으로 나타난다. 삶 안에서 놓아 버리고 내버려둔다는 것은 하느님이 모든 순간, 모든 관계, 모든 활동의 근원이 되시도록 하는 것을 의미한다. 하느님이신 사랑은 놓아 버림으로 표현된다.

경기 침체로 직장을 잃은 친구가 있었다. 그녀는 향심기도를 수행한 덕에 새로운 직장을 찾을 것이라는 믿음과 희망을 가질 수 있었지만, 삶의 이러한 변화에 자신이 얼마나 화가 났는지 놀랐다고 털어놓았다. 직장 생활을 하는 10년 동안 그녀는 친밀한 우정을 쌓았고, 자신의 일을 즐겼다. 직업을 바꾸고 싶은 생각이 없었다. 관상의 길을 이해하지 못한 친구들은 그녀에게 걱정하지 말라고, 그건 단지 직업일 뿐이며, 가능한 한 빨리 새로운 일을 찾아 나서야 한다고 말했다. 그러나 그녀는 자신의 슬픔을 알아차리고, 바로 다른 일자리를 찾아 나서지는 않았다. 그녀는 진심으로 눈물을 흘렸고, 또한 화가 났다. 그녀가 새로운 일을 찾아야겠다는 생각이 든 것은 2주간의 전환기가 지난 뒤였다.

그녀는 서서히 일자리를 찾기 시작했다. 놓아 버리는 시간을 갖고, 그런 상황에서 또한 하느님을 찾는 시간을 가진 덕분에 구직 활동이 덜 필사적으로 느껴졌다고 그녀는 말했다. 그리고 그녀가 새로운 일을 찾았을 때는, 과거의 삶을 상실한 데 대한 애도의 시간을 가진 덕분에 새로운 일을 온전히 받아들일 수 있었다. 새 직장에서 4개월을 보낸 후, 그녀는 그 변화에 얼마나 만족하는지 나에게 말했다. 그녀는 "복되어라, 슬퍼하는 사람들! 그들은 위로를 받으리니"(마태 5,4)라고 하신 예수님 말씀이 무엇을 의미하는지 더 잘 이해하게 되었다.

사랑이신 하느님은 당신이 더 많이 사랑하게 하신다. 그래서 당신 안에 계신 하느님께서 당신이 사랑하는 것, 심지어 직업을 잃은 것조차 당신이 애도하도록 초대하신다. 일단 당신 스스로에게 슬픔을 허락한 후, 당신은 새로운 삶으로 다시 자유롭게 이동할 수 있다. 변화, 상실 그리고 죽음은 삶의 일부다.

놓아 버림의 관상 태도는 때때로 당신이 통제할 수 없는 것을 받아들이면서, 의식적으로 하나의 행복한 일로 살아날 수 있다. 왜냐하면 더 위대한 누군가가 있기 때문이다. 당신 삶에 신뢰가 조금 더 생기면서 섬세한 믿음의 변화를 경험할 수 있다. 그러나 주로 관상 수행의 열매는 숨겨져 있으며, 분리된 자아 감각의 관심이나 노력이나 의도 없이, 현재 순간에 무지無知의 몰입으로 드러난다. 관상기도가 가져오는 내면의 변화는 당신의 생각 · 사람 · 당신 삶의 활동 · 당신이 필요로 하는 것들 · 당신 믿음 · 당신 눈물에 의식적으로 집착하지 않으며, 하느님 안에서 삶의 순간 안으로 당신을 일깨운다. 생각과 사람과 눈물이 지금 당신 안에서 하느님 생명의 표현으로 떠오른다. 예수님이 "복되어라, 슬퍼하는 사람들! 그들은 위로를 받으리니"라고 하실 때, 그분은 어떤 특정한 방식으로 슬픔의 필요를 허용하신 것이다. 진복팔단은 당신 안에 계시는 그리스도의 생명을 신학적으로 표현한 것이며, 당신 기도 생활의 열매로서 신비한 방식으로 살아난다.

당신이 놓아 버림과 내버려둠을 배워갈 때, 관상기도와 관상 생활이 점점 더 깊어지고 충만해질 것이다. 당신은 삶에서 하느님과 함께 헤엄치기 위해 하느님 안에서 물 위에 떠 있는 법을 기도 안에서 배울 것이다. 기도 수행과 삶에 대한 당신의 헌신을 통해 일하시는 하느님께 충실할 때, 하느님은 더 깊은 관상의 바다로 당신을 인도할 것이다.

성찰 예문

잠시 멈추고 침묵 속에서 다음을 숙고해 보자.
- 당신이 가장 놓아 버리기 힘든 생각은 무엇인가?
- 당신은 거룩한 단어를 어떻게 놓아 버리는가?

14장

쉼과 있음

6세기에 대 그레고리우스는 관상을 '하느님 안에서의 쉼'이라고 정의했다. 하느님 안에서 쉬는 것이 반드시 육체적 이완의 느낌이 들어야 하는 것은 아니다. 관상은 정서적으로 평화롭다거나 반드시 마음이 고요한 상태라고만 볼 수는 없다. 관상은 육체적 이완, 정서적 평화 그리고 고요한 마음의 상태를 수반할 수 있지만, 훨씬 더 많은 것을 의미한다. 관상의 쉼이란 당신 존재가 하느님 존재 안에서 쉬는 것이다. 이 신비한 쉼 속에서 당신의 정신·마음·몸의 감각도 쉬면서, 생각·정서·감각의 원천인 내재하시는 하느님 현존 안에 머물러 있는 것이다. 당신은 관상을 통해 점차 새로운 자유를 배운다. 그리고 새로운 평화, 모든 이해를 뛰어넘는 평화를 발견하는데, 이 평화는 삶의 분주함 속에서도 중심을 잡을 수 있게 하는 어떤 토대를 제공한다.

'쉼'이라는 능동적 관상 상태는, 아무런 노력도 하지 않고 당신의 경험을 변화시키려고 애쓰지도 않으면서, 하느님 현존 안에서 단순하게 놓아 버리고 쉬는 것으로서 당신에게 관상의 문을 열어 준다. 관상은 밤에 잠드는 것과 같다. 당신은 잠드는 법을 배우지 않는다. 잠드는 방법에 대한 수업을 듣거나 피정에 참석하지 않는다. 잠드는 것은 내버려두면 그냥 자연스럽게 일어나는 현상이다. 잠들려고 애쓸수록 잠들지 못한다. 노력하는 것을 놓아 버리고 피곤한 가운데 내적으로 이완된 상태를 허락하면, 그리고 내적 현존에 자신을 맡기면 밝은 아침에 깨어나는 자신을 발견한다.

'쉼'이라는 관상 태도는 잠이 들 때 내적으로 이완된 상태로 대체되는 것과 같은 행위다. 그것은 당신이 하는 일이지만 매우 섬세한 활동이다. 관상 수행에 관한 피정과 수업은, 하느님 안에서 평화를 얻기 위해 실패하지 않는 전략을 보여 주기보다 하느님 안에서 자연스럽게 쉬는 방법을 알아차리도록 돕는 것이다. 침대에 누웠을 때 몸이 이완되면 잠드는 것처럼, 하느님의 신비한 현존은 쉼이라는 관상 태도를 터득하는 데 도움이 된다.

그러나 관상에서는 하느님 현존을 느낌으로 경험하는 것이 목적이 아니다. 하느님 현존 경험은 영적인 길에서 나침반처럼 당신을 '하느님의 있음'(God's Being)으로 향하게 하는 선물이다. 하느님 현존은 당신이 수행해야 할 매우 중요한 관상 태도지만, '하느님의 있음' 안에 있는(being) 것은 훨씬 더 가치가 있다.

'**있음**'은 더 순수하고 수용적인 태도로서 '**쉼**'이라는 능동적 태도와 균형을 이루면서 열매를 맺게 한다. '있음'은 그냥 있는 것 외에 아무것도 하지 않는 것을 의미한다. 어떤 의미에서 '있음'이라는 태도는 원상태로 돌리는 것이라고 할 수 있다. 당신은 쉬려는 노력조차 놓아 버린다. 그냥 있음의 태도 안에는 당신이 찾아내거나 승복해야 할 하느님 현존은 없다. 그저 하느님의 있음만 있을 뿐이다. 활동이든 쉼이든 거기에 무엇이 있든지, 하느님의 있음 안에 그냥 있는 것이다. 왜냐하면 활동과 쉼은 하느님의 있음 안에서 유지되는 것이기 때문이다. 당신의 수용적인 있음의 태도와 하느님의 있음은 하나가 된다. 활동과 현존이 하나가 된다.

하느님의 있음 저 깊은 곳에서 쉼을 넘어 쉬어라. 기다리는 것 이상으로 기다려라. 있음을 초월하여 있으라. 시간이 지남에 따라, 당신은 하느님 안에서 쉬는 것이 어떻게 하느님 안에 있도록 도움이 되는지 배운다. '하느님의 있음' 안에 있는 것이, 하느님 현존 안에서 쉼을 수행하는 방법을 배우는 데 어떻게 도움이 되는지 경험한다.

사막에서의 불안

젊었을 때 나는 영적 공동체와 영적 스승을 찾기 위해 낡은 차에 짐을 가득 싣고 미국 서부를 가로질러 여행했다. 로키산맥에서 유타주의 사막 고지대로 차를 몰고 내려갔을 때 갑작스레 예상치 못한 일이 일어났다.

나는 사막에 가 본 적이 없었는데, 그곳에서 무언가가 나를 사로잡았다. 그곳에는 뚜렷하게 느껴지는 고요한 현존이 있었다. 속도를 줄이고 고속도로에서 빠져나와, 후미진 길을 따라 달리다가 차를 세웠다. 잠시 후 사막의 텅 빔을 응시하는 자신을 발견했다. 대륙을 횡단하며 지니고 있던 도시의 의식은 그곳의 다른 무언가에 승복하기 시작했다. 마치 어린아이가 푹신한 베개에 머리를 얹은 것처럼 마음이 편안해지는 것을 발견했다.

　그날 밤 나는 계획을 바꾸어 사막에 머물면서 야영을 했다. 다음 날 시간을 더 할애하여 그 지역을 탐험했다. 협곡 가장자리를 따라 돌아다녔다. 숲과 호수와 들판으로 둘러싸인 미시간주 교외에서 자란 나에게 사막은 완전히 낯선 풍경이었다. 그곳은 생명체가 존재하기 어려운 곳으로 보였다. 둘째 날, 하이킹을 하고 주위를 둘러보니 사람이나 동물 같은 생명체도 없었다. 볼 수 있는 것이라고는 광활하고 텅 빈 하늘과 나무도 초목도 없는 지평선뿐이었다. 사막은 메마른 공허처럼 느껴졌다. 처음에는 흥미를 느꼈지만, 이내 마음이 불안해졌고 안절부절못하게 되었다.

　사막에서의 그 둘째 날, 마음이 매우 번잡했다. 전날 느꼈던 평온함은 간데없고, 사막은 내 안의 초조함을 비추는 거울과 같았다. 생각들이 그 텅 빈 하늘 곳곳을 날아다녔다. 마음이 불안해지고 동요가 일었다. 거기서 빠져나오지 않으면 감정이 폭발할 수도, 내적으로 무너질 수도 있다는 생각이 들었다.

　그러나 그 엄청난 사막의 침묵 속에서, 나는 또한 어떻게든 그대로 있으라는 조용한 초대를 감지했다. 나는 앉았다. 내 호흡을 의식하면서 단순히 숨을 쉬는 것이 어떤 느낌인지 감지했다. 숨을 내쉬자 긴장이 풀렸다. 내 마음은 여전히 요동쳤지만 내 안에서 그냥 그곳에 있음을 받아들이는 무언가를 느꼈다. 더 이상 다른 것을 찾고자 하지 않았다.

　그때 나는 여기저기 활짝 핀 작은 꽃들을 보았다. 사막을 채우려는 노력을 버리고 사막을 벗어나려는 노력을 포기하면서, 나는 그 안에서 신비한 생명과 아름다움을 인식하기 시작했다. 모래는 무늬를 이루며 윤곽을 드러냈고, 그 아래와 주변은 눈부시게 푸른 하늘과 갈라진 틈에서 만나는 협곡으로 이어져 있었다. 내가 사막에 맞서 싸우거나 맞서 움직이지 않을 때, 거기서 또 다른 평화를 발견했다. 내 마음은 단순히 현존했고, 불안을 그냥 있는 그대로 두었을 때, 사막에서의 불안한 내 마음이 밝아지기 시작했다.

유타주에서 며칠을 보낸 후, 나는 영적 탐구를 계속하면서 서쪽으로 향했다. 나는 사막에서 무언가를 발견했다. 아니 어쩌면, 나는 거기에 있는 무언가에 의해 발견되었다. 그 무언가는, 나중에 신비한 누군가의 얼굴로 나타났다. 사막은 나의 스승이 되었다. 그 사막의 텅 빔은 나를 그 존재 안에서의 휴식으로, 즉 그저 쉼으로 초대했다.

하느님 안에서의 쉼

관상의 쉼이란 하느님을 의식의 대상으로, 즉 이미지나 개념 또는 생각으로 경험하는 것이 아니라, 의식 속의 모든 이미지나 개념이나 생각의 근원이신 하느님 안에서 쉬는 것이다. 이런 종류의 쉼을 얻는다는 것은 내면의 불안을 내려놓는 법과 더불어, 점점 더 섬세해지는 하느님의 내적 현존에 귀를 기울이고, 그것을 알아차리고, 그것에 모든 것을 내맡기고 승복하는 법을 배운다는 것을 의미한다.

사막 교부와 교모로 알려진 3세기와 4세기 초기 그리스도교 관상 스승들은 '아케디아'*acedia*에 대해 언급하곤 했다. 이것은 관상 생활에서 경험하는 내적 메마름 · 불안 · 공허 · 나태를 의미하는 말이었다.

사막 교부와 교모가 남긴 격언들에는 관상 수행에 대한 그리스도교 최초의 기록이 포함되어 있었는데, 그것은 기도 중에 경험하는 아케디아와 생각을 어떻게 다루는지, 그리스도와 합일을 이루려면 어떻게 해야 하는지에 대한 가르침이었다.

사막 교모와 교부는 사막이 하느님 현존을 인식할 수 있는 곳이고, 하느님 활동이 그들을 변화시킬 수 있는 곳이라고 생각했기 때문에 그곳에서 살았다. 그들은 제자들에게 텅 빔 속에 그냥 머물러 있으라고 조언했고, 아케디아라고 부르는 내적 불안이나 무기력 속에서 그냥 기다리라고 가르쳤다. 유타 사막에서 나의 경험이 보여 주듯, 쉼이라는 관상 태도를 수행할 때, 끊임없는 생각·감정·이미지들은 하느님이신 그 근원에 안착하면서 모든 것의 근원이신 하느님께로 방출된다. 시편은 이렇게 노래하고 있다. "주님 앞에 고요히 머물며 그분을 인내롭게 기다려라. … 너희는 멈추고 내가 하느님임을 알아라" (시편 37,7; 46,11).

하느님의 존재

수행을 계속하면, 관상적 쉼은 하느님의 있음인, 있음 안으로 편안하게 전개된다. **'하느님의 있음이란 무엇인가?'** 성경에 따르면 하느님께서는 호렙산에서 모세에게 나타나셨는데, 떨기나무에 불이 붙었으나 타서 없어지지 않는 형태였다. 이 광경을 상상해 보라. 바싹 마른 떨기나무 가지에 불이 붙었으니 금방 타서 없어져야 하는데 놀랍게도 그것은 타서 사라지지 않았다. 시간이 지나도 가지와 잎들은 그대로 남아 있었다. 떨기는 사라지지 않았고, 그것은 타오르는 빛과 찬란한 에너지에 휘감긴 채 그냥 그대로 있었다.

모세는 하느님의 이름을 뭐라고 불러야 할지 물었다. 떨기나무 속에서 들리는 목소리는 이렇게 대답하셨다. "**나는 있는 나다!** … 이것이 영원히 불릴 나의 이름이며, 이것이 대대로 기릴 나의 칭호이다" (탈출 3,14-15). '나는 있는 나다'는 존재 안으로 스며든, 말로 표현할 수 없는 초월적인 진술로, 존재의 이름이다. 하느님은 말씀하신다. "끝이 없고 사라지지 않는 나는 그냥 있는 존재다." 이 이미지와 말씀은 직선적 시간이 사라지면서 하느님 있음의 빛나는 현재 순간으로 들어가는 경험을 보여 주는 표현이다. 하느님의 있음 안에 '영원'이 담겨 있다. 하느님의 있음 자체를 어떻게 감지할 수 있을까? 그냥 있으면 된다.

예수님은 '나 있음'(I-am-ness)의 신비, 즉 있음(Beingness)의 신비를 인간의 모습으로 드러내셨다. 요한 복음서를 보면, 당신은 누구냐는 질문을 받았을 때 예수님은 이렇게 대답하셨다. "아브라함이 나기 전부터 나는 있습니다"(요한 8,58). 한처음에 하느님의 '나다'(I am)와 함께 계셨던(요한 1,2) 로고스이신 예수님은, 시간과 활동이 펼쳐지는 현시적 세상 속으로 이천 년 전에 들어오셨다. 부활하신 그리스도의 현존은 당신 존재의 숨은 근원으로서 언제나 여기에, 언제나 당신 안에 계신다. 부활하신 그리스도의 현존인 '나 있음'(I-am-ness)의 출현이, '나는 있는 나다'(I am who I am)인 그리스도의 더욱 비밀스러운 근원으로 이끌어 가게 하라. 이러한 있음 그 자체를 신뢰하라. 모든 노력과 분투와 실수 그 아래, 그 사이, 그 너머에 하느님 있음의 영원한 근원이 있고, 그것은 당신 자신의 존재 안에 이미 새겨져 있는 것이다.

있음의 태도

하느님의 있음을 찾아낼 방법은 없다. 왜냐하면 그것은 이미 여기에 있기 때문이다. 하지만 단순히 그냥 있음으로써, 당신은 있음 자체를 깨닫는 데 필요한 태도를 지니게 된다. 하느님 안에서의 '쉼'은 이원적 노력이라는 속성이 있는데, 당신이 하나의 주체로서 하느님 현존이라는 객체를 의식하면서 그 안에서 쉬기 때문이다. '쉼' 안에는 여전히 당신과 하느님이 분리되어 있는데, 그것은 당신 마음의 활동과 하느님 사이의 분리다. 사막에서의 둘째 날, 내 마음이 소란하고 불안했던 활동을 포함하여 존재하는 모든 것과 함께 있는 것만으로도 '나는 있는 나'라는 '하느님의 있음'을 깨달을 수 있었다. '하느님의 있음' 안에는 있음에 대한 이원성이 없다. 데이비드 스타인들 라스트 수사는 토마스 머튼의 말을 다음과 같이 인용하고 있다.

> 사막은 사막으로 받아들여질 때 낙원이 된다. 우리가 사막을 피하려 하면, 사막은 결코 사막 이외의 다른 어떤 것이 될 수 없다. 그러나 우리가 일단 그리스도의 수난과 합일하여 사막을 온전히 받아들일 때 사막은 낙원이 된다. … 당신이 이미 가지고 있는 것을 새롭게 발견하는 것은 오직 십자가를 온전히 받아들임으로써만 성취된다.[1]

십자가는 그리스도의 부활을 향한 길이었고, 영원히 그리스도의 있음, 그의 '나 있음'을 얻을 수 있는 그리스도의 길이었다. 십자가는 분리된 자아 감각의 죽음을 상징한다.

있음이라는 수용적 관상 태도는 또한 하나의 죽음이기도 하다. 분리의 죽음이요, 하느님 본성인 영원한 지금과 하나가 되려는 노력과 애씀의 죽음이다. 그러한 하나 됨은 늘 현존하시는 사랑 안에서 은총과 선물로 주어지는 것인데, 그것은 사랑이 하느님 본성이기 때문이다. 사실 하느님 사랑 안에서 단순히 있는 것은 매우 어려운 일이다. 분리된 자아 감각은 성취하고 실행하고 생산하기 위해 무언가를 하려 들기 때문이다. 하지만 우리는 그렇게 해서는 안 된다. 성취와 성과와 생산은 그냥 있음이라는 수용적 관상 태도 안에서 불타 없어져야 한다.

그냥 관상 속에 머물러 있어라. 미래를 위한 노력과 과거에 대한 후회가 현재의 하느님 나라 안으로 녹아들 때까지 그냥 앉아 있어라. 기도 가운데 앉아 있음과 하느님의 원천이 하나임을 깨달을 때, 이 둘은 합쳐진다. 고요함과 움직임을 그냥 놔두어라. 침묵과 소음 속에 있어라. 광활함과 협소함 속에서도 그냥 있어라. 관상기도를 하면서 있음의 태도를 수행하는 것은 하느님의 태도를 취하는 것이고, 하느님의 태도는 만물을 지탱하고 수용하는 영원한 바탕이다.

물론 이런 수용성 안에서 그냥 '있음'은 쉬운 일이 아니다. 그래서 능동적 태도인 '쉼'은 '있음'을 동반한다. 쉼은 당신이 수행할 수 있는 것이며 실행할 수 있는 어떤 것으로, 이것을 통해 내적으로 하느님의 있음이 살아나고, 이때 당신은 단순히 그대로 존재한다는 것이 무엇인지 배우게 된다. 자신이 스스로 쉼을 허용할 때, 영적인 현존이 다가온다. 그러면 당신은 하느님의 있음을 경험할 수 있는 중간 지대를 갖게 된다. 그러면 깊은 수용에서 오는 사랑이 다른 사람에게 당신 현존의 원천으로 깨어난다.

삶 안에서의 쉼과 있음

나의 오랜 영적 친구 사라는 관상의 쉼과 있음의 태도에 늘 깊이 헌신해 왔다. 처음 만났을 때 그녀는 도시에서 은둔자처럼 살고 있었다. 그녀는 대학원생들에게 원고 타이핑을 의뢰받아 일하면서, 자신의 아파트에서 기도와 관상 수행 일정을 중심으로 조용히 살았다. 그녀는 자신의 소파가 하느님과 함께 앉아 마음의 실타래를 풀고 그냥 있는 법을 배우는 곳이라고 농담하곤 했다. 그녀는 기본적으로 그러한 상태에 만족했다. 그러나 언젠가는 자신이 하게 될 어떤 일, 아마도 글 쓰는 일을 하게 될지도 모른다고 생각했다.

이렇게 오랜 세월이 흐른 후, 하느님은 그녀의 세계에 변화를 가져왔다. 사라는 외국에서 온 객원교수를 만났고, 그와의 관계에 마음을 열면서 그를 사랑하는 것이 그리스도를 사랑하는 것과 분리되지 않는다는 것을 알았다. 얼마 후 그녀는 바다 건너 그 남자의 고국으로 이사를 했고 그들은 결혼했다.

외국인으로 살면서 삶의 기본적인 일들을 처리하기 위해 새로운 언어를 배웠고, 아내가 되고 나중에는 어머니가 되면서, 외적인 삶에는 색다른 맛이 있었다. 그녀는 매우 바빴다. 혼자 있을 시간이 거의 없었지만, 밤늦게 복잡한 세상사가 잠잠해진 후에는 여전히 관상 수행을 했다. 하느님 안에 쉬며 머물러 있는 것이, 그녀에게는 세상에서 자신의 인간적인 삶을 여전히 가능하게 하는 원천이었다.

사라는 고독 안에서의 오랜 훈련이 자신에게 대단히 활동적인 삶을 살 수 있는 탄탄한 기반을 마련해 준 것을 알게 되었다. 사라는 여전히 이전보다 더욱 고독을 갈망했지만, 자신의 새로운 삶을 완전히 받아들였다. 그러나 시간이 지남에 따라, 자신이 받은 고유한 재능과 은사를 영성에 관한 글을 쓰거나 가르치는 데 언젠가 사용할 수 있을지 궁금해졌다. 말하자면 그녀의 관상 생활은 세상에서 숨겨진 채, 전혀 알려지지 않았다. 그녀의 가족과 몇몇 친구들은 그녀가 관상기도를 한다는 것을 알고 있었지만, 그 관상 수행의 깊이를 아는 사람은 나뿐이었다.

주기적으로 편지를 주고받는 것이 유일한 연락 수단이었던 15년의 시간이 지나고, 사라는 정기적으로 미국으로 돌아왔고 나는 사라를 다시 만나기 시작했다. 이러한 정기적 만남은 우리 두 사람 모두에게 멋진 일이었다. 한번은 내가 정기적으로 강의하는 센터를 함께 방문했을 때, 사라가 글쓰기에 대해 다시 나에게 질문을 했다. 아마도 사라는 수년 전에 결혼을 선택하면서, 그 후 충분히 수행하지 못한 자신의 관상 수행의 결실이 다른 사람을 위한 봉사에 쓰일 수 없다고 느낀 것 같았다.

우리가 센터에 도착했을 때, 나는 참가자들에게 사라를 오랜 친구이자 관상 수행자라고 소개했다. 내가 수업을 준비하고 있을 때, 사라가 영적 지도를 받기 위해 나를 가끔 찾아오는 한 여성과 활기찬 대화를 나누는 것을 보았다. 나는 영적 지도를 통해 이 여성이 영의 어두운 밤에서 어려움을 겪고 있으며 정서적으로 우울하다는 것을 알고 있었다. 사라가 깊은 현존으로 주의 깊게 그녀의 말에 경청하면서, 동시에 매우 활기차게 소통하는 모습을 보았다. 그 짧은 만남에서 나는 그 피지도자의 얼굴이 환해지며 내가 오랫동안 보지 못했던 모습으로 웃고, 미소 지으며 생기를 띠는 것을 보았다. 그들의 대화는 약 5분 동안 계속되었다. 나는 수업을 마친 다음 사라를 태우고 주를 가로질러 그녀의 가족을 만나러 갔다.

몇 주 후 영적 지도를 받는 나의 피지도자를 만났을 때, 그녀는 자신의 영적 어둠이 어떻게 가벼워졌는지에 대해 이야기했다. 사라의 방문 이후, 나의 피지도자는 자신이 향심기도 수행을 더 쉽게 따라 할 수 있었고, 하느님에 대한 새로운 의식에 안착할 수 있었다. 그녀의 슬픔과 우울감도 함께 사라졌다. 그녀는 내가 그 수업을 해 준 것에 매우 감사했다. 그녀는 그날 뭔가 변화가 있었다고 말했지만, 무슨 일이 일어났는지는 확실히 알 수는 없었다.

나도 확신할 수 없었다. 하느님은 우리를 통해 숨겨진 신비한 방식으로 일하신다. 확실하게 말할 수는 없지만, 하느님 안에서의 쉼과 하느님 안에서의 있음에 대한 사라의 깊고 오랜 헌신이, 피지도자와의 단순하고 짧은 대화를 통해 열매를 맺었을지도 모른다고 생각했다. 아마도 사라가 추구하고 의심하고 무지無知 가운데 오직 하느님 안에서의 있음을 수행한 것이 사라에게 열린 수용성을 가능하게 했을 것이고, 하느님께서는 있음을 추구하고 의심하고 무지에서 헤어나지 못하고 있는 다른 사람을 어루만지는 데 사라를 사용하실 수 있었을 것이다. 확실한 것은, 어두운 밤에 있었던 나의 영적 피지도자에게는 바로 사라가 구현한 것, 즉 하느님의 있음이 정확히 필요했다.

토마스 머튼은 관상적 사막에 대해 다음과 같이 썼다.

> 만약 당신이 자신의 침묵 속으로 들어가려는 용기를 가지고 두려움 없이 자기 마음의 고독으로 나아가서, 당신을 통해 그리고 당신과 함께 하느님을 찾는 외로운 다른 사람과 그 고독을 함께 나눌 위험을 감수한다면, 당신은 참으로 빛을 되찾고 말로 표현할 수 없는 것을 이해할 수 있는 능력을 갖추게 될 것이다. … 그것은 당신 자신의 마음 깊숙한 곳에서 하느님의 영과 당신의 비밀스러운 가장 깊은 자아의 친밀한 합일이다. 따라서 당신과 주님은 진정으로 하나의 영이 된다.[2]

하느님 안에서의 '쉼'과 '있음'의 관상 태도는, 자신의 관상기도 안에서 심오한 가치를 지닌다. 숨겨진 방식으로 하는 이 수행은 당신 삶과 다른 이들의 삶에 영향을 미친다. 하느님 안의 '쉼'과 '있음'은 당신을 직선적 시간 너머의 신비, 즉 그것이 여기에서, 지금, 이 순간과 모든 순간에 온전히 현존하기 때문에 영원한 신비로 인도한다. 쉼과 있음은 세상이 어떻게 만들어졌는지, 당신의 활동과 관상이 세상에 어떻게 영향을 미치는지에 대한 당신의 감각을 변화시킨다. 쉼과 있음에 대한 관상 태도는 오직 영원한 현재인 하느님의 있음에 대한 무지 안에서만 깨닫는다. 이것은 보이지 않는 방식으로 진리에 대한 당신의 생각을 뒤집는다. 그리고 거기에는 어떤 누구와도 어떤 것과도 분리가 없다. 자신 안에서 의심과 염려, 성취에 대한 열망이 일어날 때, 무엇보다도 '하느님의 있음' 안에 '있음'을 신뢰하라.

성찰 예문

잠시 멈추고 침묵 속에서 다음을 숙고해 보자.
- 당신은 무엇을 위해 노력하고 있으며 이 노력이 당신의 향심기도에 어떤 영향을 미칠 수 있는가?
- '있음의 태도'는 당신의 관상 수행에 어떻게 도움이 되는가?

15장

포옹하기와 포옹받기

내가 피정 공동체에 살던 시절, 정오 침묵기도 시간 중에 방문자 몇 명이 함께했던 때가 있었다. 내가 그 시간을 인도하고 있었는데 나는 30분간 향심기도를 마친 다음 종을 칠 생각이었다. 기도 시간 도중에 나는 맞은편에 앉아 있던 방문자들 중 한 사람이 자리에서 바스락거리는 소리를 듣게 되었다. 이후 몇 분 동안, 여성은 몸을 이리저리 꼼지락거리며 한숨을 크게 내쉬기도 하면서 자세를 계속 고쳐 앉았다. 기도방의 분위기를 잘 유지하는 것이 내 책임이기도 했고, 여성과 다른 참석자들을 염려하는 마음도 있어서 어떤 상황이 벌어지고 있는지 보려고 눈을 떴다. 여성은 매우 불편해 보였다. 그런데 여성이 단호하고 화난 표정으로 갑자기 일어서더니 방을 가로질러 나를 향해 성큼성큼 다가왔다. 여성은 내 오른편에 놓여 있던 종을 향해 다가가더니 종 치는 막대기를 꽉 움켜쥐고 세게 후려쳤다. 굉음이 울렸다. 여성은 막대기를 다시 내려놓고 돌아서서 아무 말 없이 기도방을 나가버렸다.

향심기도를 하다 보면 가끔 도전과 괴로운 일이 생길 때도 있다. 그런 시련 속에서 어떻게 하느님을 포옹하고, 고통 가운데에서 어떻게 하느님께 포옹받는지를 배우는 것은 영적 여정의 길을 지속하기 위해 핵심적인 일이다. 정오 기도 시간에 돌발적으로 종을 쳤던 그 여성을 나중에 만났고, 그 후로 그녀와 포옹이라는 관상 태도를 함께 모색했다. 관상 여정에서 만나는 중요한 도전이 세 가지 있는데, 그것은 '저항'과 '두려움'과 '어두운 밤'이다.

이 장에서는 이 세 가지 도전에 대해 살펴보고, 또 그 안에서 어떻게 당신이 하느님을 끌어안고 하느님께 끌어안김을 받음으로써 이러한 도전에 대응할 수 있는지 살펴보겠다. 나는 이러한 도전에 어떻게 대응할 것인지 보여 주기 위해 나의 인생 이야기도 들려줄 것이다.

자아 인식에 저항하기

향심기도나 관상 수행을 하는 동안 일어날 수 있는 강박적인 생각, 감정의 파도, 영적 고통의 폭풍으로 압도될 때가 있다. 이럴 때 당신은 그것들에서 빠져나오기 위해 무엇이라도 하고 싶어지며, 심지어 충동적으로 기도 수행을 중단하기도 한다. 앞에서 예를 든 여성이 기도방에서 했던 것처럼 충동적으로 기도를 중단하고 싶어지기에 이런 상황은 도전적이다. 왜냐하면, 이런 일들이 일어나는 동안에는 하느님이 저 멀리 계신 분처럼 느껴지기 때문이다. 저항·억압·부정·투사 같은 다른 심리적 방어기제가 생겨서, 당신은 인간 조건으로 인한 그런 고통에 직면하기가 어렵다.

유감스럽게도, 이런 방어기제들 또한 당신을 하느님에게서 멀어지게 한다. 그리스도교 전통에서는 하느님과의 분리감 안에서 느껴지는 인간 조건의 적나라하고 실존적인 심연에 대한 경험을 **'자아 인식'**(self-knowledge)이라고 일컫는다. 관상 수행은 이런 종류의 자아 인식과 접촉하게 할 뿐 아니라 그 덫에 걸려드는 것을 피할 수 있도록 도와준다. 당신이 하느님에 대해 변치 않는 지식에 이르기 위해서는 자아 인식을 통과해야 한다. 성숙한 관상 수행은, 여성이 종을 울리고 기도 시간을 중단한 그런 상황 속에서도, 그녀와 내가 탐색했던 바와 같이, 강박적인 사고와 정서와 영적 고통 속에서도 하느님을 끌어안는 것이다. 고통 속에서도 하느님을 포옹하는 법을 배운 후, 그녀는 더욱 신실하고 더욱 헌신적으로 향심기도를 수행하면서 앉아 있을 수 있었다. 숙련된 관상 수행은 저항과 자아 인식과 관계하는 법을 당신에게 알려 준다.

깊은 신앙의 관점에서 보면, 하느님은 분노와 두려움과 슬픔 같은 '고통스러운' 정서 속에도 계시며, 그런 정서를 통해 당신의 인간적인 면을 깨닫게 하신다. 당신이 자신의 인간적인 부분을 받아들일 때 다른 사람에게 더 큰 연민을 보여 줄 수 있다. 연민은 말 그대로 '함께 고통받는 것'을 의미한다. 연민은 당신의 도전·고통·감정이 내재되어 있는, 인간성을 공유한 채 타인과 관계 맺는 것을 의미한다. 또한 하느님은 기쁨이나 행복이나 즐거움 같은 '긍정적인' 정서들 속에도 계신다. 하느님은 그런 정서들을 통해 일하시면서, 당신이 그런 정서의 집착에서 자유로워지는 만큼 충만한 삶으로 인도하신다. 하느님은 지루함이나 권태, 메마름 같은 '중립적인' 정서 속에도 계시며, 그런 정서를 통해 당신이 일상의 경이로움에 감사하는 마음을 갖게 하신다.

당신이 이런 정서에 저항하는 것은, 당신을 변화시키는 하느님 활동에 저항하는 것이다. '자아 인식'에 저항하는 것은 하느님 현존과 어느 정도 거리를 두게 한다.

깊은 포옹

포옹은 저항의 반대다. 포옹은 깊은 신앙의 관점으로 전환하는 데 도움이 되는 능동적인 관상 태도다. 향심기도 안에서 일어나는 변화의 과정은 신적 치유에 비유된다. 이 과정에서, 당신이 받은 과거의 정서적 상처들은 하느님과의 치유 관계 속에서 그대로 드러난다. 예를 들면, 현재 당신 삶과 관련 없어 보이는 분노 · 두려움 · 슬픔 같은 강렬한 정서가 기도할 때 일어나는데, 이것은 성령의 치유와 변화시키는 활동의 한 부분이다. 그런 정서들이 의식 속으로 들어올 때 당신은 그 정서에서 자유로워지며, 훨씬 더 중요한 것은, 그 정서들 안에서 자유로워진다. 감정들 **'안에서 자유로워진다'**는 것은 당신이 그 감정들을 인간적인 면의 한 부분으로 경험할 수 있다는 것을 의미한다. 그러면 당신은 그 감정들의 함정에 빠지지 않을 수 있게 되고, 그 감정들과 자신을 동일시하지 않을 수 있게 되며, 파괴적인 행동을 일으키는 상태로 그 감정들을 몰아가지 않을 수 있다. 감정은 하나의 은총이며, 끌어안아야 할 인간적인 경험의 일부다. 죄의식 · 수치심 · 집착과 중독으로 왜곡된 더욱 복잡한 정서와 정서적인 상태가 있는데, 이것은 저항 혹은 분리된 자아 감각의 심리적 측면을 지배하는 매몰된 정신적 트라우마에서 올라온다.

예를 들면, 불안은 당신이 절벽 끝 가까이 걸어갈 때 일어나는 것과 같은 자연스럽고 조절 가능한 느낌이다. 이 상황에서 불안은 당신에게 위험을 알려 준다. 그러나 불안이 두려움과 공포로 발전될 경우, 당신은 무력해질 수 있다. 트라우마 상황에서 당신의 안전이 위협받고 그 상황에서 효과적으로 대응하거나 거기에서 도망칠 길이 없을 때, 당신의 마음과 몸 안에 공포와 같은 정서가 갇혀 있게 된다. 묻혀 있는 트라우마는 보이지 않는 정서 프로그램처럼 작동하여 당신 삶 전체에 영향을 미친다. 트라우마는 물리적으로 위험스러운 상황은 물론, 학대 · 상실 · 무시와 같은 정서적으로 위험한 사건에서 비롯된다. 그러나 자신의 감정과는 또 다른 관계를 깨달으면서 점차 트라우마에서 벗어나고, 실제 상황에서 더 자유로워지는 법을 배울 수 있다.[1] 과거의 트라우마에서 치유됨으로써 불안과 같은 감정에 저항하지 않고 그 감정을 통해 배울 수 있다. 일단 당신이 그 느낌들에 저항하면, 그것들은 공포와 같은 더욱 복잡한 정서로 쉽게 발전한다. 당신이 학대 · 상실 · 무시 같은 과거 상처에서 조건화된 정서 프로그램을 떠나보내는 것을 한번 배우고 나면, 현재 삶에서 건강한 관계를 유지할 가능성이 더 크다.

관상 수행이 능숙해지면 감정에 대한 저항이 줄어들어 감정과의 관계를 변화시키는 데 도움이 된다. 감정에 대한 저항이 줄어들면서, 그리스도교 관상 전통에서 전통적으로 '**정화**'라고 하는 것이 시작된다. 분리된 자아 감각이 관상 수행으로 정화된다. 과거부터 형성된 정서적 트라우마와 정서 프로그램이, 당신을 존중의 욕구, 통제의 욕구, 안전의 욕구에 가두어 거짓자아의 감각을 일으킨다. 이 거짓자아와 무의식적인 내면의 장애물들은 분리된 자아 감각의 심리적 측면들로서, 저항의 형태로 자리 잡고 있다. 신적 치유는, 하느님과의 관계에서 변화와 관련된 감정을 느끼는 것이 우리 쪽의 치유 응답이다. 하느님과 사랑하는 관계에 비추어 보면, 무의식의 정서 프로그램은 '무의식의 짐'을 내려놓으면서 의식적인 자각을 하게 된다. 따라서 향심기도를 할 때, 정서의 정화가 일어나는 동안 하느님을 신뢰하고 정서 안에서 성령을 끌어안는 것이 성숙한 응답이다.

당신이 맺는 하느님과의 관계는 점점 더 섬세한 관상 수행을 통해 발전하며, 신적 치유와 변화를 가능하게 한다. 향심기도를 하는 동안 무의식적인 정서 프로그램의 짐을 덜어 낼 때, 계속 거룩한 단어로 돌아가는 것은 사실상 성령께서 당신과 당신 감정을 변화시키는 방식을 방해할 수 있다. 감정은 생각을 통해서가 아니라 느낌에 주의를 기울임으로써 받아들여진다. 토마스 키팅은 이 상황에 대해 다음과 같이 제안하고 있다.

> 심한 불안과 육체적 통증 또는 짐을 덜어 내는 상황에서 일어날 수 있는 공포와 불안 같은 정서를 다루는 한 가지 방법은, 1~2분 동안 그 고통스러운 느낌 속에 머물면서 그 고통 자체를 당신의 기도어가 되도록 하는 것이다. 달리 말하면, 어떤 정서를 놓아 버리는 가장 좋은 방법 하나는, 단지 그 정서를 느끼는 것이다. 고통스러운 정서, 심지어 일부 신체적 통증조

차도 그것들을 완전히 받아들일 때 소멸하는 경향이 있다.[2]

기도할 때 감정을 끌어안는다는 것이 어떤 것인지 이해하기 위해, 당신이 다른 사람을 받아들이거나 포옹할 때를 생각해 보라. 포옹할 때 상대방을 단지 접촉만 하는 게 아니라, 진짜 포옹은 두 팔로 상대방을 감싸안는다. 그 사람을 자신에게로 끌어당겨 당신 가슴에 끌어안는다. 그리고 그에게 가까이 다가가 그 존재를 느낀다. 깊은 포옹은 실제로 어떤 관계에서 하나 됨의 표현이다. 만일 그 관계가 고통이나 상처를 동반하고 있다면, 포옹 중에 생길 수 있는 회피와 저항을, 단계를 밟아 해결해야 한다. 더 깊은 관계로 들어가기 전에, 단순히 손을 잡는 정도로 시작할 필요가 있다. 다른 사람을 진정으로 포옹하기 위해서는 관계 가운데 신뢰를 쌓고 신뢰를 회복해야 한다. 저항이 강하게 일어난다면, 깊은 포옹으로 나아가는 데 시간과 경험이 필요할 수 있다.

 관상 여정에서 포옹은, 그 느낌만을 포옹하는 것이 아니라, '**그 느낌 속에서 하느님을 포옹하는 것**'이기 때문에 매우 가치가 있다. 이 포옹은 지적인 것이기보다는 주의를 기울이는 것(attentional)으로 여겨진다. 당신이 주의를 기울이면 느낌 또는 감각 안에 있는 에너지를 **느낀다**. 거룩한 단어로 돌아가는 것은 노력을 불러일으킬 수 있다. 왜냐하면, 당신의 지적인 마음속에서 이 거룩한 상징을 하나의 생각으로 쉽게 연결하기 때문이다. 그 느낌에 대해 생각하는 것은 그 느낌에서 당신을 멀어지게 하고 저항으로 이끌 수 있다. 오히려 마치 어떤 느낌에 직면할 때, 고통을 통해 고통과 함께 고통 가운데서 성령을 충분히 포옹할 수 있을 만큼 당신의 두 팔을 활짝 벌려야 한다. 그러면 하느님은 고통을 감싸안고 당신을 감싸안으신다. 당신은 하느님과 신뢰를 쌓아 가기 위해 고통의 한 모서리를 부드럽게 어루만져야 할 수도 있다. 때가 되면 당신은 하느님과 그 고통을 끌어안게 될 것이다. 그런 가운데 당신은 변화되고, 당신 인성 안에서 당신을 포옹하시는 하느님의 신비로 변화가 일어난다. 있는 그대로의 자신에게 저항하기보다, 당신은 조금 더 인간다워진다. 그리스도교 관상 수행에서 온전히 인간다워지는 길은, 정서를 포함한 모든 것에서 하느님 현존과 활동을 받아들이는 일을 통해서다.

두려움

관상 수행의 결과로 정화되는 것은 정서와 감정만이 아니다. 정화는 다양한 수준에서 일어나며, 분리된 자아 감각이 존속하는 가장 깊은 의식구조의 변화를 동반한다. 간단히 말하면, 하느님과의 합일은 분리된 자아 감각이 점차 줄어들면서 일어난다. 하느님과 하나 됨을 의식적으로 감지하기 시작하면, 당신은 그리스도교 전통에서 고전적으로 '**두려움**'(dread)이라고 부르는 것을 경험할 수 있다. 관상적 두려움은 분리된 자아 감각이 정화될 때 생기는 감정 상태. 두려움은 더 깊은 공허감이나 허무감과 함께 모호한 불안 같은 감정을 동반하기도 하는데, 두려움 정서 아래 자리한 분리된 자아 감각이 정화되고 있기 때문이다. 분리된 자아는 하느님의 충만함을 공허로 경험하므로, 공허에 대한 저항이 일어나기 마련이며 불안 같은 정서가 의식의 표면에 나타나게 된다.

다음은 초기 그리스도교 전통에서, 대 그레고리우스가 진보하는 관상 수행자의 삶에서 두려움이 어떤 것인지 설명한 내용이다.

> 그런 다음, 깨달음을 얻은 마음은 더 큰 두려움을 갖게 되는데, 그것은 진리의 법칙과 얼마나 멀리 떨어져 있는지 더 분명히 깨닫기 때문이다. … 비록 과거에는 마음이 하느님에 대해 어쩌면 거리를 두었을지 모르지만, 그런데도 하느님의 위대하심을 생각할 때 영혼은 두려움으로 움츠러들고 더 큰 경외심으로 가득 찬다. 그 이유는 자신이 그분에 대해 관상 경험을 했음에도 자신이 감당할 수조차 없다고 느끼기 때문이다.[3]

하느님의 빛과 사랑은 분리된 자아 감각을 분명하게 보여 주며, 이로 인해 하느님과의 거리를 느끼게 된다. 두려움은 의식의 표면에서 어렴풋하거나 때로 강한 불안을 수반하기도 한다. 왜냐하면 하느님과의 합일이 점점 깊어지면서 저변에 있는 분리된 자아 감각이 변화되고 있기 때문이다. 분리된 자아 감각의 이러한 죽음은 하느님과 당신의 관계에서 놀라운 발전이다. 문제는 두려움을 느낄 때 우리가 무엇을 할 수 있느냐는 것이다.

두려움을 변화시키려면 그 감정 너머에 있는 공허함을 받아들여야 하며, 하느님은 공허 속에도 계신다는 사실을 알아야 한다. 그리고 두려움이라는 표면적 감정 뒤에 있는 공허함 속에서 쉬는 법을 배워야 한다. 그 공허가 하느님의 충만함임을 깨달아라. 왜냐하면 분리된 자아 감각은 공허함 속으로 빠져들 수밖에 없으므로, 두려움을 느낄 때 기도를 꾸준히 수행하는 것이 중요하다. 그리고 하느님에 대한 신뢰도 더욱 깊어져야 한다. 기억하라, 분리된 자아 감각의 공허함 속에서 하느님의 정묘한 현존이 당신 안에 살아나고 있다는 사실을! 인내와 신뢰를 갖고 수행을 계속할 때, 어떤 시점에 이르면 하느님 현존이 공허함 속에서 당신을 어떻게 감싸안는지 경험하게 될 것이다. 이 포옹으로 하나가 되어라. 당신에 대한 새로운 감각, 즉 당신은 '**공허 속에서도**' 존재하며, 모든 것과 분리되지 않고 상호 연결된 단 하나의 특별한 당신의 새로운 감각이 생생해진다.

　당신이 두려움이라는 공허 가운데서 하느님 품에 안기기 전, 먼저 기도로 견고한 기초를 세우는 것이 필요하다. 이 견고한 기초에는 감정 안에서 성령을 받아들이는 일이 수반된다. 만일 과거의 트라우마가 표면으로 떠오른다면 도움을 요청하는 것이 매우 유익할 수 있다.[4] 관상 수행의 견고한 기반과 지원을 바탕으로, 당신은 두려움이라는 공허 속에서 하느님 포옹을 받아들일 수 있다. 분리된 자아 감각이 소멸할수록 하느님 안에서 진정한 자유를 경험하고, 다른 사람들을 더 자유롭게 사랑할 수 있다.

죽음과 생명

몇 년 전, 새엄마가 나에게 전화를 걸어 뇌종양 진단을 받았다고 말했다. 새엄마는 내가 열세 살 때 아버지와 결혼했다. 그녀의 활기찬 기운은 우리 가족에게 생기를 불어넣었고, 나와 형제자매들은 그녀를 엄마로 받아들이게 되었다. 그녀가 아프다는 소식을 듣고 위로를 전한 후, 그녀를 위해 기도하며, 특히 그녀가 투병 중에 하느님 현존을 경험할 수 있도록 관상기도를 하기로 했다. 거룩한 상징을 떠올리면서 향심기도를 시작했을 때, 즉시 내면의 불안을 알아차렸다. 새엄마의 병을 생각하면서 불안이 두려움으로 커지자 나는 관상 수행에서 배운 것을 떠올렸다. 거룩한 상징으로 돌아가는 것을 놓아 버리고, 슬픔 속에서 하느님을 껴안기 시작했다. 그때 새엄마에 대한 사랑의 물결이 밀려왔다. 새엄마에 대한 걱정에 잠시 빠졌다가 또 잊어버리기를 반복했지만, 새엄마에 대한 나의 감정을 끌어안음으로써 침착하게 계속 하느님께 현존할 수 있었다.

    기도가 계속되고 사랑의 감정 속에서 성령을 포옹할수록 나는 점점 더 불안이 커져만 갔다. 그것은 나를 무기력하게 만드는 슬픔, 내가 경험해 보지 못한 공허함과 함께 생겨났기 때문에 마음이 산란해졌다. 거의 40년 전 생모의 투병과 고통, 죽음에 대한 몇 가지 단상들이 내 머릿속을 스쳐 지나갔다. 나는 정화가 더 깊어지고 있다는 것을 알았다. 이 사건을 둘러싼 나의 정서를 통해서, 그리고 나의 자아 감각이 초기 상실의 트라우마를 중심으로 형성되어 왔음을 알았다. 묻어둔 정서의 짐을 덜어 내면서 분리된 자아 감각의 구조가 드러나고 있었다. 나는 이 상황을 두려움으로 인식했다. 나는 정서 안에서 하느님을 계속 끌어안고 공허함 속에서 쉬기 시작했다. 기도 시간이 끝난 후, 새엄마가 수술을 받는 동안 나는 그녀와 함께하기 위해 여행 계획을 세우기 시작했다.

그 후 몇 달 동안, 나는 그녀를 만나러 오갔다. 그동안 향심기도와 활동에서 나의 관상 수행의 많은 부분은, 내 경험에 주의를 기울이고 생모의 고통과 죽음에 따른 기억으로 물든 감정의 파도가 계속 나를 덮칠 때마다 하느님을 끌어안는 것이었다. 상실과 해결되지 않은 슬픔이라는 정서 프로그램을 중심으로 형성된, 분리된 자아 감각의 일부가 소멸하는 것을 경험하면서 두려움의 더 깊은 공허함도 나타났다가 사라졌다. 기도 시간 중 어느 때는 내면의 공허함 안에 열려 있는 인식 안에서 휴식을 취했고, 또 어느 때는 저항에 사로잡히기도 했다. 할 수 있을 때마다 나는 하느님 자비를 기억하고, 저항 그 자체와 관련된 감정과 감각, 즉 신체의 긴장·압박감·조여듦을 끌어안는 수행을 했다.

새엄마는 수술을 받은 지 몇 달 후, 회복 과정에서 합병증이 생겼다. 그녀의 상태는 악화되었다. 호스피스 치료를 받기 위해 새엄마가 집으로 돌아오는 중이라고 여동생이 내게 전화했다. 수술 전에 그녀는 생전 유언장을 작성했었는데, 말기 돌봄을 위해서 가장 간단한 의료 절차와 진통제만 허용하는 대담한 결정이었다. 엄마와 내 여동생, 그리고 형제들과 함께 있기 위해 나는 엄마의 집으로 달려갔다.

새엄마는 며칠 동안 밤낮으로 대부분 의식이 없었다. 때때로 새엄마는 호스피스 침대에서 몸을 뒤척이고 반의식 상태에서 중얼거리며 생애 추억을 더듬었다. 가끔 일어나서 우리에게 몇 마디 말을 건넸다. 새엄마는 곡기를 끊고 물도 거의 마시지 않았다.

새엄마가 혼자 있는 것을 원하지 않았으므로, 나는 관상 수행을 하며 새엄마와 함께 밤을 지새웠다. 나는 새엄마가 자기 어린 시절의 추억을 더듬으며 어떻게 하느님께 더 마음을 열고 있는지도 보았다. 새엄마의 침대 옆 바닥에 앉아 그녀를 위해 기도하고, 마음에 떠오르는 감정 속에서 하느님을 포옹하고 깊은 밤의 공허 속에서 쉬었다. 내 기도 수행은 새엄마에게 바치는 봉헌이었다.

며칠 후, 우리는 새엄마가 잠을 더 많이 잘수록 의식이 있는 순간이 많아진다는 것을 나중에 알았다. 푹 자고 난 후 나흘째 되는 날, 새엄마는 침대에 일어나 앉아 10분 동안 우리와 이야기를 나누었는데, 말에는 일관성이 있었다. 우리는 그녀가 회복하고 있는 게 아닐까 생각했다. 어쩌면 그녀가 회복할 가망이 있을지도 모른다고 말이다.

그날 밤을 지새우는 동안 불은 꺼져 있었지만, 나는 새엄마가 밤 늦게 다시 깨어 있는 것을 알아차렸다. 나는 그녀가 물을 마실 수 있지 않을까 생각했다. 새엄마에게 마실 것을 약간 주었는데, 바로 잠들지 못하고 이리저리 뒤척이기 시작했다. 나는 절망의 한숨을 쉬었다. 나는 새엄마가 살기를 원했다. 남은 밤 동안 잠을 더 자고 나면, 내일은 상태가 나아질 것으로 생각했다.

나는 고단함과 슬픔과 사랑 속에서 수행을 생각해 냈고 하느님을 포옹했다. 새엄마는 자신의 인생 이야기와 추억을 웅얼거리며 잠들지 못하고 이리저리 뒤척였다. 나는 지친 나머지 단호하게 말했다. "엄마, 인제 그만 얘기하세요. 잠을 좀 자야 해요!" 새엄마는 정말로 얘기를 멈췄다. 30초쯤 지나, 나는 그녀의 목소리를 또렷이 들었다. "좀 봐다오." 그녀의 유머 감각은 여전히 살아 있었다.

나는 마음에 찔렸다. 나는 상황을 통제하려 하다가 그 상황에 현존하지 못했다. 오랫동안 관상기도를 해 온 나였지만, 더없이 중요한

이때, 나는 평정심을 잃고 그녀에게 현존할 수 없었다. "미안해요, 엄마. 난 그냥 엄마가 쉬길 바랄 뿐이었어요"라고 말했다. 겸손한 마음으로 하느님께 승복했다.

방 안에 침묵이 흘렀다. 그런 다음 새엄마는 "우리는 여기서 잘 지내고 있다"라고 말했다. 나는 달빛 속에서 그녀가 갈증으로 몸을 뒤척이는 것을 보았다. 새엄마의 마른 입술을 닦아 주었다. 그 밖에 내가 새엄마를 위해 해 줄 수 있는 일은 아무것도 없었다. 나는 승복했다. 밤의 어두움 속에 하느님께서 현존하셨다.

새엄마는 자신의 추억을 곱씹는 일로 돌아갔고, 나는 기진맥진한 채 조용히 불침번으로 돌아갔다. 그러나 내가 밤샘하는 동안 뭔가 변화가 있었다. 하느님은 내가 설명하거나 느낄 수 있는 손에 잡히는 현존이 아니라, 공허함 속의 현존이셨다. 새엄마는 흐느꼈고 나는 피곤한 가운데 그리스도의 죽음과 부활의 신비에 안기는 느낌을 받았다.

다음 날 새엄마는 지쳐 있는 상태였다. 호흡은 느려져 있었고, 가족들은 새엄마의 머리맡에 모여 있었다. 갑자기 그녀는 눈을 떴다. 그리고 우리를 쳐다보았다. 새엄마는 임종이 가까워지자 우리를 보았다. 그녀의 눈에 두려움이 스쳐 지나갔다. 그녀는 조금 몸을 일으켜 세우며 말했다. "나는 여기서 나가야 해."

나는 내가 큰 소리로 말하는 것을 들었다. "엄마, 집에 오셨어요. 우리는 모두 여기에 있어요. 엄마는 안전해요. 우리는 엄마를 사랑해요." 새엄마는 멈칫하더니 잠시 주위를 둘러보고는 눈을 감고 다시 침대에 누워 긴장을 풀었다. 순식간에 잠이 들었다.

어쩌다 몇 번 의식이 돌아온 상태로 이승에서의 하루를 또 보냈다. 새엄마가 세상을 떠난 후, 우리는 침대 주위에 모여 작별 인사를 했다. 나는 새엄마에게 존경과 감사의 마음을 전하며 안녕을 빌었다.

그리고 하느님께 감사의 기도를 드렸다. 전날 그녀가 침대에서 일어나 앉았을 때 나를 통해 전해진 간단한 말들은 그녀가 가장 듣고 싶었던 말들이었다. 즉, 새엄마는 집에 돌아와 있고, 우리가 새엄마와 함께 있고, 새엄마는 무사하며 사랑받고 있다는 이 말은 내 목소리로 내가 한 말이었다. 그러나 나는 그 말이 새엄마를 끌어안는 그리스도의 포옹에서 나온 것임을 알았다. 그리고 새엄마를 돌보는 데 실패하고 무너진 감정 속에 있는 나를 포옹하는 것이라는 사실도 알았다. 그녀는 살아 있는 동안 하느님의 보살핌을 받았다.

새엄마의 임종 과정은 그녀 삶의 끝자락에서 가속화된 하느님을 향한 영적 여정을 나에게 보여 준 놀라운 증거였다. 새엄마는 생전에 의식적으로 관상의 길을 걷고 있지는 않았으나, 자신만의 방식으로 영적인 삶을 살고 있었다. 나는 새엄마가 어떻게 죽음에 다가가며 어떻게 하느님을 끌어당기고, 하느님께서도 어떻게 새엄마를 더 가까이 끌어당기시는지 똑똑히 보았다. 새엄마와 마지막 며칠을 함께 하느라 나는 조용히 혼자 기도할 시간이 없었다. 그러나 밤의 어둠 속에서 밤새워 간호하면서 나는 하느님을 끌어안았고, 하느님은 나를 끌어안아 주셨다. 내 슬픔의 고통을 하느님 신비가 어루만져 주었다. 내 두려움이라는 공허는 하느님 앞에서 완전히 투명해졌다. 그 맑은 빛 속에서 위로의 말씀이 들려왔다.

하느님의 포옹

관상기도가 깊어질수록, 고통 속에서 하느님을 포옹하는 수행으로 하느님께서 당신을 끌어안으심에 응하게 된다. 변화한다는 것은, 분리된 자아 감각에 죽고, 지금 현세에서 죽음과 부활의 신비를 경험하는 것을 의미한다. 그리스도교 관상의 여정을 걷는 사람에게 고통과 죽음을 끌어안으신 그리스도의 포옹은, 당신 자신의 모든 노력이 끝났을 때 당신을 포옹하는 신비다. 우리가 고통 속에서 하느님을 끌어안는 수행은, 하느님께서 인간 조건을 모두 끌어안으시는 하느님의 거룩한 포옹이라는 빛 안에서 이루어진다. 하느님 포옹의 빛 안에서, 소외와 절망과 공허 속에 있는 인간 상태는 변화한다.

그리스도께서는 인간 조건의 심연을 경험하셨다. 겟세마니 동산에서 홀로 기도하셨을 때, 그분은 자신이 곧 극심한 육체적 고통을 겪게 되리라는 것을 아셨다. 그리고 십자가를 져야 하고 십자가에 못 박혀 죽게 될 것을 아셨다. 잠시 그분이 겪었을 인간적인 정서를 상상해 보라. 성경에서 그분이 피땀을 흘렸다는 기록은, 그분께서 내적으로 겪었을 고통이 어떠했을지 암시할 뿐이다(루카 22,44). 나에게 있어, 그분의 마지막 부르짖음은 예수님 자신의 '기도 수행'의 표현이며, 그의 인간으로서의 고뇌, 그리고 하느님을 향한 자기 증여와 신적 원천(divine source)을 보여 주는 것이다. "아버지, 아버지께서 하고자 하신다면 이 잔을 저에게서 거두어 주소서. 그러나 제 뜻이 아니라 아버지의 뜻이 이루어지게 하소서"(루카 22,42).

나는 많은 관상기도 수행자들을 만나면서 영적 지도를 통해 조언을 해 왔다. 모든 사람은 언젠가 육체적으로, 정서적으로, 그리고 영적으로 고통과 죽음의 신비에 직면한다는 것을 안다. 관상 여정에서 도전과 고통을 만날 때 그리스도교 수행자를 지탱해 주는 것은, 그리스도의 포옹에, 고난과 죽음을 변화시키시는 하느님 현존의 은총에 **비움으로** 승복하는 것이다. 토마스 키팅은 다음과 같이 말한다. "현재 순간에 그리스도의 현존을 알아차리는 것이 변화의 길입니다. … 그냥 말하세요, '여기 그분이 오십니다! 나는 이 시련 속에서, 이 무서운 사람 속에서, 이 복통 속에서, 이 압도적인 기쁨에 숨어 있는 그분을 끌어안습니다.'"[5]

어두운 밤

분리된 자아 감각의 죽음은 때로 매우 고통스럽다. 이러한 죽음으로 인한 공허함은 여러 정서뿐 아니라 실패감과 절망감, 특별히 하느님에 대한 상실감과 그동안 근본적으로 당신의 영적 지주가 되었던 것들에 대한 상실감까지도 느끼게 할 수 있다. 죽음과 함께 하느님을 이해하는 주체로서 당신 자신의 자아 감각도 사라지듯, 당신 자신 밖에 있는 객체로서의 하느님도 사라지신다. 당신은 예수님이 돌아가시기 전 십자가 위에서 하신 말씀 이면에 있는 그 경험을 맛보기 시작한다. "나의 하느님, 나의 하느님, 어찌하여 나를 버리셨습니까?"(마르 15,34).

'어두운 밤'이라고 일컬어지는 이런 시기에, 하느님은 당신이 겪고 있는 고통 중에 실제로 현존하지만 미묘하고 덜 이원적인 방식으로 현존하신다. 이런 시기에 하느님은 당신이 누구인지에 대한 당신 감각의 완전한 죽음 가운데에서도 활동하고 계신다. 당신의 삶이 어떠했는지, 심지어 하느님이 당신에게 어떤 분이셨는지에 대한 당신 감각의 완전한 죽음 가운데에서도 하느님께서는 활동하고 계신다. 그동안 영적 지주가 되어 주었던 중요한 것들은 당신을 떠나 사라져 버리고, 새로운 존재 방식이 당신 안에서 일어날 수 있다.

어두운 밤의 이미지는 매우 의미심장하다. 수 세기 전, 십자가의 요한이 처음으로 어두운 밤에 대해 저술했을 때는 전기가 없었다. 땅거미가 지면, 도시에 불빛이 전혀 없었다. 태양이 모습을 감추면 실제로 텅 빈 상태가 되어 사물을 구별할 수 없었고, 이동이 어려워서 대부분의 활동이 제한될 수밖에 없었다. 요한의 시대에 스페인의 저녁에 찾아온 어둠은 칠흑 같았다. 어둠이 내리면 낮 동안의 빛과 삶은 끝이 났다.

마찬가지로 관상의 어두운 밤에서 당신 삶은 변한다. 의미 있었던 영적 활동들, 즉 기도 · 헌신 · 수행 · 봉사 · 전통과의 관계 같은 것이 더 이상 이전과 똑같은 효과를 주지 못하는 것만 같다. 하느님과 하나라는 느낌보다는 분리된 자아 감각이 다시 나타난다. 어두운 밤에는 자아 감각과 그 영향력이 더 강해질 수도 있다. 그러면 당신의 영적 여정은 점점 더 오리무중에 빠지게 된다. 우리는 '악마들'의 유혹에 넘어가기 쉽고 예전의 두려움에 대한 문제가 다시 표면화되며, 우울해지기 시작할 수 있다. 만일 당신이 그리스도와 관상 여정에 헌신한 사람이라면 이러한 하느님 빛의 소멸은 아주 절망적으로 느껴질 것이며, 심지어는 죽음처럼 느껴진다.

십자가의 요한은 결국 새벽을 맞이하게 되리라고 말하지만, 그는 어두운 밤 자체를 찬양하기도 한다. 변화는 밤에 일어난다. 시골에 있을 때, 황혼이 지는 것을 넋을 잃고 바라본 적이 있는가? 당신의 시야에 무슨 일이 일어나는가? 당신의 눈은 천천히 어둠에 적응하기 시작한다. 잠시 후, 당신은 새로운 방식으로 보기 시작한다. 야간 시력이 활성화되기 시작한다. 이 야간 시력으로, 정묘한 별빛에 의존하여 앞을 볼 수가 있는데, 그 빛은 항상 거기에 있었고 심지어 낮 동안에도 있었다. 낮 동안에 태양이 별을 압도해서, 다른 빛이 있을 수 있다는 사실을 밤이 되어서야 비로소 알게 된다. 밤이 되면서 당신 위에 새로운 우주가 열린다. 신비하고 찬란하고 아름다운 우주가 펼쳐진다. 이 새로운 세계는 당신이 그대로 허용하는 한, 그리고 당신이 인공의 빛을 밝혀서 방해하지 않는 한 점점 커진다. 당신은 밤에 볼 수 있는 변화된 새로운 시력이라는 선물을 받는다.

시련과 고통과 죽음 한가운데에서 어떻게 관상 여정 동안 야간 시력을 활성화할 수 있는가? 당신은 **'고통 속에서 하느님을 끌어안고, 하느님께 끌어안김을 받음으로써'** 야간 시력을 활성화할 수 있다. 기분이나 감정에서 느끼는 고통스러운 느낌을 끌어안는 능동적인 태도와 그리스도의 포옹을 스스로 받아들이는 수용적 태도 두 가지를 모두 수행할 때, 당신은 어두운 밤에서 변화된다. 능동적이며 수용적인 태도인 이 두 가지 수행은 의식적 경험이라는 표층적 차원과 분리된 자아 감각이라는 심층적 차원에 영향을 준다. 십자가의 요한은 두 종류의 어두운 밤에 대해 말하는데, 그것은 '감각의 어두운 밤'과 '영의 어두운 밤'이다. 감각의 밤의 정화는 하느님이 당신의 인간적인 경험 가운데, 특히 지금 정서적으로 가장 어려울 때 하느님이 현존하시고 활동하신다는 것을 믿음으로 감지하고 경험하는 것을 의미한다. 영의 어두운 밤의 정화는 당신이 절망·의심·위축된 자신 안에서 일어나는 유혹·파괴·무지와 같은 내면의 악마들에게 시달릴 때, 그리스도의 수난을 영적으로 포옹하고 받아들이는 것을 의미한다. 감각의 정화와 영의 정화는 서로 섞여 있다. 각기 다른 정화의 형태는 각기 그 나름으로 극복할 과제가 있다.

일부 현대 관상 저술가들은 제3의 어두운 밤에 대해서도 말하는데, 그것은 '자아의 어두운 밤'(dark night of self)이다. 영의 어두운 밤에서 하느님은 사라진다. 자아의 어두운 밤에서는 '자아가 사라지거나 점차 감소되어 최종적으로 완전히 없어진다.'[6] 당신이 삼위일체 자체의 내적 생명의 포옹 안에서 흡수되는 것처럼, 이른바 삼위일체 하느님(Godhead)이라고 불리는 하느님의 주관성 안에서 자아 주관성의 어떤 고정점도 상실한다.

당신이 어떤 관상의 어두운 밤을 직면하든, 영적 어두움 안에 있을 때 당신이 해야 할 일은, 낮 동안 빛이 있을 때 바라던 것을 멈추는 것이다. 예전에 당신이 느꼈던 하느님 현존을 경험하려고 애쓰지 말고, 분리된 자아 감각이라는 꿈의 세계에서 당신을 깨어나게 했던 옛날 방식을 추구하려고 애쓰지 마라. 당신이 해야 할 일이란 인위적인 빛을 찾지 않는 것이다. 밤에 일어나는 변화는 모두 좀 더 미묘한 차원의 인식으로 나아가는 것이다. 이원론은 어둠 속에서 사라진다. 관상기도에서 해야 할 일은 당신이 하느님을 끌어안고 하느님이 당신을 끌어안아 빛을 받을 때까지는, 여전히 어두움 그 자체 안에 머물러 있는 것이다.

관상의 길은 또한 우리를 인간답게 만든다. 겸손은 하느님 앞에서 더욱 인간다워지는 과정의 열매다. 겸손하지 않고는 우리가 지속적으로 다른 사람들에게 진실하게 봉사할 수 없다. 하느님 자비를 향해 마음을 열고, 하느님 자비에 우리의 연약함을 맡김으로써 우리는 늘 인간답게 되어 겸허하게 다른 사람들을 사랑할 수 있다. 거룩함으로 나아가는 길은 좀 더 인간다워지는 것을 의미한다. 그것은 우리의 모든 타고난 재능과 고유함을 지닌 채, 동시에 우리의 모든 부서진 마음으로 하느님께 의지하면서 나아가는 길이다. 이것은 추상적인 가르침이 아니다. 당신이 몇 차례 관상기도를 하는 동안, 한 인간으로서 자신의 경험을 통해 당신의 관계를 변화시켜야 할 필요가 있다는 것이 분명해질 것이다. 관상기도를 하는 내내 당신은 자신의 과민한 생각들, 거친 감정들과 상처 입은 마음을 직면한다. 바로 이러한 모든 것 안에서 하느님을 발견해야 한다. 그러면 당신은 하느님 안에서 모든 것을 발견할 수 있게 될 것이다.

성찰 예문

잠시 멈추고 침묵 속에서 다음을 숙고해 보자.
- 당신은 포용하는 태도를 어떻게 수행해 왔는가?
- 당신이 하느님 품에 안겼던 때는 언제였는가?

16장

삶 안에서의 통합(Integrating)과 하느님 안에서의 샘솟음(Emerging)

기도와 활동은 종종 분리된 것처럼 보인다. 내적 평화의 순간은 외적인 삶의 분주함과는 거리가 있어 보인다. 관상의 길은 '세상의 삶'과는 다르게 느껴지기 쉽다. 하지만 관상 수행이 성숙해지면서 이렇게 느껴지는 분리는 줄어들고 심지어 사라질 수도 있다. 사실, 더욱 성숙한 관상 수행은 기도와 활동처럼 영적으로 분리되어 보이는 것들을 통합하는 데 기반을 둔다.

당신이 하느님을 바라보는 관점은 향심기도 수행과 관상의 깨달음에 영향을 미친다. 만일 하느님을 당신 바깥에 있는 하나의 사물이나 하나의 객체로 생각한다면, 당신은 자신과 분리된 어떤 것을 향해 더욱 가까이 가려고 늘 노력만 한다. 그것은 마치 물고기가 결코 도달할 수 없는 하늘에서 떨어지는 빗방울을 보며 생명수를 찾으려는 것과 같다. 이와 마찬가지로 하느님이 하나의 대상으로 여겨질 때 영적 여정은 언제나 분리감의 영향을 받는다. 하느님께서 우리 내면에 계신다는 생각조차도, 물론 이것은 진실하고 가치 있는 생각이지만, 하느님을 특정한 어떤 장소 안에 위치시킨다. 하느님을 한 장소에 계신 것으로 바라보는 것은 하느님을 대상화하는 경향이며, 심지어 기도할 때에도 어떤 목표를 추구하도록 자극한다.

가장 심오한 관상적 직관은 하느님이 어느 한 곳에 계신 존재라기보다는 생명이 늘 샘솟는 '역동적 신비'라는 것이다. 물고기가 생명을 주는 물이 하늘에서 빗방울로 떨어지는 것만은 아니라는 사실을 깨닫는다면 어떤 일이 일어날지 상상해 보라. 이뿐 아니라 물고기가 자신의 몸 대부분이 물로 이루어졌으며, 훨씬 더 중요한 건, 엄청나게 많은 물속에서 살고, 움직이며, 그 안에 자신의 존재가 있다는 사실을 깨닫는다면 어떻게 될까? 하느님을 바라보는 관점이 물에 대한 물고기의 시각처럼 확장된다면 어떻게 될까? 하느님에 대해 열린 시각을 가진다면, 당신 관상 수행은 삶의 파도와 물살을 이해하게 되어, 마침내 당신도 신적인 대양 속에 있음을 깨닫게 될 것이다. 당신이 늘 몸담고 있는 생명의 신비에 깨어 있게 하시는 분은 바로 성령이신 물의 움직임이다. 가장 섬세한 형태의 관상 수행은 하나의 대상과 관련된 것이 아니라, 당신이 항상 하느님의 역동적이고 모든 것을 아우르는 생명 안에 있음을 깨닫는 것이다. 이 생명은 당신 주변 곳곳에서 솟아난다. 하느님은 한낱 내리는 비 같다기보다는 물에 더 가깝다. 하느님은 당신 너머에, 당신 안에 계시며, 당신은 하느님 안에 있다.

통합과 샘솟음은 다른 관상 태도들을 완성할 뿐 아니라, 더 큰 일치 안에서 모든 관상 태도의 왕관인 궁극의 관상 태도다. 영적으로 분리된 것처럼 보이는 것들을 통합하고, 삶 속에서 끊임없이 샘솟는 하느님을 따라서 수행하면 당신은 일치를 향해 나아갈 수 있다.

분리

일요일 오후에 평소처럼 산책하던 중, 나의 오랜 친구 짐이 피정을 계획하고 있다고 말했다. 짐은 저소득층 가정을 위해 임대 주택을 지어 주는 일을 했고, 아내와 함께 특수 교육이 필요한 위탁 아동을 입양해서 돌보고 있었다. 짐은 매우 분주했고, 스트레스도 많이 받고 있어서 쉼이 필요하다고 말했다. 짐은 25년 동안 관상기도를 해 오고 있었으며, 피정에 참여한 적도 여러 번 있었다. 이번에는 수도원에 가는 대신 사막에서 일주일 동안 야영할 계획이었다. 짐이 그런 계획을 나에게 말할 때 그의 목소리에서 침묵과 고독에 대한 깊은 갈망을 느낄 수 있었다.

나는 짐이 사막에서 돌아온 지 일주일 후 그를 만났다. 우리는 함께 걸으면서 야영을 겸한 이번 피정에서 일어난 일에 관해 이야기했다. 짐은 처음 며칠 동안은 경이로울 정도로 평화로웠다고 했다. 그토록 바라던 내적이고 외적인 쉼을 얻었기 때문이다. 그러고 나서 나흘째 되던 날 오후, 짐은 사막의 협곡이 내려다보이는 큰 바위에 앉아 기도하고 있었다. 하느님의 내적 평화가 흘러넘쳤다. 그때 짐은 자기도 모르게 갑자기 일어나 이렇게 외쳤다. "나는 평화를 충분히 누렸어! 언젠가 다시 이런 경험을 하더라도 괜찮아." 이런 강렬한 통찰이 오자 그는 그 바위에서 뛰어내려 그 평화의 장소를 떠났다. 갑자기 하느님의 평화를 찾고자 하는 생각에 저항이 일어난 것이다. 그는 사막을 떠나기 전, 두 가지 경험과 씨름하면서 며칠을 지냈다. 하나는 하느님 평화 속에서 쉬는 경험이고, 다른 하나는 그러한 평화에 대한 불만이었다.

짐의 이야기를 듣자 귀가 번쩍 뜨였다. '얼마나 멋진 일인가! 짐은 관상에 있어서 획기적인 약진을 하려는 찰나에 있다!'라고 생각했다. 그러나 당신은 아마 놀라며, 이렇게 말할지도 모른다. "어떻게 그럴 수 있죠?" 하느님 안에서 쉬고 내면의 평화를 경험하는 것은 중요하다. 짐의 삶은 스트레스가 너무 많고 바빴으며 평온함이 필요했다. 오랫동안 영적 여정에 자신을 바친 후, 당신의 세계가 매우 활동적일 때 어떻게 충분한 평화를 가질 수 있는가? 짐은 어떤 획기적인 약진을 목전에 두고 있었는가?

평화와 분주함의 통합

짐이 일상 활동과 힘든 업무 가운데에서 관상 여정을 따라 걷기 위해, 내적 평화와 자유가 좀 필요했던 것은 충분히 이해할 만하다. 때로 마음의 혼란과 고통에서 자유로워지는 것은 영적 여정 중에서 동기부여가 되는 에너지원이다. 하지만 짐의 수행에서 반복되는 문제 중 하나는, 하느님 평화에 집착하고 하느님의 초월성을 추구하는 것이었다. '하느님의 거룩한 관념적 진리'를 추구하는 동안 짐은 자기 앞에 명백하게 펼쳐지고 있는 '사람 사는 모습의 진실' 역시 하느님 안에 있다는 사실을 깨닫지 못하고 있었다. 짐의 결혼과 일과 가정생활은 관상의 길과 분리된 것이 아니었다. 평범한 삶의 기쁨과 고통은 물론이고 분주함마저도 영적 여정의 일부인 것이다. 그리스도교 관상 여정의 가장 큰 통찰인, '신적인 것과 인간적인 것은 분리할 수 없고 그리스도의 육화와 당신의 삶도 분리할 수 없다'는 사실을 발견하려면, 초월적인 평화에 대한 추구를 내려놓아야 한다. 초월적 평화를 지나치게 추구함으로써 짐은 그의 눈앞에 펼쳐져 있는, 자신의 평범한 삶에 내재하는 더 큰 진리를 놓치고 있었다.

어떤 시점에서 관상 여정은 자연스럽게 발전해서, 하느님이 평범한 삶의 모습을 띠고 꾸준히 나타나기 시작하신다. 여러 해가 지난 후 짐의 영적 여정은, 관상의 열매인 하느님 안에서 일치하는 새로운 삶으로 들어가는 문턱에 이르렀다. 나는 짐이 이러한 일치 실현의 출발점에 서 있음을 알았다. 내가 기도와 활동의 일치를 이룬 대가여서가 아니라, 일치를 실천해야 할 필요성을 확신했기 때문이다. 우리는 관상 생활에서 분리된 것처럼 보이는 기도와 활동을 처음부터 의식적으로 통합하는 영적 여정의 방향으로 갈 수는 없는가? 그것이 가능하다면, 당신은 그 길 자체를 따르면서 그 길의 결실을 경험한다.

당신은 내적·외적 차원을 수행함으로써, 분리된 것처럼 보이는 것들을 통합한다. 향심기도는 내적 차원에서 통합을 수행하는 길이다. 당신이 생각들을 기도 과정의 '필수적이고 불가피하며 정상적인' 것으로 바라볼 때, 생각을 받아들이고 치유와 정화의 과정으로 더 쉽게 마음을 열게 된다.[1] 당신이 기도에서 평화를 찾는 것을 포기하면, 당신의 삶에서 통합하는 평화를 더 쉽게 발견한다. 기도와 활동을 통합하는 길을 수행할 때, 평화는 그 본래가 목적이 아니라 더 큰 어떤 것의 수단일 뿐임을 확신하게 된다. 아빌라의 데레사는 "주님이 매우 특별한 방식으로 내주하시는 이 영혼은, 영혼 나름으로 지니고 있는 쉼을 도대체 얼마나 잘 잊어버리는가!"라고 내면의 평화를 분명하게 표현하고 있다. 내 친구 짐의 "나는 평화를 충분히 누렸어!"라는 외침은 그가 쉼을 잊어버렸다는 격렬한 표현이었다.

영적 삶에서 당신이 취하는 태도는, 의식적으로나 무의식적으로 당신의 관점에 영향을 미치고, 당신의 기대에 영향을 미치며, 당신의 선택을 구체화한다. 향심기도의 효과가 기도 시간 자체나 평화로운 어떤 체험에서가 아니라, 매일의 삶에서 발견된다는 관점에서 적극적으로 수행할 때, 당신은 통합의 태도를 수행하는 것이다. 당신의 태도를 바꾸는 것이 통합의 시작이다. 그러나 통합은 당신 태도를 바꾸는 것 이상이다. 왜냐하면 통합에는 기도와 활동, 내적 평화와 외적 분주함, 즉 분리된 것으로 보이는 모든 것을 결합하고 합치고 섞는 일을 모두 포함하기 때문이다. 당신은 자신의 영적 삶에서 통합을 어떻게 수행하고 있는가?

향심기도를 마칠 때 잠시 시간을 내어, 거룩한 단어로 돌아가는 일을 놓아 버리고 통합하는 태도를 수행에 적용한다. 그것은 영적 본성과 인간적 본성을 통합하는 방식으로, 당신의 생각·감정·감각에 자신을 다시 연결하는 것이다. 당신이 앉아 기도를 마치면서 다른 사람을 위해 기도하거나, 은밀한 기도의 한 표현으로서 다른 형태의 영적 수행*을 하면서 기도와 활동이 통합된다. 향심기도에는 이러한 태도를 기르는 구체적인 방법이 있으며, 그중 일부는 2장에서 언급했다. 이러한 수행은 짐이 사막 피정에서 깨달았던 관점의 변화를 구체적으로 드러내는 활동이다.

* 예를 들어 성경 묵상 등.

통합의 수행은 기도와 삶의 분리, 평화와 생각의 분리, 내면과 외면의 이분법, 신적인 것과 인간적인 것의 분열을 당신 안에서 통합하는 데 도움이 된다. 당신이 내면적 이원성의 한 측면, 예를 들어 내적 평화를 추구하는 것을 내려놓을 때, 그것과 정반대의 것 역시 하느님 안에서 발견된다. 그래서 기도와 삶 사이의 외적 분리는 하느님 안에서 통합된다. 이것이 짐이 사막 협곡의 바위 위에 앉아 있었을 때 발견한 것이다. 짐의 태도 변화는 삶에서 하느님의 활동을 소홀히 하면서 하느님의 평화로운 현존을 추구했던, 오랜 기간의 향심기도 수행 끝에 찾아온 것이다. 온갖 분주함·무질서·풍요로움 안에 있는 인간적인 것이 신적인 것을 향한 여정에서 오랫동안 제외될 수는 없다.

하느님의 역동적인 생명

이 책은 당신 자신의 경험과 하느님 관점이 더 섬세하고 덜 이원적인 방식으로 전개됨에 따라 더 성숙한 관상 수행으로 발전한다는 것이 주된 전제다. 향심기도 길에서의 진보는 하느님 체험이 깊어지는 것이고 그 반대의 경우도 마찬가지다. 이것이 짐에게 일어난 일이다. 나 자신도 하느님에 대한 나의 태도를 주기적으로 살펴보는 것이 중요하다고 생각한다. 왜냐하면, 영성에 대한 이원적 개념은 경험·일부 신학·심지어 '하느님'이라는 용어에 의해 우리 안에 조건화되어 있기 때문이다. 그러므로 일치에 대한 관상적 직관을 가리키는 몇 가지 개념과 은유를 탐구하여 당신 기도와 삶 자체가 하느님 안에서 샘솟고 있다는 태도를 길러 보자.

일치(unity)에 대한 관상적 직관의 한 예로, 토마스 키팅은 다음과 같이 쓰고 있다. "네 개의 복음서에서는 궁극적 실재(Ultimate Reality)에 대한 우리 이해를 급진적으로 변혁시켜서, 우리 자신과 그 밖의 다른 사람들, 그리고 창조된 모든 실재에 대한 이해를 변화시키고자 하는 예수님의 계획이 들어 있다. 하느님은 매 순간 우리 안에서 우리를 통하여, 그리고 모든 피조물을 통해 자신이 누구신지 명확히 드러내신다."[3] 일부 현대 신학은 일치에 대한 깊은 관상적 통찰에 따라, 하느님께서 빅뱅으로 세상을 창조하셨을 뿐 아니라 창조가 진행 중인 과정임을 강조한다. 창조는 계속해서 물질적이고 눈에 잘 띄지 않는 방식으로 진행되고 있다. 창조와 생명의 진화는 하느님 안에 있다.[4]

하느님은 세상을 돌보시는 초월적 존재 그 이상이시다. 하느님은 생명 안에서 활동 중이시며 존재하는 모든 생명 안에 계신 역동적 실재이시다. 수 세기 전 빙엔의 힐데가르트는 하느님의 말씀이신 그리스도에 대해 다음과 같이 말했다. "이 말씀은 살아 있고 존재하며 영이고, 초록으로 충만하며 대단히 창조적이다. 이 말씀은 모든 피조물 안에서 그 자신을 드러내신다."[5] 당신이 관상 수행으로 더 깊이 들어갈수록, 하느님은 더욱 신비하시고 더욱 역동적이시다. 당신이 관상 수행을 통해 살아 계신 하느님과 더 깊이 만날 때, 하느님 개념은 완전히 정반대로 보인다. 이처럼 반대편을 보는 깨달음이 일어나게 하라. 관상 수행은 하느님을 향한 폭넓고 역동적이며 일치적인 태도에 의해, 기도와 삶의 일치를 향해 열려 있어야 한다. 당신이 하느님을 깊이 체험할수록, 모든 생명의 상호 연결성을 체험하게 된다. 로렌스 프리먼 신부는 다음과 같이 말한다. "일치의 의미를 이해하는 것은 우리 자신과 타인의 관계에서 성장하는 개인적 차원의 신앙을 동반한다. 그러나 그 신앙은 또한 우리 시대의 위기와 그것이 초래하는 분열과 갈등을 견디면서, 사회적·세계적 차원으로도 나타난다."[6] 일치에 대한 직관은 우리를 다른 모든 살아 있는 생명체와 일치시킨다. 일치는 모든 생명의 상호 연결성을 기반으로 더욱 공정하고 공평한 사회를 건설하도록 우리를 촉구한다.

관상이 깊어지면서 하느님의 생명은 당신 안에서 의식으로 떠오른다. 당신은 하느님의 관점에서 더 많은 것을 보는데, 밖에서 안으로가 아니라 안에서 밖으로 보게 된다. 관상의 길은 먼저 하느님을 당신 생각으로 보는 것에서, 하느님은 생각을 초월해 계신다는 경험으로 이끌고, 그다음에는 당신 자신을 하느님의 마음과 존재와 샘솟는 생명 속에서 단 하나의 생각으로 깨닫는 더 큰 신비로 나아간다. 대상화된 하느님에서 새롭게 현현하시는 일치의 하느님으로 관점이 바뀌는 것을 감지할 수 있는가?

하느님은 매 순간 삶의 모든 것을 지탱하시는 영원하고 보이지 않는 바탕이시다. 더구나 하느님은 생명이 샘솟는 신비이시다. 성경은 "우리는 그분 안에서 살고 움직이며 존재합니다"(사도 17,28)라고 말한다. 여기에서 하느님에 대한 미묘한 관점이 드러나는 것에 주목하라. 이 성경 구절은 상상할 수 없을 정도로 생각을 뛰어넘는 존재의 바탕으로서, 하느님이 당신 안에 계신다는 것만 말하고 있지 않다. 이 직관은 단지 하느님이 평범한 삶 가운데 계신다는 것을 의미하지도 않는다. 그것은 내적으로든 외적으로든, 모든 인간 경험과 생명은 '하느님 안에' 있다고 말한다. 그리고 더 나아가 성경이 말하는, 하느님 안에서 '우리가 살고 움직이며 존재하고 있다'라는 것은, 일치의 핵심을 찌른다. 하느님은 현현顯現하는 신비이시며, 기도와 삶은 이러한 솟아남에서 분리되어 있지 않다.

중세 시대 얀 반 뤼스브룩은 우리가 하느님 안에서 샘솟는 이 역동적인 관점에 대해 이렇게 말했다. "우리가 사랑하고 선한 일을 하도록 하느님 성령께서는 자신에게서 우리에게 숨을 내쉰다. 그리고 다시 그분은 우리가 결실 안에서 쉬도록 우리를 자신 안으로 이끄신다." [7] 하느님은 특정한 어느 한 곳에 계시지 않다. 하느님은 어떤 특정한 것이 아니시다. 하느님은 호흡과 같으시며, 그 호흡 안에서 당신과 내가 살고 움직이며 존재한다. 쉼과 평화는 필요하지만, 쉼과 평화를 정체된 목표 그 이상이 되게 해야 한다. 사랑과 선행과 활동은 필요하다. 당신 삶의 활동이 의무 그 이상이 되게 하여, 기도 장소로 돌아갈 수 있게 하라. 쉼과 활동 모두를 일치시키고 눈부시게 빛나는 더 큰 신비이신, 하느님 안에서 찾도록 하라.

하느님이 당신 안에 내주하시고 당신이 하느님 안에 내주하기 때문에, 하느님의 계시, 삼위일체 안에서 성령의 일치에 대한 가장 깊은 그리스도인의 관상적 직관은, 당신이 하느님의 역동적 생명에 깨어나는 것이다. 당신이 성령과 일치되어 하느님 안에서 자신이 샘솟고 있음을 알게 될 때, 분리되어 보이는 모든 것에서 완전히 새로운 시각을 갖게 된다.

기도 안에서 샘솟음

한번은 높은 산에서 하이킹을 하다가 우연히 작은 호수를 하나 발견했다. 나는 어떤 물도 이 호수로 흘러들지 않음을 알았고, 어떻게 호수에 물이 채워지는지 궁금했다. 내가 수영하러 들어갔을 때 비로소 이 호수의 비밀을 알게 되었다. 나는 호수 한가운데에서 헤엄치면서 발밑의 움직임을 느꼈다. 물은 호수 바닥에서 가만히 위로 솟아오르고 있었다. 물의 흐름을 발로 느끼면서, 호수의 원천이 지하수라는 것을 깨달았다. 보이지 않는 근원을 발견하는 유일한 방법은, 호수에 몸을 담그고 물과 하나가 되어 흡사 물고기처럼 물의 움직임을 경험하는 것뿐이었다.

마찬가지로 하느님과의 일치를 깨닫는 길은, 하느님 생명에 자신을 푹 담그고 기도와 활동 가운데서 하느님 생명의 움직임을 발견하는 것이다. 하느님 생명은 삼위일체적이다. 성령께서는 삼위일체 안에서 아버지와 아들을 넘나들며 생기를 주는 에너지이시다. 성령께서 출현하시는 움직임을 통해 삼위일체를 깨닫는 것이 일치의 기도(prayer of unity)로 들어가는 길이다. 이러한 접근은 성령께 기도하는 것에 관한 이야기가 아니다. 일치의 기도는 바로 삼위일체에 대한 비이원적 깨달음을 의미한다. 삼위일체 안에서는 내적 삶과 외적 삶이 분리될 수 없다. 이러한 삼위일체의 깨달음을 갖게 하는 것은 아버지나 아들보다는 성령이시다.

십자가의 요한이 남긴 가장 원숙한 작품인 「영가」(The Spiritual Canticle)의 결론은, 삼위일체 안에서 성령의 **움직임 · 숨결 · 출현**에 대해 말하면서 일치에 대한 깨달음이 어떤 것인지 암시한다.

> 성령의 출현과 같은 하느님의 거룩한 숨결(spiration)로 성령은 영혼을 숭고하게 고양시키고 영혼을 충만케 하시어, 성부께서 성자 안에서 들이마시고 성자께서 성부 안에서 들이마시는 것과 같은 사랑의 숨결을, 영혼이 하느님 안에서 들이마실 수 있게 한다. 그리고 그 사랑의 숨결은 바로 성령 그 자체다. … 영혼이 지극히 거룩하신 삼위일체의 세 위격 안에서 숨김없이 그리고 명백하게 변화되지 않는다면, 참되고 완전한 변화는 없을 것이다. … 왜냐하면 하느님 안에서 일치되고 변화된 영혼이 하느님 안에서 하느님께 숨을 내쉬기 때문이다. 그 숨은 영혼이 하느님 안에서 변화되면서 하느님이 하느님 자신 안에서 영혼에게 내쉬는 바로 그 거룩한 숨결이다.[8]

일치의 기도는 관상의 가장 심오한 표현으로서, 하느님과의 합일(union) 가운데서 비롯되므로 감지하기가 매우 힘들다. 8장에서 설명한 것처럼 일치(unity)는 기도하는 방법에 대한 예수님의 충만한 가르침, 곧 '주님의 기도'와 관상의 은밀함에서 드러나는 생명의 움직임이라고 생각한다. 당신이 이러한 태도에 열려 있는 마음으로 하느님 안에서 살고 움직이며 존재할 때, 기도와 활동이 분리되지 않은 채 샘솟는 것을 경험한다. 샘솟음에 대한 이러한 수용적 태도와 함께, 생각으로부터의 자유는 생각 안에서의 더 큰 자유와 통합되고, 생각 안에서의 더 큰 자유와 더불어 하느님 안에서 샘솟는다. 이 내적 자유는 삶 속에서 더욱 자연스럽게 생겨난다. 분리된 자아 감각에서 더 자유로워질수록, 타인에 대한 보이지 않는 연민이 일상에서 하느님 본성의 표현으로서 흘러나온다.

삶 안에서의 통합과 샘솟음

짐이 사막에서 집으로 돌아왔을 때, 그의 관상 수행은 생각들의 흐름과 하느님께서 드러내시는 활동 안에서의 더 큰 자유를 포함하여, 일치의 직관을 향해 진전을 보이고 있었다. 같은 시기에 짐의 일은 더욱 바빠지고 있었다. 그는 자신이 짓고 있던 집을 완성해야 한다는 압박감이 컸는데, 마감 기한을 맞출 자재나 하청 업체를 찾을 수 없었다. 또한 짐 부부는 위탁 아동을 입양하기로 했다. 사막에서 얻은 깨달음이 그가 하는 집짓기를 완성하고, 가정생활의 새로운 책임을 받아들이는 데 도움이 되었다고 생각한다. 물론 일의 스트레스가 사라진 것은 아니었다. 그리고 아이의 입양 절차나 아버지로 사는 삶이 절대 쉽지도 않았다. 하지만 사막에서의 깨달음과 그 후 기도 수행에서 보인 짐의 태도 변화는, 하느님 안에서 매일 일상을 살고 가족 부양 의무를 하느님 안에서 수행하고 경험하는 데 도움이 되었다고 생각한다.

사막에서 돌아온 지 6개월이 지났을 때, 짐은 이렇게 말했다. "데이비드, 일상생활이야말로 하느님이 계신 곳이네. 내 가정이야말로 최적의 영성 수행 장소라네." 이것은 여전히 관상 수행에 대한 짐의 도전이자 초대다.

성찰 예문

잠시 멈추고 침묵 속에서 다음을 숙고해 보자.
- 당신은 기도와 활동을 어떻게 통합하고 있는가?
- 당신 삶에서 신적인 것이 어떻게 표현되고 있는가?

나오며

나는 이 책이 당신의 관상 여정에 도움이 되는 씨앗을 뿌렸기를 바란다. 당신이 향심기도 수행자가 아니라면 이 책이 자신만의 관상 수행이나 관상 수행을 하게 될 기회에 새로운 정보를 줄 수 있기를 바란다. 아마도 내가 그리스도교 안에서 변화로 이끄는 수행 전통에 대해 배운 것이 영감을 주었을 것이다. 예수님 메시지는 근본주의적 관점에서 공허한 기도문을 암송하는 것에 있지 않다. 예수님 가르침에는 내면의 길을 따르는 일이 수반되며, 그 길을 통해 관상 안에서 의식구조가 변화되고, 그 길을 통해 평범한 삶에서 실질적인 영향을 미치는 영원한 진리를 발견하게 된다. 관상의 관점에서 볼 때, 향심기도의 여정을 가는 이들에게 주어지는 가장 실제적인 열매는 더 깊은 내면의 자유, 타인에 대한 더 큰 연민, 그리고 자신을 있는 그대로 받아들이는 겸손이다. 우리는 하느님의 사랑 안에서 그리고 모든 이들과의 관계 안에서 살아가는 인간으로서, 나 자신을 더 잘 받아들이게 된다.

당신이 향심기도를 수행하는 사람이라면 새로운 시각을 가지고서 기본으로 돌아가는 것이, 다른 책을 통해서나 워크숍과 피정을 통해서 이미 얻은 기초를 풍요롭게 한다는 사실을 알게 될 수도 있다. 이 책은 또한 거룩한 단어 · 거룩한 호흡 · 거룩한 바라봄으로 향심기도를 심화하고, 살아 계신 말씀·하느님의 숨결·보이지 않는 하느님 신비에 대한 더 큰 수용성을 향심기도에 불어넣는 방법을 보여 주었을지도 모른다. 당신은 거룩한 무의 수행에 대한 가르침과 친숙하게 되었을지도 모른다. 그 가르침이 어떻게 당신을 관상으로 이끄는지 알게 되었을지도 모른다. 당신은 향심기도를 심화하는 이런 방법의 하나가 현재 당신이 가고 있는 영적 계절에 적합하다는 것을 발견했을 수도 있다. 당신은 하느님이 누구신지, 어떤 분이신지 더 섬세한 감각을 체험했을 수도 있다. 그렇다면 나는 감사할 따름이다.

 씨앗이 자라고 번성하려면 햇빛과 물이 필요하다. 이 책에 소개된 기도 방법들은 당신이 수행을 하면서 성장할 수 있도록 도와줄 것이다. 나의 웹사이트는 다른 글들, 인터넷 자료, 수행자로서의 관심을 다른 사람들과 공유하고 연결하는 방법, 관상에 관한 영적 지도를 따르는 방법에 대한 아이디어 그리고 피정 및 워크숍으로 당신을 안내할 수 있다. 그리고 관상지원단 웹사이트로 연결된 링크도 있다. 이 웹사이트는 토마스 키팅을 비롯하여 다른 여러 사람들의 자료를 제공하며 소개 워크숍 일정과 향심기도 집중 피정 일정도 알려 준다. 향심기도가 처음이라면, 이 책 부록에서 관상지원단에서 만든 표준화된 자료를 통해 기본 지침에 대한 배경 지식을 더 얻을 수 있다.

 이 책을 내려놓기 전에 잠시 시간을 내어 어떻게 수행을 계속해 나갈지 생각해 보기 바란다. 당신이 향심기도 수행자라면 어떻게 거룩한 상징으로 수행을 하게 되었는지, 당신은 영적 여정의 이 계절에 거룩한 단어·거룩한 호흡·거룩한 바라봄 중에서 어떤 상징으로 수행하는 데 끌리는지, 아니면 거룩한 무無의 수행에 끌리는지 살펴보기 바란다. 또한 특별히 당신의 관심을 끄는 관상 태도 중 하나가 있는지, 있다면 잠시 시간을 내어 이런 관상 태도를 살펴보고, 향심기도나 다른 관상 수행으로 돌아갈 때 도움이 될 단어가 있는지도 확인해 보기 바란다.

- 당신 안에 계신 하느님 현존에 동의함
- 단순성
- 부드러움과 노력하지 않음
- 놓아 버림과 내버려둠
- 쉼과 있음
- 하느님을 포옹하기와 하느님의 포옹받기
- 통합하는 기도

당신의 수행으로 돌아갈 때 지녀야 할 선물로서, 이 관상 태도 중 하나를 계속 지니고 있도록 하라. 그러면 하느님과 관상적 관계 안으로 당신을 더 깊이 인도할 것이다.

    관상의 길에서 가장 큰 선물은 하느님이시다. 하느님의 춤 안에서 당신의 삶을 깨닫기 바란다. 당신이 자신의 참된 동반자를 포옹하고 또 그분에게 포옹받기를 바란다.

하느님 중심에서 춤추기

꿇은 무릎 위로 당신 사랑은 나를 발견해요.

아무도 그런 침묵에 대해 말해 준 적이 없었어요.
내 손을 펴고
절망으로 스러지거나 기쁨으로 동터 오를 때에도
여전히 당신은 내 이름을 부르시지요.
밤의 시력은 영적 어둠을 변화시키고
순수한 선물은 사랑의 속삭임이 시작하기 전에 울려 퍼져요.

울창한 숲속에선
길이 자신을 드러내지요.
제 진실한 목적으로서
우리의 일치
마음과 몸, 가슴과 존재 안에 깃든
당신의 이름, 숨결, 이미지, 신비
그래요.
마음 깊이 동의하지요.

돌아서
또 되돌아서
단순히 당신에게만 향하였다가
사막의 황무지, 표지판 없는 거리, 부서진 경계를 지나
빛 속에서 깨어나
찬란히 빛나고, 멈추고, 광활한 가운데 걸음마다, 모든 순간
당신께 돌아올 줄 모르고

은밀하게
부드러움이 태어나요.
노력하지 않아도
언덕 꼭대기에 눈이 내려요.
몸부림치지 않아도
꽃잎은 저절로 열려요.
애쓰지 않아도 당신 몸은 이 세상에 태어나지요.
아침 비가 이슬 달린 풀잎을 흠뻑 적셔요.

당신 이름은 어루만짐
온통, 지금 나를 위한 생명
하지만 더 큰 신비가 손짓해요.
당신이 내 안에서 놓아 버리도록 허용하면서
나의 승복이 승복하고
어두운 구름을 지나서
당신 밝음의 근원 속으로
평범한 모든 것이 거룩해져요.

당신은 전부가 되었어요.
당신에게서 생겨난 그 어떤 것도 거부할 수 없어요.
당신 위한 나는 나 아닌 전부가 되어요.
빈 무덤은 부식물 주위 빛에 미소를 지어요.

당신을 내 품에 인장처럼 안으며
어둠 속에서 당신 품에 안기지요.
무지개들
잿빛을 깨트리고 나오네요.

당신은 당신
시간을 넘어서, 꼭 알맞은 때
기다림 너머 쉼
기다림 너머 기다림
한 무리가 하늘을 가로지르지만
그림자 하나도 떨어트리지 않아요.
존재를 넘어선 존재로
나는 나

연민이 내뿜는 숨결
삶 속으로, 춤추는 반향
기저귀, 빨래, 호스피스 — 요란하지 않은 기도
견고한 요새는 보이지 않는 연민에 승복해요.
벗들의 고리는 지금 우리 안에서 동터 오고요.
비밀스러운 외침
그저 인간이라고
언제나 그렇고 그랬듯이

주

머리말

1 종종 '거짓자아'라는 용어는 인간 조건의 한계를 설명하는 데 사용되며 '참자아'와 대조를 이룬다. 이 책에서 나는 '분리된 자아 감각'이라는 용어를 선호한다. 그 이유는 '거짓자아'라는 말이 사실에 근거하긴 하지만 일부 수행자들에게는 그들의 인간적 경험에 도움이 되지 않는 저항을 일으킨다는 것을 알았기 때문이다. 마찬가지로 어떤 수행자들에게 '참자아'는 목표가 되어 애착을 불러일으킨다. 관상처럼 말로 표현할 수 없는 것에 대해 말하려고 할 때는 어떤 용어를 사용하든 한계가 있기 마련이다.

1장 그리스도교 관상의 이해와 향심기도의 시작

1 토마스 키팅, 『마음을 열고 가슴을 열고』, 출판 20주년 개정판(New York: Continuum, 2006)과 향심기도에 대한 관상지원단의 기본 지침에서 인용했다. 『마음을 열고 가슴을 열고』의 모든 후속 인용문은 별도의 언급이 없는 한 이 판에서 인용한 것이다.

   *역주: 출판 20주년 개정판 한국어 번역 『마음을 열고 가슴을 열고』, 이청준 옮김, 가톨릭출판사, 2022.

2 Laurence Freeman, *Jesus the Teacher Within*(New York: Continuum, 2000), 202.

3 John Cassian, "Conference Nine"in *Conferences: Classics of Western Spirituality*, translated by Colm Luibheid(New York: Paulist Press, 1985), 123-24.

4 역사적으로 '관상' 또는 '관상기도'라는 용어는 하느님과 관계를 맺는 방법을 의미하는 데 사용되었다. 이 관계는 그리스도교 전통에서 생각, 개념 또는 이미지

에 기반을 두지 않으면서 하느님과 관계 맺는 방법을 의미한다. 전통적으로 '묵상'이란 용어는 그리스도교에서 생각, 개념 및 이미지로 하느님과 관계 맺는 방법을 설명하는 데 사용되었다. 20세기에 동양의 관상 수행이 서양에 도입된 이후 '관상'과 '명상'이라는 용어는 종종 그리스도교에서 비슷한 방식으로 사용되어 하느님과 관계를 맺는 비개념적 방식을 설명한다.

5 Ken Wilber, *Integral Spirituality*(Boston: Integral Books/Shambhala, 2006).
6 나는 Martin Laird 신부의 시적 관상 가르침에서 영적 계절이라는 비유적 표현을 처음 들었다.

2장 향심기도 수행을 새롭게 하기
1 The Jerusalem Bible(Garden City, NY: Doubleday, 1966).

3장 거룩한 단어의 심화
1 Thomas Keating, *Manifesting God*(New York: Lantern Books, 2005), 109.
2 Rodger Hudleston, ed., *The Spiritual Letters of Dom John Chapman O.S.B.* (London: Sheed and Ward, 1946), 176.

4장 거룩한 호흡의 심화
1 The Jerusalem Bible.
2 토마스 키팅, 『마음을 열고 가슴을 열고』, 55쪽.
3 "The Way of Perfection," *The Collected Works of St. Teresa of Avila, Volume Two*, translated by Otilio Rodriguez and Kieran Kavanaugh(Washington, DC: ICS Publications, 1980), 156.
4 같은 책, 155.
5 토마스 키팅, 『마음을 열고 가슴을 열고』, 89쪽.
6 같은 책, 100쪽.
7 The Jerusalem Bible.

5장 거룩한 바라봄의 심화

1. 토마스 키팅, 『마음을 열고 가슴을 열고』, 47쪽.
2. 같은 책, 55쪽.
3. Dawna Markova, *The Open Mind*(Berkeley, CA: Conari Press, 1996).
4. 토마스 키팅, 『관상기도를 통해 하느님께 나아가는 길』, 엄무광 옮김, 가톨릭출판사, 2012, 88쪽.
5. 신시아 부조, 『마음의 길』, 김지호 옮김, 한국기독교연구소, 2017, 130쪽.
6. 바오로는 예수님의 케노시스, 자기 비움에 대해 말한다. "그분은 하느님의 모습을 지니셨지만 하느님과 같음을 노획물인 양 중히 여기지 않으시고, 도리어 자신을 비우시어"(필리 2,6-7).
7. Bernard McGinn, *The Flowering of Mysticism*(New York: Crossroad, 1998), 207.
8. Keating, Manifesting God, 111-112.

6장 오직 하느님의 침묵, 고요함, 그리고 광활함뿐인

1. 토마스 머튼, 『사막의 지혜』, 안소근 옮김, 바오로딸, 2011.
2. 일부 저자들은 하느님을 '그분 자신'이라고 부르지만, 나는 하느님의 인격에 대한 삼위일체적 계시에 비추어 볼 때, 성 중립적인 '하느님 자신'이라는 용어를 사용한다.
3. 칼 아리코, 『집중기도와 관상여행』, 엄성옥 옮김, 은성출판사. 2000.
4. *The Collected Works of St. John of the Cross*, edited by Kieran Kavanaugh and Otilio Rodriguez(Washington, DC: ICS, 1979), 236.
5. Quoted in Paul Murray, *I Loved Jesus in the Night: Teresa of Calcutta — A Secret Revealed*(Brewster, MA: Paraclete Press, 2008), 53.
6. Adam McHugh, *Introverts in the Church*(Downers Grove, IL: Intervarsity Press, 2009).
7. 신시아 부죠, 『마음의 길』, 221쪽.
8. Keating, *Manifesting God*, 80.

7장 거룩한 무無와 삼위일체

1. 바오로는 "믿음과 희망과 사랑 이 세 가지는 계속됩니다. 그 가운데에서 으뜸은 사랑입니다"(1코린 13,13)라고 기록하면서 성경에서 기도의 완성을 가리킨다.
2. 토마스 키팅, 『마음을 열고 가슴을 열고』, 100쪽.
3. Keating, *Manifesting God*, 111-112.
4. Louis Bouyer cites one early writer, Clement of Alexandria, in this regard: "The Word of God was made man so that we might learn how men may become God." *The Christian Mystery*(Petersham, MA: St. Bede's Publications, 1990), 147.
5. Keating, *Manifesting God*, 112.
6. *The Collected Works of St. John of the Cross*, 120.
7. 토마스 머튼, 『새 명상의 씨』, 오지영 옮김, 가톨릭출판사, 2005, 302쪽.

8장 하느님 중심에서 춤추기

1. New American Standard Bible(La Habra, CA: Lockman Foundation, 1995).

9장 당신 안에서 활동하시도록 하느님께 동의하기

1. 토마스 머튼, 『새 명상의 씨』, 55쪽.
2. Thomas Merton, letter to Abdul Aziz, 2 January 1966, in *The Hidden Ground of Love: The Letters of Thomas Merton on Religious Experience and Social Concerns*, edited by William H. Shannon(New York: Farrar, Straus & Giroux, 1985), 62-64.
3. 토마스 키팅, 『마음을 열고 가슴을 열고』, 17쪽.
4. 토마스 머튼, 『새 명상의 씨』, 54쪽.
5. Thomas Merton, *A Search for Solitude: Pursuing the Monk's True Life: The Journals of Thomas Merton, Volume 3, 1952-1960*(San Francisco: Harper SanFrancisco, 1997) 181-83.

10장 마음을 여는 것과 알아차림

1 Keating, *Manifesting God*, 3.
2 T. S. Eliot, *Four Quartets*(Orlando, FL: Harcourt, 1943).

11장 하느님 안에서의 단순성과 깨어남

1 클리프턴 월터스, 『무지의 구름』, 성찬성 옮김, 바오로딸, 1997, 78쪽.
2 같은 책, 80쪽.
3 Meister Eckhart, *Selected Writings*, translated by Oliver Davies(New York: Penguin, 1994).
4 클리프턴 월터스, 『무지의 구름』, 76쪽.
5 같은 책, 75-76쪽.
6 Andrew Harvey, ed., *Teachings of the Christian Mystics*(Boston: Shambhala, 1998), 126.

12장 부드러움과 노력하지 않음

1 John Ruusbroec, Harvey, ed., *Teachings of the Christian Mystics*, 117.
2 St. Francis de Sales, cited in *Francis de Sales, Jane de Chantal: Letters of Spiritual Direction*(New York: Paulist Press, 1998), 64.

13장 놓아 버림과 내버려둠

1 Gerald May, *Addiction and Grace*(New York: Harperone, 1988), 17.
2 토마스 키팅, 『마음을 열고 가슴을 열고』, 59쪽.

14장 쉼과 있음

1 David Steindl-Rast, "Man of Prayer," in *Thomas Merton, Monk: Monastic Tribute*, edited by Patrick Hart(New York: Sheed and Ward, 1974), 83-84.
2 Thomas Merton, "As Man to Man." *Cistercian Studies* 4, no. 1(1969), 93-84. Also quoted in James Finley, *Merton's Palace of Nowhere*(Notre Dame, IN: Ave Maria Press, 1978), 109.

15장 포옹하기와 포옹받기

1. 현재 시행되고 연구되고 있는 트라우마 해소를 위한 신체 중심의 심리에는 감각 운동 심리 치료(sensorimotor psychotherapy), 신체 경험 치료(somatic experiencing), 안구 운동 민감 소실 및 재처리 요법(EMDR: eye movement desensitization and reprocessing)이 있다.
2. 토마스 키팅, 『마음을 열고 가슴을 열고』, 144쪽.
3. Gregory the Great, commentary on Job 4:13, in Bernard Mcginn, ed., *The Essential Writings of Christian Mysticism*(New York: Random House, 2006), 369-70.
4. 만약 당신이 향심기도에서 강한 트라우마를 경험한다면, 트라우마를 다룰 수 있는 훈련받은 사람에게 심리 치료의 지원을 청하는 것이 좋다. 또 관상 여정을 지원할 수 있고, 트라우마의 영향을 이해하는 관상의 영적 지도자에게서 도움을 받을 수 있다.
5. Thomas Keating, *Rewakenings*(New York: Crossroad, 1992), 103.
6. Bernadette Roberts, *What is Self? A study of the Spiritual Jouney in Terms of Consciousness*(Boulder, CO: Sentinent, 2005), 177.

16장 삶 안에서의 통합과 하느님 안에서의 샘솟음

1. 토마스 키팅, 『마음을 열고 가슴을 열고』, 178쪽.
2. Harvey, ed., *Teachings of the Christian Mystics*, 126.
3. Keating, *Manifesting God*, x.
4. See, for example, Ilia Delio, *Christ in Evolution*(New York: Orbis, 2008).
5. Harvey, ed., *Teachings of the Christian Mystics*, 67.
6. Laurence Freeman, *First Sight: The Experience of Faith*(New York: Continuum, 2011), 120.
7. Harvey, ed., *Teachings of the Christian Mystics*, 118.
8. John of the Cross, *The Spiritual Canticle*, stanza 39:3, 4. In *The Collected Works of St. John of the Cross*, 558.

부록: 향심기도 방법

(관상지원단 웹사이트에서 발췌한 내용이다.)

"너희는 멈추고 내가 하느님임을 알아라" __시편 46,11

관상기도

기도란 생각이나 느낌을 말로 표현한 것이라 여기기 쉽다. 그러나 이것만이 기도는 아니다. 그리스도교 전통에서는 관상기도를 하느님의 순수한 선물로 간주한다. 관상기도는 생각과 말과 감정을 넘어서 하느님께 우리의 정신과 마음과 전 존재를 열어 드리는 것이다. 우리는 은총을 통해 하느님께 의식을 열어 드린다. 우리는 그분께서 숨결보다, 생각보다, 선택보다, 의식 그 자체보다 가까이 계심을 믿음으로 알고 있다.

향심기도

향심기도는 관상기도의 발달을 촉진하기 위해 고안된 방법이다. 이는 관상기도의 선물을 받아들이도록 우리 기능들을 준비시킴으로써 가능하다. 향심기도는 초대 그리스도교의 지혜 전통의 가르침을 새로운 형태로 제시한다. 향심기도는 다른 종류의 기도를 대체하려고 하지는 않는다. 오히려 다른 기도에 새로운 빛과 깊은 의미를 부여한다. 향심기도는 하느님과 관계를 맺는 일이자 그 관계를 성장시키는 훈련이기도 하다. 이 기도는 우리를 그리스도와의 대화를 넘어 그분과의 친교로 나아가게 한다.

신학적 배경

관상기도로 이끄는 다른 모든 방법처럼, 향심기도의 원천은 우리 안에 계시는 성삼위, 성부와 성자와 성령이시다. 향심기도의 초점은 살아 계신 그리스도와의 관계를 심화하는 데 있다. 향심기도는 믿음의 공동체를 형성하고 그 구성원들을 상호 우정과 사랑 안에서 한데 묶는다.

향심기도의 뿌리

성경의 하느님 말씀을 경청하는 것(거룩한 독서)은 그리스도와의 우정을 키워 나가는 전통적 방식이다. 마치 우리가 그리스도와의 대화 중에 그분께서 대화 주제를 제시하시는 듯이, 성경 본문을 경청한다. 매일 그리스도를 만나고 그분의 말씀을 숙고하면, 우리는 그저 아는 단계를 넘어서 우정과 신뢰와 사랑의 태도로 나아가게 된다. 대화는 단순해지고 친교의 차원으로 넘어가게 된다. 6세기에 대 그레고리우스 성인은 그리스도교 관상 전통을 '하느님 안에서 쉼'이라 표현했다. 그리스도교 전통에서 이 표현은 16세기까지 관상기도의 고전적 의미로 여겨졌다.

예수님의 지혜 말씀

향심기도는 산상 설교에 나오는 예수님의 지혜 말씀에 기초를 둔다.

> "당신이 기도할 때에는 골방에 들어가 문을 닫은 다음, 숨어 계시는 당신 아버지께 기도하시오. 그러면 숨은 일도 보시는 당신의 아버지께서 당신에게 갚아 주실 것입니다"(마태 6,6).

또한 향심기도는 그리스도교 관상 전통에 기여한 이들의 작품에서도 영감을 얻었다. 이들 가운데는 요한 카시아누스, 『무지의 구름』을 쓴 익명의 저자, 프란치스코 살레시오 성인, 예수의 데레사, 십자가의 요한, 아기 예수의 데레사, 토마스 머튼 등이 있다.

향심기도의 지침

I. 당신 안의 하느님 현존과 활동에 동의하는 지향의 상징으로 거룩한 단어를 하나 선택한다.
   1. 거룩한 단어는 우리 안의 하느님 현존과 활동에 동의한다는 지향을 표현한다.
   2. 성령께 짧게 기도드리면서 거룩한 단어를 선택한다. 두세 음절의 단어 하나를 선택한다. 아래 단어를 참고하라.
      - 하느님, 예수, 아빠, 아버지, 어머니, 마리아, 아멘
      - 사랑, 경청, 평화, 자비, 침묵, 고요, 믿음, 신뢰
   3. 어떤 사람에게는 거룩한 단어를 떠올리는 것보다 그저 하느님 현존을 내적으로 바라보거나 자신의 숨결에 주의를 기울이는 것이 더 적합할 수도 있다. 이 상징들에도 거룩한 단어에 적용되는 것과 같은 지침이 적용된다.
   4. 거룩한 단어가 거룩한 것은 그 단어에 담긴 의미 때문이 아니다. 동의한다는 지향의 표현으로서 우리가 그 단어에 부여하는 의미 때문이다.
   5. 일단 거룩한 단어를 선택하고 나면, 그 기도 시간 중에는 바꾸지 않는다. 거룩한 단어를 바꾸는 일이 생각을 사용하는 행위이기 때문이다.

II. 편안히 앉아 눈을 감고 잠시 마음을 가라앉힌 다음, 당신 안의 하느님 현존과 활동에 동의하는 상징으로 그 거룩한 단어를 고요히 떠올린다.

1. '편안히 앉는다'는 말은 기도 시간 동안 잠이 들지 않을 정도로 비교적 편안히 앉는다는 뜻이다.
2. 어떤 자세로 앉든지 등은 바르게 편다.
3. 눈을 감는다는 것은 우리 주변과 우리 안에서 일어나는 일들을 놓아 버린다는 상징이다.
4. 솜 위에 깃털을 내려놓듯이 부드럽게 거룩한 단어를 내면으로 불러들인다.
5. 잠이 들었다면 깨는 대로 기도를 이어 나간다.

III. 생각에 빠져들었다면 거룩한 단어로 아주 부드럽게 돌아간다.

1. '생각'은 모든 지각 활동을 일컫는 포괄적 용어다. 여기에는 신체 감각, 감각적 지각, 느낌, 영상, 기억, 계획, 성찰, 개념, 비평, 영적 체험들이 포함된다.
2. 생각이란 것은 향심기도의 불가피하고도 필수적이며 정상적인 부분이다.
3. '거룩한 단어로 아주 부드럽게 돌아간다'라는 말은 최소한의 노력을 가리킨다. 이것이 향심기도 동안 당신이 주도하는 유일한 활동이다.
4. 거룩한 단어는 향심기도를 하는 동안 희미해지거나 사라질 수도 있다.

IV. 기도 시간이 끝나면, 2~3분간 눈을 감고 침묵 중에 머문다.
   1. 이 시간은 침묵의 분위기를 일상생활에 가져가게 해 준다.
   2. 모임에서 향심기도를 했을 경우, 다른 사람들이 경청하는 가운데 인도자가 주님의 기도를 천천히 바쳐도 된다.

유의 사항

1. 향심기도는 최소한 20분, 하루 두 번 한다(아침에 한 번, 오후나 이른 저녁에 한 번). 수련이 몸에 배면 기도를 30분 이상 늘려도 된다.
2. 기도의 종료를 알릴 때는 큰 소리나 째깍거리는 소리가 나지 않는 알람을 사용하도록 한다.
3. 기도 중에 생길 수 있는 신체 증상은 다음과 같다.
   1) 신체 여러 부위에서 가벼운 통증이나 가려움, 씰룩거림이 감지되거나 막연한 불안감이 느껴지기도 한다. 이런 느낌은 대개 신체의 정서적 매듭이 풀리는 데서 생겨난다.
   2) 손발이 무겁거나 가볍게 느껴지기도 한다. 이는 대개 깊은 차원의 영적 주의력에 이르렀기 때문이다.
   3) 어떠한 경우든 개의치 않고 거룩한 단어로 아주 부드럽게 돌아간다.
4. 기도의 열매는 기도 중이 아니라 일상에서 체험된다.
5. 향심기도로 하느님의 첫째 언어인 '침묵'에 친숙해진다.

관상지원단

1970년대 중반 미국 매사추세츠주 스펜서에 있는 성 요셉 수도원의 트라피스트 수도자들이 향심기도라고 불리는 수행을 도입했다. 이 수행은 14세기의 고전 『무지의 구름』에 기초를 두고 있다. 이 방법은 먼저 윌리엄 메닝거 신부에 의해 계발되었고 수도원 피정의 집에서 소개되었다. 이에 대한 반응이 매우 긍정적이어서 연수 횟수가 점점 늘어났다. 수도원 밖에서도 바실 페닝턴 신부가 연수를 실시했는데, 그는 향심기도에 관해 몇 권의 책을 저술했다.

1981년 토마스 키팅 신부는 성 요셉 수도원장직을 사임하고, 콜로라도주 스노우매스에 있는 성 베네딕도 수도원으로 옮겨 갔다. 이곳에서 더 집중적인 향심기도 체험에 대한 요구가 표면화되기 시작했다. 1983년, 뉴멕시코주 산크리스토발에 있는 라마 재단에서 처음으로 향심기도 집중 피정이 열렸다. 그 이후에 집중 피정이 스노우매스의 성 베네딕도 수도원과 다른 여러 장소에서 열렸다.

조직

향심기도회의 수가 증가함에 따라 조직화의 필요성이 명백해졌다. 그리하여 1984년, 사단법인 관상지원단이 설립되어 더 깊은 기도 생활을 찾는 사람들에게 향심기도 방법을 소개하고 그들의 투신을 유지하도록 돕는 지원 체계를 통합하여 제공하고자 했다.

- 국제 관상지원단(www.contemplativeoutreach.org)
- 한국 관상지원단(www.centeringprayer.or.kr)